Historia de la gubernamentalidad I
*Razón de Estado, liberalismo y neoliberalismo
en Michel Foucault*

BIBLIOTECA UNIVERSITARIA
Ciencias Sociales y Humanidades

Filosofía política

Historia de la gubernamentalidad I
Razón de Estado, liberalismo y neoliberalismo en Michel Foucault

Santiago Castro-Gómez

Castro-Gómez, Santiago, 1958-
Historia de la gubernamentalidad I. Razón de Estado, liberalismo y neoliberalismo en Michel Foucault / Santiago Castro-Gómez. – Bogotá: Siglo del Hombre Editores; Pontificia Universidad Javeriana-Instituto Pensar; Universidad Santo Tomás de Aquino, 2015.

280 p.; 21 cm.
Incluye bibliografía.

1. Foucault, Michel, 1926-1984 - Crítica e interpretación 2. Filosofía política 3. Liberalismo 4. Neoliberalismo I. Tít.

320.1 cd 21 ed.
A1256591

CEP-Banco de la República-Biblioteca Luis Ángel Arango

Primera edición, 2010
Segunda edición, 2015

© Santiago Castro-Gómez

© Siglo del Hombre Editores
Cra. 31A N° 25B-50, Bogotá D. C.
PBX: 337 77 00 • Fax: 337 76 65
www.libreriasiglo.com

© Pontificia Universidad Javeriana
Instituto de Estudios Sociales y Culturales-Pensar
Cra. 7 N° 39-08 Casa Navarro, Bogotá, D. C.
PBX: 320 83 20 - Exts. 5440 - 5441 • Fax: 340 04 21
www.javeriana.edu.co/pensar/

© Universidad Santo Tomás
Cra. 9 N° 51-11, Bogotá D. C.
PBX: 587 87 97
www.usta.edu.co

Carátula
Alejandro Ospina

Diseño de colección y armada electrónica
Ángel David Reyes Durán

ISBN: 978-958-665-356-5

Impresión
Carvajal Soluciones de Comunicación S.A.S.
Calle 17 n.° 69-85, Bogotá D. C.

Impreso en Colombia-Printed in Colombia

Todos los derechos reservados. Esta publicación no puede ser reproducida ni en su todo ni en sus partes, ni registrada en o transmitida por un sistema de recuperación de información, en ninguna forma ni por ningún medio, sea mecánico, fotoquímico, electrónico, magnético, electroóptico, por fotocopia o cualquier otro, sin el permiso previo por escrito de la editorial.

ÍNDICE

PRÓLOGO A LA SEGUNDA EDICIÓN 9

INTRODUCCIÓN 11

CAPÍTULO I. LA ANALÍTICA
DE LA GUBERNAMENTALIDAD 19

Más allá del modelo bélico 19
Prácticas, racionalidades, tecnologías 29
La gubernamentalización del Estado 46

CAPÍTULO II. EL GOBIERNO DE LAS POBLACIONES 55

Biopolítica y gubernamentalidad 55
Los dispositivos de seguridad 66
El gobierno del deseo 83

CAPÍTULO III. *OMNES ET SINGULATIM* 95

El poder pastoral 95
De la *ratio pastoralis* a la *ratio gubernatoria* 104
El Estado como principio de inteligibilidad 113
Dispositivos de la razón de Estado 124

CAPÍTULO IV. VIVIR PELIGROSAMENTE 137

Fisuras en el arte de gobierno 137
El nacimiento del *Homo economicus* 143
La sociedad civil como "realidad transaccional" 156
Del análisis de las riquezas a la economía política 164

CAPÍTULO V. EMPRESARIOS DE SÍ MISMOS 175

La fobia al Estado 175
El ordoliberalismo alemán 180
La Escuela de Freiburg y la Escuela de Frankfurt 192
El neoliberalismo norteamericano 198
Biopolítica y capital humano 204
Las sociedades de control 214

ANEXO. HISTORIA DE LA GUBERNAMENTALIDAD
    DESPUÉS DE FOUCAULT 231

El gobierno de la pobreza 233
Governmentality Studies 244
El discurso terapéutico 249
Riesgo y capital genético 256

BIBLIOGRAFÍA 269

PRÓLOGO A LA SEGUNDA EDICIÓN

El libro *Historia de la gubernamentalidad*, publicado en el año 2010 por Siglo del Hombre Editores, la Universidad Santo Tomás y el Instituto Pensar de la Pontificia Universidad Javeriana, ha demostrado ser una buena herramienta de introducción a los cursos dictados por Michel Foucault en los años 1978 y 1979 en el Collège de France. Algunas de las tesis presentadas en ese libro han sido discutidas seriamente por la comunidad académica, en el marco del progresivo interés que ha despertado, en los investigadores, la publicación de la obra póstuma del filósofo. Obra cuyos contornos van haciéndose visibles lentamente, en la medida en que aparecen publicados nuevos textos inéditos.

    Al recibir la propuesta de publicar una segunda edición del libro, he pensado que valdría la pena continuar con la presentación del concepto "gubernamentalidad" en la obra tardía de Foucault, llevándolo más allá de sus investigaciones sobre la razón de Estado, el liberalismo y el neoliberalismo. Esto supondrá necesariamente la publicación de un nuevo libro que explore el modo en que el concepto es llevado hacia un análisis de las prácticas de sí en el mundo griego, romano y cristiano, tema que abordó Foucault en los cursos ofrecidos entre 1980 y 1984 en el Collège de France, así como en algunas conferencias dictadas en Europa y los Estados Unidos. Razón por la cual, esta segunda edición aparecerá bajo el título *Historia de la gubernamentalidad I*, anunciando así la próxima publicación de un segundo volumen que mostrará cómo el desplazamiento del modelo bélico hacia el modelo gubernamental, explorado inicialmente en los cursos de 1978 y 1979, desemboca inesperadamente en una genealogía del sujeto que toma como base las relaciones activas consigo mismo y con los demás. De este modo, el proyecto "Historia de la gubernamentalidad" será ofrecido al público en dos volúmenes complementarios que buscan mostrar la riqueza e importancia de la obra póstuma del filósofo.

Bogotá, 25 de mayo de 2015

INTRODUCCIÓN

Las lecciones de 1978 y 1979 dictadas por Foucault en el Collège de France y publicadas luego bajo los títulos *Seguridad, territorio, población* y *Nacimiento de la biopolítica*, ocupan un lugar singular en el conjunto de la obra del filósofo. En un sentido, ellas representan una *continuidad* frente al proyecto de investigación anunciado públicamente en su lección inaugural de 1970.[1] En aquella ocasión Foucault había dicho que su propósito para los años venideros era estudiar el modo en que los "discursos de verdad" funcionan dentro de complejas redes de poder: "mostrar cómo se han formado, para responder a qué necesidades, cómo se han modificado y desplazado, qué coacción han ejercido efectivamente, en qué medida se han alterado" (Foucault, 1999a: 59). Programa escrupulosamente seguido por Foucault durante buena parte de los años setenta y materializado en su más conocido libro de aquella época, *Vigilar y castigar* (1975), así como en los ciclos de lecciones dictadas en el Collège de France.[2] También en los cursos de 1978 y 1979 se puede ver este interés de Foucault por analizar las relaciones entre el poder y la verdad, enfocándo-

---

[1] *El orden del discurso* (Foucault, 1999).
[2] *Teorías penales e instituciones* (1971-1972), *La sociedad punitiva* (1972-1973), *El poder psiquiátrico* (1973-1974) y *Los anormales* (1974-1975).

se específicamente en una genealogía del saber sobre el *gobierno* durante los siglos XVII, XVIII y XX.

Pero en otro sentido puede afirmarse que los dos cursos agrupados bajo el nombre *Historia de la gubernamentalidad*[3] representan una *ruptura* frente al trabajo que Foucault venía realizando en la década de los setenta, y esto por lo menos de tres formas. Primero que todo, en estas lecciones, como en ninguna otra parte del *corpus* foucaultiano, se lleva a cabo una reflexión sostenida sobre el *Estado*. Sabemos que en muchas ocasiones Foucault había criticado a los marxistas por la excesiva importancia concedida al Estado en sus análisis políticos. De hecho, su analítica del poder se había concentrado en las múltiples relaciones de fuerza que atraviesan la sociedad entera, negando que el poder estuviese concentrado en alguna institución en particular. Para Foucault, el Estado no es otra cosa que un "efecto" de relaciones de poder que le preceden, y por eso dirigió su mirada hacia esta multiplicidad de relaciones microfísicas y no hacia sus cristalizaciones molares. Con todo, en el curso *Seguridad, territorio, población*, Foucault dedica varias lecciones al problema de la racionalidad política del Estado, advirtiendo a sus estudiantes que no quería desarrollar ninguna "teoría del Estado" sino simplemente mostrar el modo en que el Estado moderno emerge en los siglos XVII y XVIII como consecuencia de la articulación entre diferentes tecnologías de conducción de la conducta. Lo que interesa a Foucault, más que el Estado mismo, son los *procesos de estatalización* o, como él mismo lo dice, la "gubernamentalización del Estado". El Estado visto no como un "monstruo frío", como una institución autónoma y dotada de una racionalidad propia, sino como el espacio inestable por donde se cruzan diferentes *tecnologías de gobierno*. En este sentido, la reflexión de Foucault no se concentra en el Estado como ente autónomo sino en las prácticas de gobierno. El Estado es una *praxis* hecha posible a partir de fuerzas que le son

---

[3] Con este nombre (*Geschichte der Gouvernementalität*) fueron publicadas en el año 2004 y presentadas al público alemán por la editorial Suhrkamp en dos tomos, decisión a mi juicio correcta si se tiene en cuenta la unidad temática y metodológica de las dos lecciones.

externas, y cuya genealogía es la tarea que se impone una "historia de la gubernamentalidad".

En segundo lugar, las lecciones de 1978 y 1979, y en particular *Nacimiento de la biopolítica*, son el único lugar de toda la obra de Foucault en el que se reflexiona sobre la racionalidad política *contemporánea*. Es cierto que en muchas ocasiones dijo que sus trabajos genealógicos debían ser interpretados como una "ontología del presente", pues en ellos se analizaba la emergencia histórica de formas de poder que aún hoy en día nos constituyen. Pero durante casi toda la década de los setenta (y aun antes) sus trabajos se enfocaron en la ruptura llevada a cabo en la "época clásica" (siglo XVIII) frente al poder soberano en Francia y la emergencia de nuevas formas de poder hacia comienzos el siglo XIX. También éste es el enfoque inicial de *Seguridad, territorio, población*, pero muy pronto se ve que el propósito real de Foucault es trazar una genealogía del liberalismo que lo llevará, en *Nacimiento de la biopolítica*, a enfocarse en el *modus operandi* de las racionalidades políticas surgidas después (y como consecuencia) de la Segunda Guerra Mundial. Los análisis del neoliberalismo contemporáneo lo conducirán a romper con su ya tradicional "franco-centrismo" para llevar su genealogía de la gubernamentalidad hacia dos países hasta ahora inexplorados en su obra: Alemania y los Estados Unidos. Y tales análisis le permitirán desarrollar una serie de hipótesis sobre temas centrales en la agenda política contemporánea, tales como la seguridad social, la investigación genética, el desempleo estructural, la pobreza y el papel de los sujetos en la nueva "economía del saber".

Una última razón por la cual las lecciones de 1978 y 1979 representan una *discontinuidad* con el *corpus* anterior es que en ellas Foucault "anuncia" el giro investigativo que tomarían sus últimas obras sobre la ética del mundo grecorromano. Si se consideran solamente las obras monográficas, el lector de Foucault quedaría sin entender por qué razón el proyecto de una "Historia de la sexualidad", anunciado ya en su primer volumen, *La voluntad de saber* (1976), tomó un giro tan radical en los dos últimos tomos publicados ocho años más tarde. Pero aparte de algunas entrevistas y opúsculos publicados durante esos ocho años, y después de la muerte del filósofo,[4] es en los cursos *Seguridad, territorio, población* y *Nacimiento de la biopolítica* donde se puede apreciar cuál es el problema que empieza a ocupar a Foucault ya desde finales de los años setenta: las *prácticas de libertad*. Sus estudios del liberalismo y el neoliberalismo pueden ser vistos como bosquejos preliminares para entender el modo en que la libertad forma parte de una tecnología de conducción de la conducta. No se trata simplemente de *dominar* a otros por la fuerza, sino de *dirigir* su conducta de un modo eficaz y con su consentimiento, lo cual presupone necesariamente la libertad de aquellos que deben ser gobernados. Lo que fascina a Foucault es el modo en que el liberalismo y el neoliberalismo son capaces de crear un *ethos*, unas "condiciones de aceptabilidad" en donde los sujetos se *experimentan* a sí mismos como libres, aunque los objetivos de su conducta sean puestos por otros. Es, pues, la relación entre el poder y la libertad lo que respira latente bajo el proyecto de una "historia de la gubernamentalidad".

La consideración de estos tres puntos debería aclarar por qué razón hablaré en este libro de una "filosofía política" en Michel Foucault. Con ello no me refiero, desde luego, a las opiniones políticas de Foucault o al problema de si su obra tiene algún tipo de utilidad política.[5] Tampoco pretendo inscribir a Foucault en esa formación discursiva que durante los últimos años se ha venido desplegando desde los países anglosajones bajo el nom-

---

[4] Entre las entrevistas cabe destacar la concedida a Raúl Fornet-Betancourt y Alfredo Gómez-Müller bajo el título "La ética del cuidado de sí como práctica de la libertad" (1984). Entre los opúsculos deben mencionarse *¿Qué es la Ilustración?* (1979) y *El sujeto y el poder* (1981).

[5] Cuando el moderador de su diálogo con Chomsky le preguntó si se interesaba por la política, Foucault respondió sin dudar: "¿Por qué no debería interesarme? Es decir, qué ceguera, qué sordera, qué densidad de ideología debería cargar para evitar el interés por lo que probablemente sea el tema más crucial de nuestra existencia?" (Foucault/Chomsky, 2006: 53). No cabe duda de que las obras de Foucault están atravesadas por un interés político y son muchos los estudios que así lo documentan (véase Simons, 1995; Moss, 1998; Gauna, 2001; Dumm, 2002; Colombani, 2008).

bre de "filosofía política". Una filosofía centrada en cuestiones *normativas* tales como qué es la justicia, cómo construir una sociedad igualitaria y libre, qué tipo de valores deben prevalecer en las instituciones públicas, cuáles son los fundamentos morales de la democracia, etc.[6] Cuando hablo de "filosofía política" en Foucault me refiero, más bien, a una *filosofía de las tecnologías políticas*. Pues lo que nos ofrecen las lecciones de 1978 y 1979 es una reflexión sobre el modo en que la política conlleva necesariamente la puesta en marcha de una *racionalidad técnica*. Hablar de "tecnologías políticas" significa preguntarse por la conducción eficaz de la conducta de otros para el logro de ciertos fines, por las estrategias que han de aplicarse razonadamente para lograr que las personas se comporten conforme a esos objetivos, y por el cálculo adecuado para elegir e implementar esas estrategias. Con todo, no se trata aquí de una racionalidad puramente "instrumental", como pudiera pensarse. Las tecnologías políticas de las que habla Foucault, y en particular las que operan en el liberalismo y el neoliberalismo, producen *modos de existencia*, pues a través de ellas los individuos y colectivos se subjetivan, adquieren una experiencia concreta del mundo. Su propósito es, por tanto, la *autorregulación* de los sujetos: lograr que los gobernados hagan coincidir sus *propios* deseos, esperanzas, decisiones, necesidades y estilos de vida con objetivos gubernamentales fijados de antemano. Por eso las tecnologías políticas no buscan "obligar" a que otros se comporten de cierto modo (y en contra de su voluntad), sino hacer que esa conducta sea vista por los gobernados mismos como buena, digna, honorable y, por encima de todo, como *propia*, como proveniente de su libertad.[7]

---

[6] En su conferencia de 1978 dictada en Tokio, titulada "La filosofía analítica de la política", Foucault deja muy claro que la filosofía debe dejar de plantearse el asunto del poder y del Estado en términos normativos. No se trata de preguntarse si el poder es bueno o malo, si el Estado es legítimo o ilegítimo, si una forma determinada de gobierno es moral o inmoral, sino de *analizar su modus operandi* (Foucault, 1999b: 118).

[7] Esto no debe verse simplemente como fruto de la "ideología". No es que los sujetos sean "engañados", que estén "cegados" por un velo ideológico que les

El eje de mi lectura será, entonces, el problema de las tecnologías políticas, buscando introducir con ello a los lectores en el estudio de los cursos de 1978-1979. Se trata, pues, de un libro de carácter introductorio nacido del seminario *Historia de la gubernamentalidad* que ofrecí con motivo de los 25 años de la muerte del filósofo en las universidades Javeriana y Santo Tomás durante el primero y segundo semestres del año 2009. Y aunque no ha sido mi costumbre escenificar teóricamente, sino "usar" las herramientas creadas por Foucault, espero que esta reflexión sobre las herramientas pueda ser útil tanto para los estudiantes de Foucault como para aquellos interesados en mis libros anteriores sobre historia de Colombia. Estoy seguro de que aquí hallarán valiosas pistas para entender algunas de las apuestas metodológicas realizadas en *La hybris del punto cero* y *Tejidos oníricos*.

El libro está dividido en cinco capítulos distribuidos de la siguiente forma: el primero busca mostrar las razones que llevaron a Foucault a concebir su proyecto de una historia de la gubernamentalidad, y presenta también algunos criterios metodológicos para su lectura. El segundo capítulo se introduce ya en el estudio de *Seguridad, territorio, población*, y se concentra en las tres primeras lecciones del curso, donde Foucault desarrolla sus reflexiones en torno a los dispositivos de seguridad. En el capítulo tres se continúa el análisis del curso de 1978, pero explorando ahora la súbita irrupción del concepto "gubernamentalidad" y su posterior genealogía, lo cual nos llevará a la consideración del poder pastoral y la razón de Estado. Con el capítulo cuarto empezaremos el estudio de las tecnologías liberales de gobierno que nos conducirán finalmente, en el capítulo cinco, a una consideración detallada del neoliberalismo, tal como es descrito por Foucault en *Nacimiento de la biopolítica*. He decidido incluir un anexo en el que se considera el modo en que los discípulos de Foucault (de primera y segunda ola) retoman su proyecto de una "historia de la gubernamentalidad" y lo hacen fructífero para un

---

impide ver que los objetivos que persiguen con tanto ahínco no son los suyos propios sino los de la "clase dominante" que los oprime.

análisis tanto de la racionalidad política del Estado benefactor en el siglo XIX, como de las "sociedades liberales avanzadas", a comienzos del siglo XXI.

Quiero agradecer a mis estudiantes del seminario *Historia de la gubernamentalidad* por su compromiso decidido con el curso, situación que me animó mucho para emprender la escritura de este libro. Un especial reconocimiento para Ana Milena Bonilla, estudiante de filosofía de la Universidad Santo Tomás, quien realizó la transcripción de mis notas de clase, descifrando con paciencia los garabatos que ni yo mismo entiendo. Mis colegas Gustavo Chirola y Amalia Boyer de la facultad de filosofía de la Universidad Javeriana me dieron la oportunidad de presentar algunos avances de este texto en el marco de su seminario "El giro espacial en la filosofía contemporánea". A ellos un agradecimiento especial, como también al padre Alberto Múnera, S.J., director del Instituto Pensar, quien apoyó desde el primer momento este proyecto de escritura. Finalmente quiero agradecer al doctor Rafael Antolínez, decano de la Facultad de Filosofía de la Universidad Santo Tomás, así como al profesor Freddy Santamaría de la misma universidad, por haber patrocinado y animado esta publicación.

CAPÍTULO I
LA ANALÍTICA DE LA GUBERNAMENTALIDAD

MÁS ALLÁ DEL MODELO BÉLICO

En una entrevista concedida a Claire Parnet en el año 1986, Gilles Deleuze habla de una profunda "crisis" teórica, política y espiritual por la que atravesó Foucault después de la publicación de *La voluntad de saber*, en 1976 (2006a: 135-136). Deleuze dice que se trató de un "desaliento lentamente fraguado" que tuvo varios componentes. Por un lado estaba la desilusión política por la revolución iraní, en la que Foucault había puesto inicialmente su esperanza, pues la veía como un movimiento popular no marcado por la lucha de clases que, además de acabar con la tiranía del Sha, introduciría una "dimensión espiritual" en la política que había sido completamente olvidada en Occidente.[1] Recordemos que

---

[1] Antes de viajar a Irán, Foucault leyó los trabajos del islamista francés Henri Corbin y además conocía los escritos del sociólogo de la religión Alí Shariati, gran amigo de Franz Fanon, quien estaba convencido de que la "espiritualidad islámica" constituía un antídoto eficaz contra la perniciosa influencia del marxismo occidental en Irán (véase Leezenberg, 1998; Khatami, 2003). Tanto Corbin como Shariati hablan de una perfecta integración entre ética y política en la filosofía islámica, una especie de "espiritualidad política" que, en opinión de Foucault, también existió en Occidente pero se perdió desde el siglo XVI. Este tema fue abordado inicialmente por Foucault en su conferencia de 1978 "La

19

en otoño de 1978 Foucault había sido invitado por el periódico italiano *Corriere della Sera* para viajar dos veces a Irán y cubrir los eventos políticos que conducirían finalmente al derrocamiento de la monarquía y al regreso de Khomeini en febrero de 1979. Sin embargo, una vez ocurrido esto, la revolución mostró su rostro más oscuro: proliferaron las ejecuciones sumarias y los juicios revolucionarios a los opositores políticos. El régimen doctrinario de los clérigos islamistas terminó siendo más cruel que el aparato corrupto y policial que le había precedido. El entusiasmo de Foucault fue interpretado por la intelectualidad francesa como un fatal error teórico y político.[2] Además del patético "orientalismo" y eurocentrismo de sus reportajes, criticado en su momento por el islamista argelino Mohammed Arkoun,[3] se le reprochó que su analítica del poder estaba irremediablemente atrapada en el dualismo dominación-resistencia, lo cual lo hacía ciego frente a los objetivos y medios con que se llevan a cabo las luchas de liberación. ¿Acaso toda resistencia popular es plausible, sin importar su grado de violencia, tan sólo por enfrentar la dominación?[4]

---

filosofía analítica de la política" (1999b: 116) y posteriormente lo desarrolló en sus estudios sobre la gubernamentalidad en la Grecia clásica y el mundo grecorromano. Para un recuento de las visitas de Foucault a Irán y sus reportajes (véase Eribon, 1992: 347-360).

[2] Los artículos de Foucault fueron reproducidos también por el periódico francés *Le Nouvel Observateur* en mayo de 1979. Entre los críticos más ásperos de Foucault estaba el filósofo Bernard-Henri Lévy.

[3] Arkoun dice que Foucault se encuentra atrapado en la tradición occidental de pensamiento y no es capaz de comprender "nada" sobre el islamismo, a pesar de tener tantos emigrantes musulmanes en Francia. Sus artículos sobre la revolución iraní tan sólo contienen "estupideces" y lo mejor es que se hubiera quedado callado (citado por Leezenberg, 1998).

[4] Foucault responde a estas críticas y se muestra también autocrítico en su catártico artículo de mayo de 1979 titulado "¿Es inútil sublevarse?" (Foucault, 1999h). Allí afirma que no es aceptable cualquier estrategia de lucha porque no es aceptable cualquier estratega: "Si se me pregunta cómo concibo lo que hago, respondería: si el estratega es el hombre que dice: qué me importa tal muerte, tal grito, tal sublevación con relación a la gran necesidad del conjunto [...], pues entonces me es indiferente que el estratega sea un político, un historiador, un revolucionario, un partidario del sha, del ayatolá. Mi moral teórica es inversa" (206-207).

Por otro lado estaba su creciente inconformidad con el trabajo en la academia francesa. Sus cursos en el Collège de France le abrumaban cada vez más. Aunque sus condiciones de trabajo parecían ideales (sólo estaba obligado a dictar 26 horas de cátedra por año), todas las clases debían ser públicas, es decir que no había control institucional con respecto al número de personas que podían asistir a sus lecciones de los miércoles. Por ello el salón estaba casi siempre repleto, y con frecuencia debían acondicionarse nuevas salas para albergar a la multitud. Pero aun rodeado de tanta gente, Foucault solía sentirse solo en el aula de clase, alejado de sus oyentes, a quienes no les estaba permitido hacer preguntas. No había efecto de retorno con sus estudiantes y todo transcurría como si fuese un ritual. En lugar de una discusión real, su escritorio estaba siempre lleno de caseteras, que por aquella época habían empezado a popularizarse, lo cual molestaba el transcurrir de la clase.[5] En una ocasión, al comienzo de su curso *Defender la sociedad*, Foucault quiso reducir el número de oyentes recurriendo a una estratagema: cambiar el horario de clase de las 17:45 de la tarde a las 9:30 de la mañana. Por ello las primeras palabras de ese curso fueron las siguientes:

> Ustedes saben qué pasó en el curso los años anteriores: debido a una especie de inflación cuyas razones cuesta entender, habíamos llegado, creo, a una situación que estaba más o menos bloqueada. Ustedes estaban obligados a llegar a las cuatro y media y yo me encontraba frente a un auditorio compuesto por gente con la que no tenía, en sentido estricto, ningún contacto, porque una parte, por no decir la mitad del público, tenía que instalarse en otra sala, escuchar por un altoparlante lo que yo decía. La cosa no era ya ni siquiera un espectáculo, porque no nos veíamos. Pero estaba bloqueada por otra razón. Es que para mí —lo digo así no más— el hecho de tener que hacer todos los miércoles en la tarde esta espe-

---

[5] Durante la clase del 18 de enero de 1978, Foucault tuvo que interrumpir momentáneamente la sesión para decir lo siguiente: "No estoy en contra de ningún aparato, pero no sé —discúlpenme por decirles esto—, les tengo un poco de alergia" (Foucault, 2006c: 46).

cie de circo era un verdadero, cómo decir… *suplicio* es demasiado, *aburrimiento* es un poco débil. En fin, estaba un poco entre las dos cosas [...] Legalmente, no puedo plantear condiciones formales de acceso a esta sala. Adopté, por tanto, un método salvaje, que consiste en dictar el curso a las nueve y media de la mañana, con la idea, como decía ayer mi corresponsal, de que los estudiantes ya no suelen levantarse a esa hora. (Foucault, 2000: 16)

Sobra quizás decir que la estratagema no funcionó. Los estudiantes prefirieron levantarse temprano aun en la época más dura del invierno (el curso comenzaba en enero y finalizaba en marzo) y la situación continuó siendo la misma, de modo que Foucault estuvo pensando incluso en abandonar la vida académica para dedicarse al periodismo. En el año 1978 fundó, junto con otros intelectuales, un proyecto periodístico que llevaba un título programático: "Reportage des idées". Se trataba de cartografiar la opinión del ciudadano de la calle frente a temas de la vida cotidiana: sus ideas, opiniones, esperanzas. Pero ante el abandono de este efímero proyecto, motivado sin duda por el fracaso de su primera "salida de campo" en Irán, Foucault especuló con marcharse a trabajar en los Estados Unidos.[6] Harto ya de Francia, pasaba largas temporadas dictando conferencias en universidades norteamericanas, a las que admiraba por la libertad de discusión que allí encontraba.[7]

Pero allende todos estos factores anecdóticos, el elemento más importante de la crisis señalada por Deleuze es que Foucault se hallaba en un "impasse teórico" (2006a: 175). No solamente se

---

[6] "Desde principios de los años ochenta se plantea muy seriamente abandonar Francia y París, que soporta cada vez con mayor dificultad, para instalarse en Estados Unidos. Sueña despierto y en voz alta con vivir en ese paraíso californiano. Soleado, magnífico…" (Eribon, 1992: 393).

[7] Además le fascinaba la ligereza de la cultura estadounidense, comparada con el rígido formalismo de la vida francesa. En una ocasión, cuando Stephen Riggins le señaló que era el único francés que conocía al que le gustaba más la comida estadounidense que la francesa, Foucault respondió sonriendo: "Sí. Claro. Un buen sándwich y una Coca-Cola. Ése es mi placer. Con helado. Es cierto" (Foucault, 2009: 95).

sintió profundamente afectado por las burlas de que fue objeto gracias a su incursión como periodista político, sino que sus dos libros sobre el poder, *Vigilar y castigar* y *La voluntad de saber*, habían recibido severas críticas en Francia. Particularmente desde algunos círculos de izquierdas se decía que sus libros tienen un "efecto anestesiante" sobre todos aquellos sectores que luchan contra la dominación, pues los confronta con una racionalidad implacable, con un poder sin fisuras del cual nada ni nadie puede sustraerse. Si todo es poder, si las luchas se enmarcan todas en la misma lógica estratégica, si el poder carece de centro y se halla repartido por todo el tejido social, ¿qué legitima entonces los levantamientos y las resistencias? Con todo, y aun creyendo que sus libros habían sido malinterpretados y que sus críticas al modelo jurídico eran correctas, el propio Foucault empezaba a sentir que algo andaba mal con su modelo estratégico. ¿Acaso tenían razón aquellos que le acusaban de manejar un esquema rígido y dualista del poder (dominación-resistencia)? ¿Habrá que buscar, tal vez, una nueva "grilla de análisis" para entender las luchas de resistencia contra la dominación?

Tendremos que remitirnos a la primera sesión del curso *Defender la sociedad* (enero de 1977) para empezar a ver en qué consistía el "impasse teórico" en el que se encontraba Foucault. Allí expresa por primera vez una fuerte autocrítica a sus pasadas investigaciones y dice públicamente que estaba "harto" de ellas:

> Bien, ¿qué querría decir este año? Que estoy un poco harto: vale decir que querría tratar de cerrar, de poner hasta cierto punto fin a una serie de investigaciones [...] a las que me dedico desde hace cuatro o cinco años, prácticamente desde que estoy aquí, y con respecto a las cuales me doy cuenta de que se acumularon los inconvenientes. Eran investigaciones muy próximas unas a otras, sin llegar a formar un conjunto coherente ni una continuidad; eran investigaciones fragmentarias de las que ninguna, finalmente, llegó a su término y que ni siquiera tenían continuación; investigaciones dispersas y, al mismo tiempo, muy repetitivas, que volvían a caer en los mismos caminos trillados, en los mismos temas, en los mismos

conceptos [...] Todo eso se atasca, no avanza, se repite y no tiene conexión. En el fondo, no deja de decir lo mismo y, sin embargo, tal vez no diga nada. (Foucault, 2000: 17)

Foucault se muestra inseguro frente al resultado de sus propias investigaciones sobre el poder. Tantos eran los "inconvenientes" que veía en ellas, que decidió abandonar por completo el proyecto revelado en la primera edición de *La voluntad de saber*, donde anunciaba la publicación de seis tomos más de la *Historia de la sexualidad*. ¿Qué le molestaba tanto? En la misma lección del 7 de enero de 1976 dice que sus investigaciones de los últimos años se inscriben en un modelo de análisis del poder que llama "el esquema lucha/represión", también denominado por él mismo la "hipótesis de Nietzsche" (Foucault, 2000: 29). Afirma que este modelo debe ser "reconsiderado", pues la noción del enfrentamiento agonístico de fuerzas, en otras palabras, *el modelo bélico* de análisis, resulta insuficiente para comprender las relaciones de poder.[8]

En efecto, inspirado por sus lecturas de Nietzsche, hasta mediados de los años setenta Foucault había repetido hasta la saciedad que el modelo jurídico del poder (compartido tanto por la teoría política burguesa como por el marxismo) debía ser sustituido por un modelo estratégico según el cual el poder es una relación descentrada y desigual de fuerzas que atraviesa tanto a dominadores como a dominados. Desde esta perspectiva, al poder sólo puede contraponerse otro poder de signo contrario, y las relaciones sociales deben ser concebidas enteramente bajo el esquema de la batalla: fuerza contra fuerza, represión contra resistencia, derrota contra victoria. La diferencia entre un poder que domina y un poder que se opone a la dominación no es *de*

---

[8] "Está claro que todo lo que les dije durante los años anteriores se inscribe del lado del esquema lucha/represión. Ése es el esquema que, en realidad, traté de poner en práctica. Ahora bien, a medida que lo hacía, me veía obligado, de todas formas, a reconsiderarlo [...] porque creo que las nociones de *represión* y *guerra* deben modificarse notablemente o, en última instancia, abandonarse" (Foucault 2000: 30).

forma sino únicamente *de fuerza*. Basta recordar que en su conversación de 1971 con Noam Chomsky (programáticamente titulada "justicia *versus* poder"), Foucault decía que las luchas sociales no debían entenderse en términos de su legitimidad moral frente al poder dominante, sino en términos de fuerza y resistencia contra el poder: "se hace la guerra para ganarla, no porque sea justa" (Foucault/Chomsky, 2006: 73).

Podríamos decir que el "manifiesto" de este modelo que postula la guerra como "grilla de inteligibilidad" del poder es un sarcástico texto de 1971 titulado *Nietzsche, la genealogía, la historia*. Allí Foucault afirma que la historia no debe ser pensada como marcada por algún tipo de racionalidad subyacente, sino como un enfrentamiento azaroso de fuerzas que abarcan no sólo las relaciones entre los Estados sino también, y sobre todo, el ámbito de la experiencia cotidiana, la "microfísica del poder". La guerra es, en realidad, una guerra de fuerzas que "emergen" aleatoriamente en algún punto de la historia para componerse de forma productiva y luego descomponerse de nuevo. El propósito de la genealogía es realizar un análisis del modo en que tales fuerzas producen saberes, objetos de conocimiento, instituciones, prácticas y sujetos, enmarcados en un juego perpetuo de vencedores y vencidos:

> La emergencia se produce siempre en un cierto estado de las fuerzas. El análisis de la *Entstehung* debe mostrar el juego, la manera en que luchan unas contra otras, o el combate que llevan a cabo frente a circunstancias adversas, o también la tentativa que realizan —dividiéndose contra ellas mismas— para escapar a la degeneración y recuperar vigor a partir de su propio debilitamiento [...] Sería equivocado creer, según el esquema tradicional, que la guerra general, agotándose en sus propias contradicciones, acaba por renunciar a la violencia y acepta suprimirse en las leyes de la paz civil. La regla es el placer calculado del ensañamiento, la sangre prometida. Permite relanzar sin cesar el juego de la dominación [...] La humanidad no progresa lentamente de combate en combate hacia una reciprocidad universal, en la que las reglas sustituirán, para siempre, a la guerra;

instala cada una de estas violencias en un sistema de reglas, y va así de dominación en dominación. (Foucault, 2004: 34; 39-40)

Bajo este modelo bélico no parece haber escapatoria a la guerra permanente, pues incluso las resistencias terminan atrapadas en el enfrentamiento incesante de las fuerzas. La historia no es otra cosa que una sucesión interminable de dominaciones y de resistencias que generan nuevas dominaciones. Por eso, en su entrevista con Bernard-Henri Lévy, ante la pregunta de por qué insistir tanto en la utilización de metáforas bélicas (batalla, guerra, resistencia, etc.), Foucault responde:

> Para analizar las relaciones de poder apenas si disponemos por el momento no más que de dos modelos: el que nos propone el derecho (el poder como ley, prohibición, institución) y el modelo guerrero o estratégico en términos de relaciones de fuerza. (Foucault, 1981: 162)

No obstante, en esa misma entrevista, Lévy —uno de sus más encarnizados críticos— puso el dedo sobre una llaga que comenzó a dolerle mucho a Foucault: "donde hay poder hay resistencia, es casi una tautología, por consiguiente" (*ibid.*).[9]

---

[9] En este punto radica la fuerte crítica que Foucault recibió no sólo en Francia sino también en Alemania. Si el poder y la resistencia son, en últimas, manifestaciones del mismo poder omnipresente, entonces oponerse a la dominación no es un ejercicio cualitativamente diferente al de la dominación misma. Thomas McCarthy, simpatizante norteamericano de la teoría crítica de Frankfurt (versión Habermas), sintetizó muy bien esta crítica cuando dijo que el poder en Foucault es "como la noche donde todos los gatos son pardos": "Si alguien da la bienvenida a otro o lo golpea, si alguien hace sentir bien a otro o lo envía a prisión, si alguien coopera con otro o compite contra él, todas éstas son, conforme al modelo conceptual de Foucault, formas igualmente dependientes del poder [...] Diferenciaciones entre procedimientos sociales justos o injustos, entre formas legítimas o ilegítimas del ejercicio del poder político, entre relaciones interpersonales estratégicas o de competencia, entre medidas guiadas por la fuerza o por el consenso, todas estas diferenciaciones, tan cercanas al corazón de la teoría crítica, son simplemente relegadas" (1993: 79-80. La traducción es mía).

Éste es precisamente el problema con el que empezó a verse confrontado Foucault hacia comienzos de 1978: su modelo bélico-estratégico encerraba un contrasentido; si no hay nada fuera del poder, si de lo que se trata es simplemente de oponer una fuerza a otra de signo contrario, entonces la resistencia sólo puede darse *en* el poder y no *contra* el poder. El poder es una guerra constante, manifiesta o latente, de la cual nunca podremos escapar. Deleuze lo ve perfectamente: "Foucault tiene necesidad de una tercera dimensión porque tiene la impresión de haber quedado encerrado en las relaciones de poder" (2006a: 149). ¿Pero qué significa una "tercera dimensión"? Hasta ese momento la analítica del poder desarrollada por Foucault sólo tenía dos dimensiones: el saber y el poder. Su rechazo del modelo jurídico le había llevado a mostrar que el poder no es sólo una fuerza represiva (una ley que dice *no*), sino que también produce verdades y por eso se le obedece. Sus primeras investigaciones genealógicas se concentraron en mostrar las relaciones mutuamente dependientes entre el saber y el poder. Incluso la subjetividad era vista como formada en el cruce de estas dos dimensiones. El preso, el loco, el soldado, el obrero, por ejemplo, son subjetividades que se forman a través de procesos de sujeción disciplinaria en la cárcel, en el hospital psiquiátrico, en el cuartel y en la fábrica. A su vez, estos ámbitos institucionales operan como laboratorios para la formación de aquellas disciplinas científicas encargadas de estudiar al "hombre" y generar verdades universales sobre su comportamiento. La subjetividad, en suma, es pensada exclusivamente como efecto de las relaciones saber/poder. Ser "sujeto" equivale entonces a estar *sujetado* tanto a unas disciplinas corporales como a unas verdades científicamente legitimadas.

Pues bien, cuando Deleuze dice que a la analítica foucaultiana le hacía falta una "tercera dimensión", se refiere precisamente a que la subjetividad necesitaba instalarse en ella como una variable relativamente independiente que no se reduce al saber, ni al poder, ni a la relación entre estas dos dimensiones. Así como el saber no es reductible al poder, ni el poder al saber (pues lo que Foucault piensa son sus relaciones), lo mismo debe ocurrir con la subjetividad. Foucault necesitaba "añadir una dimensión más", y es esto lo que explica su prolongado silencio. La clave para entender la "crisis" de Foucault es comprender el inmenso trabajo teórico de ocho años que debió hacer entre *La voluntad de saber* y *La inquietud de sí* (Deleuze, 2006a: 148-149).

En una entrevista realizada pocos días antes de su muerte, al hacer una retrospectiva general de su obra, Foucault reconoció que a su analítica le hizo falta una "línea de fuga" frente al poder y al saber, cuestión que quiso abordar en sus últimos trabajos:

> Me parece que en *Historia de la locura*, en *Las palabras y las cosas* y también en *Vigilar y castigar* mucho de lo que se encontraba implícito no podría hacerse explícito debido a la manera en que planteaba los problemas. Intenté señalar tres grandes tipos de problemas: el de la verdad, el del poder y el de la conducta individual. Estos tres ámbitos de la experiencia no pueden comprenderse sino unos en relación con los otros y no se pueden comprender los unos sin los otros. Lo que me perjudicó en los libros precedentes es el haber considerado las dos primeras experiencias sin tener en cuenta la tercera [...] Se trataba, pues, de reintroducir el problema del sujeto, que había dejado más o menos de lado en mis primeros estudios. (Foucault, 1999c: 382; 390)

Tenemos entonces que Foucault se distanció paulatinamente del modelo bélico que le había servido como "grilla de inteligibilidad" en su analítica del poder hasta 1978, lo cual lo condujo a concentrar sus estudios no tanto en las relaciones de fuerzas sino en las *articulaciones* que se dan entre tres dimensiones irreductibles unas a otras: el poder, el saber y la subjetividad. Esto significa que las formas de saber y los procesos de subjetivación ya no son vistos como meros epifenómenos del poder, sino como posibles espacios de libertad y resistencia a la dominación. De este modo se supera el "impasse teórico" al que hacía referencia Deleuze y que tanto habían señalado los críticos de Foucault hasta mediados de los setenta: es posible una resistencia a la dominación que no es simplemente la fuerza contraria de ese mismo poder frente al que se lucha. Es aquí donde el concepto *gubernamentalidad* aparecerá como nueva "grilla de inteligibilidad" para su analítica del poder.

PRÁCTICAS, RACIONALIDADES, TECNOLOGÍAS

Decir, sin embargo, que Foucault se distancia del modelo bélico que había usado para pensar el poder no significa que exista una discontinuidad completa entre las reflexiones iniciadas en 1978 con *Seguridad, territorio, población* y sus libros anteriores. Mucho menos estamos sugiriendo que los estudios iniciados por Foucault en 1978 sobre el liberalismo sean el síntoma de un progresivo "abandono" de su agenda antihumanista y nietzscheana, que le conduciría finalmente a rehabilitar las libertades individuales y los derechos de la subjetividad.[10] Lo que queremos decir es que después de 1978 Foucault ya no verá las relaciones de poder como marcadas *únicamente* por la dominación, sino también como "un juego de acciones sobre acciones" (Foucault, 2001: 253). Es decir que para el último Foucault una cosa son las *relaciones de poder* y otra muy distinta son los *estados de dominación*. La diferencia básica es que, por tratarse de un "juego de acciones sobre acciones", las relaciones de poder son reversibles, mientras que en los estados de dominación no impera el juego de libertades sino el ejercicio de la violencia (*ibid.*: 87). No obstante, los "juegos de libertades" —como todos los juegos— tienen reglas, y es precisamente el *análisis de tales reglas* lo que conecta el trabajo de Foucault sobre la gubernamentalidad con sus libros anteriores. Nos ocuparemos ahora de tres nociones interrelacionadas —prácticas, racionalidades y tecnologías— con las que Foucault había trabajado ya en *Vigilar y castigar* y *La voluntad de poder*, para mostrar el modo en que tales herramientas son utilizadas por Foucault en su nueva analítica del poder.

---

[10] Esta interpretación del "giro liberal" de Foucault ha sido defendida en los Estados Unidos por autores como Eric Paras en su libro *Foucault 2.0. Beyond Power and Knowledge* (2006).

La noción de *práctica* se encuentra en el centro del pensamiento foucaultiano desde textos tan tempranos como *Las palabras y las cosas* y *La historia de la locura en la época clásica*. Por *práctica* Foucault se refiere a lo que los hombres *realmente hacen cuando hablan o cuando actúan*. Es decir, las prácticas no son expresión de algo que esté "detrás" de lo que se hace (el pensamiento, el inconsciente, la ideología o la mentalidad), sino que son siempre manifiestas; no remiten a algo fuera de ellas que las explique, sino que su sentido es *inmanente*. Tras el telón no hay nada que ver ni que escuchar, porque tanto lo que se dice como lo que se hace son *positividades*. Las prácticas, en suma, siempre están "en acto" y nunca son engañosas. No hay nada reprimido o alienado que haya que restaurar, y nada oculto que haya que revelar. El mundo es siempre, y en cada momento, lo que es y no otra cosa: aquello que se dice tal como se dice y aquello que se hace tal como se hace. Para Foucault lo no dicho o lo no hecho en una época determinada simplemente *no existe* y, por tanto, no puede ser objeto de historia.

Paul Veyne ha mostrado con mucha lucidez cómo para Foucault las "cosas" son objetivaciones de las prácticas y no entidades frente a las cuales *reaccionan* las prácticas. El gran error de los historiadores, afirma Veyne, ha sido tomar las objetivaciones de las prácticas como objetos naturales (como universales) y luego pretender trazar su historia. Se naturalizan, por ejemplo, referentes como la locura, la sexualidad o el Estado y se afirma que las prácticas (médicas, institucionales, gubernamentales, etc.) han sido reacciones históricas a esos referentes "objetivos". Desde este punto de vista, la locura, la sexualidad y el Estado habrían existido desde tiempos antiguos y lo que habrían hecho las prácticas no es otra cosa que ir "descubriendo" paulatinamente su verdadera naturaleza. Diferentes "respuestas" frente a unos mismos objetos que se mantienen constantes. Foucault, por el contrario, afirma que la locura, la sexualidad y el Estado no son objetos sino campos de acción e intervención generados a partir de un conjunto heterogéneo de prácticas, de tal modo que la historia de la locura, de la sexualidad y de la gubernamentalidad tendrá que ser necesariamente una *historia de las prácticas* y no una historia de sus correlatos. Lo que *se hace*, la práctica, no puede ser aclarado a partir de *lo hecho* (Veyne, 1992: 37). Es por eso que el análisis histórico de las prácticas —y no de sus objetivaciones— es el propósito tanto de la arqueología como de la genealogía.

Ahora bien, las prácticas (discursivas y no discursivas) son acontecimientos: *emergen* en un momento específico de la historia y quedan inscritas en un entramado de relaciones de poder. Sólo hay prácticas en red. Para Foucault no existen prácticas que sean independientes del conjunto de relaciones históricas en las cuales funcionan. Por eso, aunque las prácticas son singulares y múltiples, deben ser estudiadas como formando parte de un ensamblaje, de un *dispositivo* que las articula. Y ese entramado no es la simple sumatoria de las prácticas singulares y heterogéneas que lo conforman, sino que funciona conforme a *reglas*. Los "conjuntos prácticos" o "regímenes de prácticas" (dos expresiones utilizadas por Foucault) tienen, pues, una *racionalidad*. O para decirlo con otras palabras: las relaciones que articulan las prácticas no son arbitrarias, sino que están sometidas a determinadas reglas que, como señalaba Veyne, no son inmediatamente "conocidas" por quienes las ejecutan. Lo cual no contradice lo anteriormente dicho, en el sentido de que las prácticas no son expresión de algo que está "detrás" de ellas. La decibilidad y factibilidad dependen de un sistema de reglas que no es directamente visible, pero que siempre está presente cuando decimos lo que decimos y hacemos lo que hacemos.[11] Se trata de una "gramática" que acom-

---

[11] Como bien dice Deleuze, refiriéndose expresamente a las prácticas discursivas: "El enunciado permanece oculto, pero únicamente si uno no se eleva hasta sus condiciones extractivas; por el contrario, está presente, lo dice todo, desde el momento en que uno se eleva hasta ellas. Igual ocurre en la política: la política no oculta nada, ni en diplomacia, ni en legislación, ni en reglamentación, ni en gobierno, aunque cada régimen de enunciados supone una cierta manera de entrecruzar las palabras, las frases y las proposiciones. Basta con saber leer, por difícil que parezca. El secreto sólo existe para ser traicionado, para traicionarse a sí mismo. Cada época enuncia perfectamente lo más cínico de su política, como también lo más crudo de su sexualidad, hasta tal extremo que la transgresión tiene poco mérito. Cada época dice todo lo que puede decir en función de sus

paña a las prácticas mismas y que se transforma con el tiempo. Al cambiar las prácticas, cambia la racionalidad de las prácticas y cambian también sus objetivaciones. Pero esas gramáticas son un *a priori* histórico; son como el agua en la que nadan los peces: no las vemos pero siempre están allí, pues sin ellas no podríamos hablar ni actuar.[12]

Dreyfus y Rabinow (2001: 195-196) han señalado que el problema de la racionalidad de las prácticas, recurrente en la obra de Foucault, es una herencia directa de Max Weber. Sigamos, pues, esta importante pista.[13] Como se sabe, en *Economía y sociedad* Weber define la racionalidad de dos formas: primero, como una acción calculada y orientada hacia el logro de unos fines técnicamente alcanzables y determinados de antemano (*Zweckrationalität*). Pero una acción también puede ser racional si se consideran los valores que son perseguidos con ella (*Wertrationalität*). Es decir que desde el punto de vista *formal*, una acción es racional cuando apela al cálculo abstracto y a la estrategia técnica; pero desde el punto de vista *material*, una acción es racional cuando incluye consideraciones *éticas* respecto a los fines que se quieren conseguir (Weber, 1997: 64).

Ahora bien, cuando Foucault habla de *racionalidad* no se está refiriendo a un tipo de acción atribuida a un "sujeto", sino a un "régimen de prácticas". Ésta es la primera gran diferencia con el

---

condiciones de enunciado [...] Que en cada época siempre se diga todo, ése es quizás el principio histórico más importante de Foucault: tras el telón no hay nada que ver, razón de más para describir en cada momento el telón o el zócalo, puesto que no existe nada detrás ni debajo" (Deleuze, 1987: 82).

[12] "Ya hace mucho que sabemos que la tarea de la filosofía no consiste en descubrir lo que está oculto, sino en hacer visible lo que, precisamente, es visible, es decir, hacer aparecer lo que es tan próximo, tan inmediato, lo que está tan íntimamente ligado a nosotros mismos, que, por ello, no lo percibimos. Mientras que la tarea de la ciencia es hacer conocer lo que no vemos, la de la filosofía consiste en hacer ver lo que vemos" (Foucault, 1999b: 117).

[13] El señalamiento de Dreyfus y Rabinow hace mucho sentido, si se tiene en cuenta que Foucault reconoció en varias oportunidades la gran importancia del trabajo de Max Weber en torno a la historia de las formas de racionalidad, y lamentó además que su obra hubiese sido ignorada en Francia (Foucault, 1999b: 315; 2006a: 20).

concepto de Weber.¹⁴ La racionalidad no es vista como anclada en una filosofía del sujeto, ni como derivada de una invariante antropológica (la "Razón").¹⁵ El concepto de *racionalidad* en Foucault no se inscribe, por tanto, en una teoría de la acción (*Handlungstheorie*), como en Weber y Habermas, sino que hace referencia al modo en que *funcionan* determinadas prácticas históricas. Lo cual significa que una cosa es la *acción* y otra muy distinta es la *práctica*. Mientras que la acción se predica de sujetos particulares, la práctica se predica de conjuntos o redes (dispositivos) dotados de una racionalidad.¹⁶ Es por eso que para Foucault la racionalidad opera como *condición de posibilidad* de la acción. Ya veremos cómo en sus cursos de 1978 y 1979 Foucault no se interesa por la *acción política* sino por la *racionalidad política*.¹⁷ Es decir que su pregunta no indaga por la legitimidad del Estado o por la irracionalidad del gobernante, sino por la racionalidad que se hace operativa en las prácticas de gobierno.

Pero podemos detectar una segunda diferencia con el concepto de Weber, que es en realidad un corolario de lo anterior. Dado que la "racionalidad" no es vista como un *atributo* de los sujetos, Foucault no plantea una "tensión" permanente entre la

---

14   Véanse las agudas reflexiones de Mitchell Dean en su soberbio libro *Critical and Effective Histories* (1994).

15   No se puede atribuir a Max Weber la idea de que la racionalización conlleva una lógica de desarrollo de carácter universal. Esta lectura *sesgada* y hegeliana de su teoría de la racionalización se debe sobre todo a intérpretes como Mommsen y Habermas, para quienes la racionalización de las sociedades occidentales es sólo un capítulo de la historia del desarrollo de la "Razón". Habermas, en particular, se apoya en Weber para sostener que la racionalización moderna del derecho, de la ciencia y de la cultura son una fase "superior" del desarrollo de la Razón conforme a ciertas leyes universales (Habermas, 1987).

16   Diríamos, por tanto, que la *acción* no se predica de aquello que "hacen" instituciones como el hospital, la cárcel, la fábrica, el Estado, etc. No hay, por tanto, acciones estatales sino prácticas estatales. Prácticas que se definen por una (o varias) racionalidades.

17   Al respecto escribe Sven Opitz: "Las racionalidades políticas conceptualizan y justifican objetivos, producen y favorecen medios para alcanzarlos, posicionan las acciones políticas en sus correspondientes campos institucionales, diseñan límites para las prácticas de gobierno y definen posiciones de sujeto para las intervenciones gubernamentales" (Opitz, 2004: 53. La traducción es mía).

racionalidad formal y la racionalidad material. Recordemos que para Weber una acción racional desde el punto de vista de los fines, puede ser irracional desde el punto de vista de los valores. Esto debido a que los sujetos pueden estar de acuerdo sobre los medios técnicos utilizados para actuar de cierto modo, pero pueden divergir con respecto a los valores que persigue una acción. No obstante, en el momento en que la racionalidad no se predica de las acciones sino de las prácticas, esta tensión desaparece. No tiene sentido por ello hablar de unas prácticas racionales con respecto a otras que son "irracionales". Para Foucault los conjuntos de prácticas son siempre racionales en los dos sentidos señalados por Weber: están animados por una *ratio* calculadora y también por unos *valores* que hacen que esa acción sea tenida por buena y deseable.[18] Sobre esto regresaré más adelante.

La tercera diferencia con respecto a Weber es que su concepto de *racionalidad* contempla únicamente tres variables: medios, estrategias y fines. Foucault, en cambio, trabaja con un número mayor de variables, al hacer distinción entre fines, efectos, estrategias y usos. El *fin* racional de una práctica como el encarcelamiento es reformar al individuo, pero esto jamás se ha conseguido; por el contrario, esta práctica generó un *efecto* distinto y hasta contradictorio respecto a ese objetivo inicial, ya que ha servido para intensificar los comportamientos delictivos. Los efectos no coinciden en este caso con los fines, pero esto no significa que la cárcel sea una institución "irracional". Todo lo contrario, su racionalidad se manifiesta en el modo en que es capaz de replantear sus objetivos y estrategias en la marcha, utilizando los efectos imprevistos para erigir nuevos fines que no estaban contemplados inicialmente. Nótese cómo la "gramática" de las prácticas no obedece a una lógica implacable y sistemática, sino que cambia con las prácticas mismas. Es por eso que Foucault habla del *uso* como

---

[18] El nazismo y el estalinismo no son vistos por Foucault como prácticas "irracionales", como planteó la Escuela de Frankfurt sobre la base de los análisis de Max Weber. En *Defender la sociedad* se ocupará precisamente de examinar cuál es la racionalidad específica de estas prácticas.

una variable diferente tanto de los medios como de los efectos, las estrategias y los fines (Foucault, 1996b: 148).

La cuarta y última diferencia de Foucault con respecto a Max Weber tiene que ver con la llamada *tesis de la racionalización*. Para Weber, las sociedades occidentales han atravesado un proceso histórico (a partir, sobre todo, de la emergencia de la nueva ciencia y del capitalismo) que ha llevado a la disociación paulatina entre la racionalidad formal y la racionalidad material, favoreciendo la institucionalización de la primera en detrimento de la segunda y haciendo que todos los ámbitos de acción social (la economía, la política, la ciencia, el arte, etc.) se encuentren dominados por el imperativo de la calculabilidad. Foucault, en cambio, no habla nunca de *la* racionalización (como un todo homogéneo), ni de la racionalización "de la sociedad",[19] sino de *múltiples prácticas racionales* que obedecen a lógicas distintas y que deben ser estudiadas en su singularidad, pero que no engloban a toda la sociedad (Foucault, 1999g: 317).[20] Por eso, ante la insinuación de su complicidad con un proceso metahistórico de racionalización, Foucault responde lo siguiente:

---

[19] En *El polvo y la nube* dice: "También habría que interrogar tal vez el principio, con frecuencia implícitamente admitido, de que la única *realidad* a la que debiera pretender la historia es la propia *sociedad*. Un tipo de racionalidad, una manera de pensar, un programa, una técnica, un conjunto de esfuerzos racionales coordinados, unos objetivos definidos y continuados, unos instrumentos para alcanzarlos, etc., todo eso es lo real, aunque no pretenda ser "la realidad" misma ni toda "la" sociedad" (Foucault 1982: 46).

[20] "¿Nos dedicaremos acaso a investigar esta especie de racionalismo que parece específico de nuestra cultura moderna y que tiene su origen en la Ilustración? Ésta fue, me parece, la solución que escogieron algunos miembros de la escuela de Francfort [...] Yo sugeriría, por mi parte, otra manera de estudiar las relaciones entre racionalidad y poder: 1) Pudiera resultar prudente no considerar como un todo la racionalización de la sociedad o de la cultura, sino analizar este proceso en diferentes campos, fundado cada uno en una experiencia fundamental: locura, enfermedad, muerte, crimen, sexualidad, etc. 2) Considero que la palara 'racionalización' es peligrosa. El problema principal, cuando la gente intenta racionalizar algo, no consiste en buscar si se adapta o no a los principios de la racionalidad, sino en descubrir cuál es el tipo de racionalidad que utiliza" (Foucault 1991b: 97).

Si se denomina "weberianos" a los que han querido relevar el análisis marxista de las contradicciones del capital, parcela de la racionalidad irracional de la sociedad capitalista, no creo que yo sea weberiano, pues mi problema no es, finalmente, el de la racionalidad como invariante antropológica. No creo que se pueda hablar de "racionalización" en sí, sin suponer por una parte un valor-razón absoluto y sin exponerse por otra a introducir un poco de todo en la sección de las racionalizaciones. Opino que hay que limitar esta palabra a un sentido instrumental y relativo [...] Digamos que no se trata de calibrar unas prácticas con la medida de una racionalidad que llevaría a apreciarlas como formas más o menos perfectas de racionalidad, sino, preferentemente, de ver cómo se inscriben en unas prácticas, o en unos sistemas de prácticas, unas formas de racionalizaciones y qué papel desempeñan en ellas. Pues es cierto que no hay "prácticas" sin un cierto régimen de racionalidad. (Foucault, 1982: 65-66)

No hay, pues, en Foucault una lectura totalizante de la racionalización, sino más bien el *análisis* de formas particulares de racionalidad que se dan en contextos históricos específicos. Como bien dice Mitchell Dean (1994: 58), lo que tenemos en Foucault es una "concepción minimalista de la racionalización", desprovista de cualquier universalismo. Los diferentes "regímenes de prácticas" son vistos por Foucault como animados por racionalidades singulares y heterogéneas. En suma: el concepto de *racionalidad* es utilizado por Foucault para referirse al funcionamiento histórico de prácticas que se insertan en ensamblajes de poder. Tales conjuntos de prácticas son "racionales" en la medida en que proponen unos *objetivos* hacia los cuales debe ser dirigida la acción, la utilización calculada de unos *medios* para alcanzar esos objetivos y la elección de unas determinadas *estrategias* que permitirán la eficaz articulación entre medios y fines o, en su defecto, el *uso* de los *efectos* imprevistos para un replanteamiento de los propios fines. Y es precisamente la aplicación de unos medios orientados de forma consciente por la reflexión y la experiencia para alcanzar ciertos fines lo que Foucault denominaría *tecnología*.

No obstante, al tratar de explicitar el modo en que Foucault utiliza el concepto de *tecnología*, chocamos con no pocas dificultades. En varias ocasiones él mismo dijo que no es un pensador sistemático y que veía su trabajo como un ejercicio constante de experimentación, antes que como un intento de pensar teóricamente. Y esto se hace particularmente claro en el tratamiento ambiguo que da a las nociones de *técnica* y *tecnología*. En la mayoría de las ocasiones utiliza *técnica* y *tecnología* como términos sinónimos,[21] en unos lugares habla de "familias tecnológicas",[22] en otros de "conjuntos tecnológicos", e incluso, en la primera clase del curso *Seguridad, territorio, población*, propone una diferencia categorial entre *historia de las técnicas* e *historia de las tecnologías*. Sin embargo, y a pesar de esta imprecisión terminológica, cuando Foucault habló de *técnicas* o de *tecnologías* se refirió siempre a la *dimensión estratégica de las prácticas*, es decir, al modo en que tales prácticas operan en el interior de un entramado de poder. Las tecnologías, diríamos, forman parte integral de la racionalidad de las prácticas, en tanto que son ellas los medios calculados a través de los cuales una acción cualquiera podrá cumplir ciertos fines u objetivos. De modo que al hablar de *tecnologías de gobierno* Foucault buscará responder preguntas como las siguientes: ¿qué significa gobernar *eficazmente* la conducta de otros?; ¿qué *medios técnicos* han de aplicarse razonadamente para que las personas se comporten de acuerdo con unos objetivos trazados de antemano?; ¿cómo *calcular* adecuadamente esos medios?

Ya dijimos que Foucault rechaza cualquier lectura antropológica de las prácticas, por lo que la tecnología no debe ser vista como un "instrumento" en manos del "sujeto" y bajo su entero control. La tecnología no es algo que pueda ser "usado" (bien o mal, de forma racional o irracional) por la voluntad de un sujeto libre.[23] Más bien diríamos, utilizando la terminología de Weber,

---

[21] Véase Castro, 2004: 335-337.
[22] Véase Foucault, 1999f: 245.
[23] Algunos autores han visto aquí una gran similitud entre Foucault y Heidegger (Sawicki, 2003; Rayner, 2007). Pero aunque es cierto que ambos filósofos se dis-

que Foucault se atiene a una definición de *tecnología* que no se refiere sólo a un saber puramente instrumental o utilitario (*Zweckrationalität*), sino también a una práctica razonada que contribuye a la producción de una vida ética y políticamente cualificada (*Wertrationalität*). Para Foucault, la tecnología no es algo *constitutivo* de la especie humana (*technisches Handeln*), como por ejemplo para Habermas, sino, más bien, un conjunto múltiple de estrategias a través de las cuales los animales humanos *devienen sujetos*. Las tecnologías son, propiamente hablando, *onto-tecnologías*. O como dijera el filósofo alemán Peter Sloterdijk: las técnicas son siempre *antropotécnicas* (Sloterdijk, 2001).[24]

La conferencia dictada en la Universidad de Stanford bajo el título "Tecnologías del yo", en otoño de 1982, es quizás el único lugar donde Foucault propone una tipología de las técnicas.[25]

---

tancian de la interpretación "humanista" de la técnica, sus diferencias son bien marcadas. Foucault, por ejemplo, nunca habla de *la* Técnica (con mayúscula) y tampoco se pregunta por la "esencia de la técnica". Por el contrario, habla de una multiplicidad de tecnologías que no se inscriben en la misma racionalidad.

[24] Aunque no resulta relevante para el argumento que venimos presentando, es necesario decir que los dispositivos son capaces de hacer funcionar juntas una multiplicidad de técnicas, abstrayéndolas de los objetivos particulares que tenían cuando fueron inventadas y poniéndolas a trabajar conforme a objetivos enteramente diferentes. En la entrevista con Ducio Trombadori (1996a: 114) Foucault dice que las técnicas de poder son "transferibles" (*Übertragbar*), pues su "uso" no se halla ligado sustancialmente a ningún objetivo en particular y tampoco depende de ninguna institución o contexto cultural. Es decir que una técnica cualquiera puede ser aislada de los objetivos que tuvo en un momento histórico determinado y puesta a funcionar en campos estratégicos que operan con objetivos diferentes. Es lo mismo que sucede con los objetos técnicos. A pesar de que la rueda es un objeto técnico "arcaico", inventado en tiempos muy antiguos, continuamos utilizándola hoy en día, pero en articulación a conjuntos tecnológicos bien diferentes y con objetivos distintos, como por ejemplo la producción de aviones y automóviles en una economía capitalista. Gilbert Simondon (2008) habla, en este sentido, de la mutación histórica de los objetos técnicos y de la posibilidad de trazar sus linajes genealógicos. Análogamente, y como veremos con mayor detenimiento en el próximo capítulo, Foucault dice que elementos técnicos pertenecientes a dispositivos de soberanía pueden funcionar de mil maravillas cuando se conectan a conjuntos prácticos distintos (como por ejemplo los dispositivos disciplinarios, tal como ocurrió en el nazismo y el estalinismo.

[25] Esta tipología, según confiesa el propio Foucault, se encuentra inspirada en "al-

Allí habla de cuatro tipos de tecnologías, comenzando por las *tecnologías de producción*, que nos permiten "transformar o manipular cosas" (Foucault, 1991a: 48). Se refiere con ello a tecnologías antiguas como el fuego, la rueda y la agricultura, o modernas como el motor de explosión o la presa hidráulica, que permiten la intervención razonada sobre la materialidad del mundo. Un segundo grupo es visto por Foucault como propio del mundo del lenguaje: las *tecnologías de significación*. Se trata de aquellas "tecnologías de sistemas de signos, que nos permiten utilizar signos, sentidos, símbolos o significaciones" (*ibid.*). Hablamos aquí de las diversas y múltiples estrategias que permiten la producción de sentidos sobre el mundo material y sobre las prácticas humanas. Foucault mismo se ocupó del estudio de algunas de estas técnicas en libros como *Las palabras y las cosas* y *Arqueología del saber*. Agrupadas en una segunda familia, diremos que se trata de aquellas tecnologías que se orientan a la producción de la verdad. El tercer grupo mencionado por Foucault es el de las *tecnologías de poder*, "que determinan la conducta de los individuos, los someten a cierto tipo de fines o de dominación y consisten en una objetivación del sujeto" (*ibid.*). Aquí es importante entender que no se trata del *poder* en general, sino de la *dominación*, es decir, de aquellas prácticas que buscan someter la conducta de otros por la fuerza y con base en un cálculo racional. En esta familia se encuadran técnicas como la tortura, las ejecuciones públicas, el trabajo forzado, los campos de concentración, el vasallaje y la esclavitud, algunas de ellas estudiadas por Foucault mismo en su

---

gunas sugerencias" de Habermas (Foucault, 1997a: 177). Esto ha sido leído por algunos comentaristas como una especie de "concesión" hecha por Foucault al filósofo alemán, de quien había recibido fuertes críticas (McCarthy, 1993). Sin embargo, Didier Eribon ha mostrado que Foucault nunca estuvo realmente interesado en un diálogo con Habermas (Eribon, 1995: 273-293). Los tres tipos de "intereses" o manifestaciones de la razón práctica que distingue Habermas nada tienen que ver con el concepto de *tecnología* que maneja Foucault. Se trata de tres modos prácticos de acción que se fundan en *constantes antropológicas* que han marcado la autoproducción de la especie humana a través de la historia: el trabajo, el lenguaje y el poder (Habermas, 1973).

libro *Vigilar y castigar*.[26] Por último, Foucault distingue un cuarto grupo al que denomina *tecnologías del yo*, "que permiten a los individuos efectuar, por cuenta propia o con ayuda de otros, cierto tipo de operaciones sobre su cuerpo y sobre su alma" (*ibid.*). Esta multiplicidad de técnicas emerge en diversos lugares del mundo entre el año 700 a.C. y el 300 d.C.,[27] aunque Foucault sólo se concentrará en el estudio de sus variantes griegas y helenísticas.

Ahora bien, dos años más tarde, en una entrevista concedida a Raúl Fornet Betancourt y Alfredo Gómez-Müller, Foucault distinguió una *quinta* familia tecnológica que denominó *tecnologías de gobierno*, y que ubicó como una especie de bisagra entre las tecnologías de dominación y las tecnologías del yo:

> Me parece que hay que distinguir las relaciones de poder como juegos estratégicos entre libertades —juegos estratégicos que hacen que unos intenten determinar la conducta de los otros, a lo que éstos responden, a su vez, intentando no dejarse determinar en su conducta o procurando determinar la conducta de aquéllos— y los estados de dominación, que son lo que habitualmente se llama el poder. Y *entre ambos*, entre los juegos de poder y los estados de dominación, se encuentran las *tecnologías gubernamentales* [...] El análisis de estas técnicas es necesario porque, con frecuencia, a través de este género de técnicas es como se establecen y se mantienen los estados de dominación. (Foucault, 1999d: 413-414)[28]

---

[26] En *Vigilar y castigar* Foucault dijo que el suplicio es una técnica en el sentido de que es una práctica sometida a reglas y orientada por el cálculo racional: "La pena, cuando es supliciante, no cae al azar o de una vez sobre el cuerpo, sino que está calculada de acuerdo a reglas escrupulosas: número de latigazos, emplazamiento del hierro al rojo, duración de la agonía en la hoguera o en la rueda (el tribunal decide si procede estrangular inmediatamente al paciente en vez de dejarlo morir, y al cabo de cuánto tiempo ha de intervenir este gesto de compasión), tipo de mutilación que imponer (mano cortada, labios o lengua taladrados)" (Foucault, 1998: 40).

[27] Es decir, en la época que el filósofo Karl Jaspers denominó como *Achsenzeit* (tiempo axial) y que ha sido magníficamente estudiada por la historiadora Karen Armstrong (2007).

[28] El resaltado es mío.

Las tecnologías de gobierno aparecen como un nuevo conjunto que se diferencia de las tecnologías de dominación porque no buscan simplemente determinar la conducta de los otros, sino *dirigirla* de un modo eficaz, ya que presuponen la capacidad de acción (libertad) de aquellas personas que deben ser gobernadas. Pero también se diferencian de las tecnologías del yo, pues aunque los objetivos del gobierno son hechos suyos libremente por los gobernados, no son *puestos* por ellos mismos sino por una racionalidad exterior. En este sentido Foucault dice que las tecnologías de gobierno se ubican en una *zona de contacto* entre dos familias tecnológicas distintas: aquellas que determinan la conducta de los sujetos (sujeción) y aquellas que permiten a los sujetos dirigir autónomamente su propia conducta (subjetivación).[29] Justo por esto, las tecnologías de gobierno son como una especie de manija que puede orientarse de dos formas: bien para intentar conducir la conducta de otros conforme a metas no fijadas (aunque consentidas) por los gobernados, o bien para conducir la propia conducta conforme a metas fijadas por uno mismo. Las tecnologías de gobierno pueden servir, entonces, para crear estados de dominación política o para favorecer prácticas de libertad.[30]

En los cursos *Seguridad, territorio, población* (1977-1978) y *Nacimiento de la biopolítica* (1978-1979) Foucault se ocupará de investigar el liberalismo como un conjunto de prácticas que favorece el mantenimiento de unas relaciones asimétricas de poder político y económico. Unas relaciones, insistimos, *consentidas* por aquellos sobre quienes se ejercen las tecnologías de gobier-

---

[29] Al respecto dice Foucault: "Este contacto entre las tecnologías de dominación de los demás y las referidas a uno mismo es lo que llamo gobernabilidad [sic]. Quizás he insistido demasiado en el tema de la dominación y el poder. Cada día estoy más interesado en la interacción entre uno mismo y los demás, así como en las tecnologías de la dominación individual" (Foucault, 1991a: 49).

[30] Aquí es importante señalar que la distinción *categorial* realizada por Foucault entre las tecnologías de dominación y las tecnologías del yo, colocando en la mitad una zona intermedia donde operan las tecnologías de gobierno, abre la posibilidad de pensar algo impensable en el anterior modelo bélico: el modo en que los sujetos pueden entablar con los demás y consigo mismos un vínculo que no es ya la simple extensión de las relaciones de dominio.

no. Habrá que decir, sin embargo, que una cosa es el consentimiento y otra muy distinta es la decisión. Las metas y objetivos del gobierno no son algo *decidido* por nadie en particular, sino que obedecen a una racionalidad que permite que unos dirijan la conducta de otros. *Quiénes* son esos *unos* y esos *otros* es algo totalmente irrelevante para la analítica del poder. Foucault no se interesa por saber cuál es la "identidad" (racial, laboral, nacional, sexual, etc.) de gobernantes y gobernados, sino que su análisis se dirige hacia la racionalidad de las prácticas de gobierno, lo cual incluye un análisis de las *técnicas* específicas que son utilizadas para "sujetar" la conducta o para "des-sujetarla". La pregunta, como decíamos antes, no se centra en la *acción* política sino en la *racionalidad* política, es decir, en el modo como el uso de ciertas tecnologías de gobierno puede generar consentimiento en torno a los estados de inequidad. Hay que recordar que, a diferencia de la dominación, el *gobierno* sobre la conducta nunca es obligado, nunca se hace en contra de la propia voluntad. Las personas están siempre en posibilidad de sublevarse. Pero si no lo hacen, si los estados de dominación (económica, sexual, racial, laboral, colonial, etc.) logran mantenerse, esto no se debe tanto a que el poder se haya vuelto "total", sino a que han sido creadas ciertas *condiciones de aceptabilidad*[31] que son acogidas por un sector considerable de los dominados. Lo que hacen precisamente las tecnologías gubernamentales es coadyuvar a crear y mantener unos estados de inequidad que son tenidos como "racionales" (y, por tanto, aceptables) tanto por gobernantes como por gobernados.[32]

---

[31] La noción de "condiciones de aceptabilidad" es introducida por Foucault en su conferencia "¿Qué es la crítica?" (Foucault, 2006a: 28-29), pronunciada ante la Sociedad Francesa de Filosofía.

[32] Este argumento da lugar a establecer ciertas analogías entre Foucault y Gramsci. No es éste el lugar para abordar el tema en detalle, pero diría que aunque ciertamente pueden existir algunos puntos de contacto entre los dos autores, tendría cuidado en no empujar demasiado el paralelismo, sobre todo si se tiene en cuenta que para el último Foucault, tal como lo hemos visto, el contrapoder se articula sobre la base de tecnologías que son enteramente diferentes de las tecnologías de dominación (pertenecen a "familias" distintas). Por eso no puede asimilarse sin más la resistencia al poder, en Foucault, como una "lucha

No sobra decir a este respecto que los dominados "aceptan" ser gobernados de cierta forma porque el gobierno no se ejerce sólo mediante ideas o agendas ideológicas, sino principalmente sobre (y a través de) los deseos, aspiraciones y creencias de las personas.[33] Es un gobierno sobre la *molecularidad* del cuerpo.[34] Por eso el liberalismo no es visto por Foucault como una práctica disciplinaria sino como práctica gubernamental que ha logrado generar unas "condiciones de aceptabilidad" sobre la conducta política y moral de los individuos. Aunque suene paradójico, el liberalismo ha funcionado eficazmente por más de 200 años porque logra que los individuos cultiven *autónomamente* el deseo de "vivir mejor" y "progresar" mediante la puesta en marcha de unos juegos de libertad económica (producción y consumo). No es que los sujetos sean "engañados", que estén "cegados" por un velo ideológico que les impide ver que los objetivos que persiguen con tanto ahínco no son los suyos propios sino los de la "clase dominante" que los oprime. Tal como dijimos antes, las prácticas deben ser estudiadas en su positividad y no como remitidas a una lógica externa. Foucault piensa que las tecnologías liberales de gobierno logran vincularse molecularmente *en la vida misma* de las personas, en el ámbito de lo que Max Weber llamaba *valores*.[35] Se instalan en una "zona flotante", a veces indistinguible, entre las tecnologías de dominación y las tecnologías del yo. Por

---

por la hegemonía" en donde los subalternos luchan con las *mismas armas* de los dominadores. Esto se parece demasiado al modelo bélico que Foucault buscó dejar atrás en sus últimos años.

[33] Vale la pena citar aquí la definición de *gobierno* que ofrece Mitchell Dean: "Goverment is any more or less calculated and rational activity, undertaken by a multiplicity of authorities and agencies, employing a variety of techniques and forms of knowledge, that seeks to shape conduct by working through our desires, aspirations, interests and beliefs, for definite but shifting ends and with a diverse set of relatively unpredictable consequences, effects and outcomes" (Dean, 2008: 11).

[34] A diferencia de las disciplinas, que se dirigen al aumento de las fuerzas orgánicas del cuerpo, el *gobierno* se interesa más por flujos tales como la memoria, el deseo, la atención y la voluntad.

[35] Para un estudio de caso al respecto véase mi libro *Tejidos oníricos: movilidad, capitalismo y biopolítica en Bogotá* (2009a).

eso, en tanto que conjunto de técnicas de subjetividad, el liberalismo es más una *experiencia* que una ideología: es capaz de crear un *modo de vida*, una forma concreta de "estar-en-el-mundo".

A propósito de esto último, quisiera regresar por un momento al concepto de *racionalidad* acuñado por Max Weber. Ya dijimos que éste distingue entre una racionalidad con arreglo a fines (*zweckrationales Handeln*) y una racionalidad con arreglo a valores (*wertrationales Handeln*). Esta última hace referencia al tipo de *valores* en juego (justicia, equidad, eficacia, belleza, éxito, etc.) a la hora de elegir los fines últimos de una acción. Una vez dado ese valor o conjunto de valores, el criterio para determinar la racionalidad de una acción será la eficacia en la elección de las *estrategias* para obtener los fines fijados conforme a esos valores. No existe en Weber la idea de una jerarquía de valores anclada en la "naturaleza humana" o en "la Razón" que permita servir como criterio a la hora de elegir los fines últimos de una acción. Diríamos, más bien, que hay diferentes "juegos" o ámbitos de racionalidad ("regímenes de prácticas") en los que los jugadores eligen *conducir su propia conducta* conforme a valores distintos. Con todo, Weber insiste en que bajo las condiciones impuestas por la economía capitalista y el Estado burocrático, las personas adoptan un estilo de vida racional (*methodische Lebensführung*) en el que prima el valor "éxito" por encima de cualquier otro. Una conducta es racional cuando se eligen los medios más eficaces para obtener éxito profesional. Hablamos, entonces, del estilo de vida propio del empresario y del funcionario, pero también del obrero, del artista, del político, del científico y del "hombre moderno" en general.

Foucault piensa igualmente que la racionalidad de una práctica de gobierno radica no sólo, y no tanto, en la instrumentalidad de los medios y fines que son *impuestos* a los gobernados, cuanto en el modo en que éstos acogen esos medios y esos fines como *racionales*. En este sentido las tecnologías de gobierno son *existenciales*, pues a través de ellas los individuos y colectivos se subjetivan, adquieren una experiencia concreta del mundo. Y si las tecnologías de gobierno presuponen ya de entrada la capacidad de acción de los individuos, es decir su libertad, queda entonces claro que la meta de estas tecnologías es la *autorregulación*: lograr que el gobernado haga coincidir sus propios deseos, decisiones, esperanzas, necesidades y estilos de vida (*Lebensführung*) con objetivos gubernamentales fijados de antemano. Por eso gobernar no significa *obligar* a que otros se comporten de cierta forma (y en contra de su voluntad), sino lograr que esa conducta sea vista por los gobernados mismos como buena, honorable, digna y, por encima de todo, como *propia*, como proveniente de su libertad.

Es aquí donde radica la diferencia básica entre las relaciones de poder y los estados de dominación a la que hacíamos referencia antes. Por tratarse de un "juego de acciones sobre acciones", las relaciones de poder son reversibles, mientras que en los estados de dominación no impera el juego de libertades sino el ejercicio de la violencia.[36] Es, entonces, a estas relaciones de poder, donde siempre hay campo para el ejercicio de la libertad de los sujetos, que Foucault denomina "prácticas de gobierno":

> Quizá la naturaleza equívoca del término *conducta* es una de las mejores ayudas para llegar a un acuerdo con la especificidad de las relaciones de poder. Porque "conducta" es al mismo tiempo conducir a otros (de acuerdo a mecanismos de coerción que son, en grados variables, estrictos) y una manera de conducirse dentro de un campo más o menos abierto de posibilidades. El ejercicio del poder consiste en guiar las posibilidades de conducta y disponerlas con el propósito de obtener posibles resultados. Básicamente, el poder es menos una confrontación entre dos adversarios, o el vínculo de uno respecto del otro, que una cuestión de gobierno […] Gobernar, en este sentido, es estructurar un campo posible

---

[36] En otro lugar dice Foucault: "Hay que subrayar también que no puede haber relaciones de poder más que en la medida en que los sujetos son libres. Si uno de los dos estuviera completamente a disposición del otro y llegara a ser una cosa suya, un objeto sobre el que se pudiera ejercer una violencia infinita e ilimitada, no habría relaciones de poder. Para que se ejerza una relación de poder hace falta, por tanto, que exista siempre cierta forma de libertad por ambos lados" (Foucault, 1999d: 405).

de acción de los otros. Las relaciones propias del poder, por eso mismo, no podrían ponerse en un sitio de violencia o de lucha, ni en uno de vínculos voluntarios (todos los cuales pueden ser, en el mejor de los casos, sólo instrumentos de poder), sino más bien en el área del modo de acción singular (ni belicoso ni jurídico), que es el gobierno. (Foucault, 2001: 253-254)

En este pasaje no sólo queda claro el distanciamiento de Foucault frente al modelo bélico, sino también su nueva concepción del poder como *gobierno sobre acciones*. No se interviene directa e inmediatamente sobre los otros (reprimiendo sus acciones de modo violento), sino sobre el campo posible de sus acciones. No se busca, entonces, anular la libertad de los sujetos, sino *conducirla*, y esto a partir de unas tecnologías específicas. Se trata de "guiar" (*Leiten*) a los sujetos antes que de producirlos disciplinariamente,[37] como proponía el anterior modelo. *Gobernar* significa, entonces, conducir la conducta de otros mediante la intervención *regulada* sobre su campo de acciones presentes y futuras. Esas "fuerzas" anónimas del modelo bélico, que aparecían azarosamente en la historia chocando unas contra otras, son vistas ahora como prácticas que se ejercen siempre conforme a cierta racionalidad. Es por eso que en sus lecciones del Collège de France correspondientes a los cursos *Seguridad, territorio, población* (1977-1978) y *Nacimiento de la biopolítica* (1978-1979) Foucault introduce el neologismo *gubernamentalidad* para referirse al tipo de reflexividad y de tecnologías que hacen posible la conducción de la conducta.

La gubernamentalización del Estado

Hemos argumentado que la superación del modelo bélico supuso un cambio apreciable en la analítica foucaultiana del poder, caracterizada ahora como una analítica de las racionalidades de gobierno. *Analítica* significa que se trata de un tipo de estudio

---

[37] O "criarlos" (*Zuchten*), como decía Nietzsche en *La genealogía de la moral*.

orientado al examen de las condiciones *particulares* bajo las cuales emergen y se transforman *diferentes* prácticas de gobierno, mirando además el tipo de racionalidad *específico* movilizado por cada una de esas prácticas. Es decir que en lugar de ver esta multiplicidad de racionalidades como remitidas a algún tipo de unidad o principio único, prefiere analizarlas en su *singularidad*. Esta es la razón por la cual hemos venido hablando de *gobierno* sin mencionar en ningún momento al Estado.

Pero, ¿no es acaso el Estado el *locus* por excelencia del gobierno? Foucault muestra que el Estado no es la sede y origen del gobierno, sino únicamente el lugar de su *codificación*. Por eso es necesario distinguir entre una "teoría del gobierno" y una "analítica de la gubernamentalidad". Una *teoría del gobierno* da por supuesto al Estado como actor unitario, dotado de un conjunto de instituciones o "aparatos" que sirven como asiento y base del gobierno. Una teoría semejante se ocupará de reflexionar sobre cuestiones tales como la legitimidad del gobierno, las mejores o peores formas de gobernar (democracia, populismo, totalitarismo), o bien sobre la "sostenibilidad" de las potestades legislativas, punitivas o administrativas del Estado (gobernabilidad, gobernanza, etc.). Por el contrario, una *analítica de la gubernamentalidad* no parte de la unidad del Estado sino de una multiplicidad de prácticas dotadas de racionalidades particulares. En este sentido, la analítica se ocupará de mostrar cómo, en algún momento específico de la historia (Foucault dirá que entre los siglos XVI-XVIII), el Estado surge como la *objetivación* de una serie de prácticas gubernamentales, de manera análoga a como la locura o la sexualidad surgieron a partir de una serie de prácticas médicas y disciplinarias. La analítica no se ocupará entonces de trazar la historia de las objetivaciones, sino la historia de las prácticas, de tal manera que su objetivo no es hacer la historia del gobierno estatal sino la historia de la "gubernamentalización" del Estado. Su problema no es, por tanto, el Estado (como si se tratase de una entidad natural), sino las prácticas de gobierno; y tampoco la estatización de la sociedad, sino la gubernamentalización del Estado:

Las formas y las situaciones específicas del gobierno de unos hombres por otros son múltiples en una sociedad dada, están superpuestas, se cruzan, imponen sus propios límites, algunas veces se destruyen unas a otras, a veces se refuerzan. Es cierto que en las sociedades contemporáneas el Estado no es simplemente una de las formas o situaciones específicas del ejercicio del poder (incluso si es el más importante), sino que en cierta manera todas las otras formas de la relación de poder deben referirse a él. Pero no es porque sean *derivadas de él*; es más bien porque las relaciones de poder han llegado a estar cada vez más bajo el control del Estado [...] En referencia al sentido restringido de la palabra *gobierno*, se podría decir que las relaciones de poder han sido *progresivamente gubernamentalizadas*, es decir, elaboradas, racionalizadas y centralizadas en la forma de, o bajo los auspicios de las instituciones del Estado. (Foucault, 1991d: 96)[38]

Tenemos, entonces, que una analítica de la gubernamentalidad se pregunta por la emergencia histórica de un conjunto de prácticas, racionalidades y tecnologías de gobierno, y luego por el modo en que esa multiplicidad se centraliza en un solo aparato: el Estado moderno. Se trata, pues, de una *genealogía* de las prácticas gubernamentales, que a su vez conlleva una genealogía de los *procedimientos de estatalización*. No es que su preocupación sea el "origen" del Estado (a la manera de las teorías contractualistas), sino que se pregunta por la "racionalidad política" que caracteriza al Estado desde el siglo XVII.[39] Éste es el tema que Foucault explora en sus dos conferencias de Vermont reunidas en un solo texto bajo el título *Omnes et singulatim: hacia una crítica de la razón política*. Allí muestra que tal racionalidad es algo que en realidad no le pertenece al Estado, sino que echa sus raíces

---

[38] El resaltado es mío.

[39] En el resumen del curso *Nacimiento de la biopolítica* Foucault define el análisis de la "razón gubernamental" como el examen genealógico de "esos tipos de racionalidad que actúan en los procedimientos por medio de los cuales se dirige la conducta de los hombres a través de una administración estatal" (Foucault, 2007: 364).

en una tecnología muy antigua de gobierno: el pastorado de las almas (Foucault, 1991b). La tarea genealógica de una analítica de la gubernamentalidad sería, entonces, estudiar el modo en que esta tecnología pastoral se transformó, entre los siglos XVI y XVIII, en una red tecnológica de gobierno *inmanente* sobre los hombres. Estudiar, en suma, el paso histórico de la *ratio pastoralis* a la *ratio gubernatoria*.

Una buena forma de entender cómo opera la analítica de la gubernamentalidad es mediante el concepto *problematización*. Foucault dice que "problematización es el conjunto de prácticas discursivas y no discursivas que hace que algo entre en el juego de lo verdadero y de lo falso y lo constituye como objeto para el pensamiento" (Foucault, 1999e: 371). Aspectos de la vida cotidiana que antes eran ignorados o dados por supuestos, ahora pasan a ser objeto de reflexión constante. Es el caso precisamente de las prácticas de gobierno. A partir del siglo XVI, asuntos tales como el gobierno de la casa, de los hijos, de sí mismos, del principado, etc., empiezan a ser "problematizados" y se convierten en objeto de toda una literatura especializada. ¿Cuál es la característica de esta nueva literatura sobre el gobierno? Que ya no toma como base de todo gobierno el modelo de la familia, utilizado hasta entonces por el soberano. Conforme a este modelo, el rey debe gobernar sobre sus súbditos del mismo modo que gobierna sobre su familia: imponiendo la autoridad (la ley divina) y ofreciendo un ejemplo moral a los súbditos (en tanto que ha sido investido por Dios mismo). Lo que hace la "problematización" es desnaturalizar el *modelo jurídico* de gobierno.

Por el contrario, lo que va emergiendo entre los siglos XVI y XVIII como fruto de la "problematización" es la idea de que el gobierno tiene una racionalidad específica, que no puede compararse ya con el gobierno de la familia. *Gobernar* significa administrar adecuadamente las riquezas, el territorio y, sobre todo, las poblaciones. Ya no se trata de un modelo jurídico, sino de un *modelo económico*. El gobierno debe hacerse cargo de las complejas relaciones entre las riquezas, la población y el territorio, y para ello no basta la metáfora de la familia. Para gobernar se requiere de un conocimiento experto: la economía política. Y éste ya no compete a la sabiduría personal del soberano, sino a una "ciencia del gobierno" manejada por expertos que le indican cómo producir la mayor riqueza posible, cómo proveer a los gobernados con recursos suficientes, cómo evitar que su fuerza de trabajo se vea disminuida por epidemias y enfermedades, etc. La nueva ciencia de gobierno deberá ser capaz, entonces, de conocer la naturaleza misma de aquello que se gobierna: sus procesos internos, sus leyes. Se gobierna ya no conforme a normas transcendentes, sino conforme a una racionalidad inmanente. La racionalidad a través de la cual se ejerce el gobierno es "de este mundo".

Es aquí donde aparece una segunda tarea para la analítica de la gubernamentalidad: ocuparse del modo en que una o varias prácticas inmanentes de gobierno operan en conjunto con uno o varios "regímenes de verdad". Se trata de una tarea ya no sólo genealógica, sino también *arqueológica*. Su propósito es mirar qué tipo de discursos y "juegos de verdad" hicieron posible que unas determinadas prácticas de gobierno gozaran de "aceptabilidad cognitiva" en un momento específico de la historia. En su curso *Seguridad, territorio, población* Foucault mostrará que la emergencia de problemas tales como la salud, la higiene, la natalidad y la movilidad de la población generaron desafíos nuevos a las prácticas de gobierno, que solamente encontraron resolución a través de un régimen de verdad específico: la *economía política*. Fueron, pues, los economistas (mercantilistas, fisiócratas, liberales) quienes definieron las reglas de producción de discursos verdaderos concernientes al gobierno de la población entre los siglos XVII y XIX. Lo que hace la "analítica de la gubernamentalidad" es dar cuenta del modo en que ese saber experto define las condiciones de producción y circulación de la verdad sobre el gobierno de las poblaciones. No fueron, pues, los grandes filósofos ilustrados quienes jugaron un papel central en la producción de esa verdad. En manifiesto contraste con la "historia de las ideas", la analítica de la gubernamentalidad privilegia aquellos lugares de producción de la verdad en los que el pensamiento deviene operacional y práctico: textos que hablan del comercio terrestre y marítimo, la recolección de impuestos, el almacenamiento de granos, el contrabando, las hambrunas, las campañas de vacunación, el diseño urbano, etc. Es allí donde es posible rastrear en qué consiste el gobierno *económico* de la población.

Decimos, en suma, que la analítica de la gubernamentalidad cumple una tarea doble, a la vez genealógica y arqueológica: examinar las posibles *articulaciones* entre unas tecnologías de conducción de la conducta y unas tecnologías de producción de la verdad:

> Lo que buscamos, entonces, no es saber lo que es verdadero o falso, fundado o no fundado, real o ilusorio, científico o ideológico, legítimo o abusivo. Buscamos saber cuáles son los lazos, las conexiones, que puedan ser señaladas entre mecanismos de coerción y elementos de conocimiento, qué juegos de reenvío y apoyo se desarrollan entre unos y otros, qué hace que un tal elemento de conocimiento pueda tomar unos efectos de poder referidos, en un sistema tal, a un elemento verdadero o probable, incierto o falso, y lo que hace que tal procedimiento de coerción adquiera la forma y las justificaciones propias de un elemento racional, calculado, técnicamente eficaz. (Foucault, 2006a: 26)

Sin embargo, la analítica de la gubernamentalidad no se agota en una simple curiosidad histórico-filosófica, sino que también es una actividad de *diagnóstico*. Diagnosticar, dice Foucault, significa establecer la singularidad de nuestro presente; indagar por qué hemos llegado a ser lo que somos y no otra cosa; tratar de establecer, dentro de un complejo de relaciones de poder y saber históricamente decantadas, por qué hemos llegado a ser lo que hoy somos. Se hace la genealogía y la arqueología de las tecnologías de gobierno para poder diagnosticar por qué nos *conducimos* hoy como lo hacemos, por qué somos gobernados de *esta* forma en particular. En este sentido, la analítica de la gubernamentalidad es una *actividad problematizadora*, pues contribuye a "desnaturalizar" nuestra conducta presente. La analítica se inscribe en esa tradición "crítica" en la que Foucault también reconoce a Kant:

desestabiliza nuestro repertorio ético (nuestro *ethos* presente), abriendo, quizás, otras posibilidades de conducta.

¿Cuál es el diagnóstico del presente al que llega Foucault en su analítica de la gubernamentalidad? Se trata de uno muy similar al que varios años después ofreció Deleuze en su célebre *Postcriptum sobre las sociedades de control*. Allí afirmaba que actualmente vivimos una crisis del modelo disciplinario teorizado por Foucault, pues las relaciones de dominio ya no se asientan sobre instituciones de secuestro como la fábrica, el hospital y el cuartel general, sino que tienen un *modus operandi* completamente diferente. Los dispositivos de poder hegemónicos hoy en día no funcionan de manera seriada y cuadricular, delimitando tareas y funciones para producir subjetividades normalizadas. Esto significa que el problema ya no es tanto la normalización de la subjetividad mediante el confinamiento disciplinario, en el que se extrae un trabajo útil de la *molaridad* de los cuerpos (brazos, piernas, manos, etc.), sino la modulación de los flujos *moleculares* del cuerpo (afectos, deseos, memoria, atención, etc.) en espacios abiertos, ya que de su gestión dependerá la posicionalidad de los sujetos en un capitalismo que ya no es de producción, sino de *marketing* (Deleuze, 2006b: 283).

La situación aquí descrita por Deleuze corresponde al diagnóstico del neoliberalismo realizado por Foucault varios años antes en su curso de 1979 *Nacimiento de la biopolítica*. Allí mostró que la era de la vigilancia disciplinaria llevada adelante por el Estado benefactor (*welfare*) ha quedado atrás, pues el nuevo arte neoliberal de gobierno ya no opera tratando de unificar una multiplicidad a través del encierro, sino creando un "medio ambiente" (*milieu*) en el que los gobernados puedan moverse con libertad. En la clase del 21 de marzo de 1979, hablando del neoliberalismo norteamericano, Foucault dice que en su horizonte de gobierno no aparece "el proyecto de una sociedad exclusivamente disciplinaria", sino, por el contrario,

> [...] el tema-programa de una sociedad en la que haya una optimización de los sistemas de diferencia, en la que se deje el campo

libre a los procesos oscilatorios, en la que se conceda tolerancia a los individuos y las prácticas minoritarias, en las que haya una acción no sobre los participantes del juego, sino sobre las reglas del juego, y, para terminar, en la que haya una intervención que no sea del tipo de la sujeción interna de los individuos, sino *de tipo ambiental.* (Foucault, 2007: 302-303)[40]

Esto significa que las tecnologías neoliberales no favorecen la proliferación de instituciones disciplinarias, sino la *modulación de la conducta de los sujetos* en "espacios abiertos", como bien lo dijo Deleuze. No se interviene sobre los cuerpos directamente, sino sobre un "medio ambiente" (acción a distancia) que favorece la autorregulación de la conducta. En el neoliberalismo se parte de que todos los individuos, aun los que se encuentran en las márgenes de la sociedad, tienen la capacidad de incrementar su "capital humano" mediante la creación, la innovación y el emprendimiento. Pero para lograr esto es necesario crear un "medio ambiente" de libertad frente a las vigilancias estatales, de tal modo que los sujetos puedan hacer *marketing de sí mismos*, adquirir nuevas competencias inmateriales y deslizarse tan flexiblemente como las serpientes. Hemos pasado del topo disciplinario a la serpiente neoliberal (véase Deleuze, 2006b: 282).

Diríamos entonces que el diagnóstico del presente ofrecido por la analítica de la gubernamentalidad es el de una sociedad donde la forma-empresa domina sobre la forma-Estado. Una sociedad compuesta ya no de individuos ni de colectividades sino de *mercados*, en donde el control se desterritorializa (queda situado fuera de los "aparatos del Estado") y, al mismo tiempo, se *moleculariza*. Lo que más interesa en las tecnologías neoliberales no es tanto que los sujetos trabajen para satisfacer necesidades básicas (comer, dormir, abrigarse, descansar) y adquirir objetos materiales (cosificados como propiedad), sino que se "capitalicen a sí mismos", es decir que logren "invertir" sus recursos en ámbitos inmateriales como la belleza, el amor, la sexualidad, el

---

[40] El resaltado es mío.

conocimiento, la espiritualidad, las buenas maneras, etc., pues tales inversiones contribuyen a aumentar sus posibilidades de movilidad en una "economía abierta de mercado". Asistimos entonces a la planetarización de la sociedad de consumo, cuyo funcionamiento está anclado en los estilos de vida y modos de existencia de los sujetos, y que por tanto no es modificable a partir de acciones dirigidas a intervenir sobre una *exterioridad*. Los enemigos somos nosotros mismos.

CAPÍTULO II
EL GOBIERNO DE LAS POBLACIONES

Biopolítica y gubernamentalidad

Al comienzo de la primera lección del curso *Seguridad, territorio, población*, Foucault dice que quiere "comenzar este año el estudio de algo que hace un tiempo llamé, un poco al aire, biopoder" (Foucault, 2006c: 15). Sin embargo, en la medida en que el curso avanza, el análisis se irá desplazando primero hacia los "dispositivos de seguridad", y luego, a partir de la cuarta lección (1 de febrero de 1978), hacia el esbozo de lo que él llama una "historia de la gubernamentalidad". Así desplazado, el tema de la biopolítica fue pospuesto hasta el curso del año siguiente (1979), que es anunciado precisamente con ese nombre: *Nacimiento de la biopolítica*. Sin embargo, apenas iniciado el curso, Foucault explica a sus estudiantes que aunque hubiera querido iniciarlo con la biopolítica, se ha visto obligado a estudiar primero el "marco general" en el cual se sitúa el nacimiento de la biopolítica, a saber, las tecnologías liberales de gobierno (Foucault, 2007: 40). A la altura de la cuarta clase (31 de enero de 1979) Foucault mantiene su idea de hacer desembocar el curso en el tema de la biopolítica, pero anuncia que no ha finalizado aún sus consideraciones preliminares sobre la gubernamentalidad. Dice que su aproximación a este concepto lo ha llevado a moverse lateralmente, "como el cangrejo", y promete que "si la suerte me sonríe, llegaremos al problema de la biopolítica y el problema de la vida" (*ibid.*: 97). Pero en la clase del 7 de marzo, después de haber iniciado sus consideraciones sobre el neoliberalismo, se da cuenta de que le será imposible cumplir su promesa. No habrá ya tiempo para hablar de biopolítica y el curso tendrá que seguir centrado en el concepto de gubernamentalidad (*ibid.*: 217). Foucault se ve entonces obligado a ofrecer una explicación a sus estudiantes:

> Se trataba, por tanto, de someter a prueba esa noción de gubernamentalidad y, en segundo lugar, ver de qué manera la grilla de la gubernamentalidad, que puede suponerse que es válida a la hora de analizar el modo de encauzar la conducta de los locos, los enfermos, los delincuentes, los niños, puede valer, así mismo, cuando la cuestión pasa por abordar fenómenos de una escala muy distinta, como, por ejemplo, una política económica, la administración de todo el cuerpo social, etc. Lo que quería hacer —y esa fue la apuesta del análisis— era ver en qué medida se podía admitir que el análisis de los micropoderes o de los procedimientos de la gubernamentalidad no está, por definición, limitado a un ámbito preciso que se defina por un sector de la escala, pero debe considerarse como un mero punto de vista, un método de desciframiento que puede ser válido para toda la escala, cualquiera que sea su magnitud. En otras palabras, el análisis de los micropoderes no es una cuestión de escala ni de sector, es una cuestión de punto de vista. Bueno. Ésa era, si se quiere, la razón de método. (Foucault, 2007: 218)

La razón por la cual fue pospuesto definitivamente el tema de la biopolítica es que la gubernamentalidad aparece ahora para Foucault como una "grilla de inteligibilidad" de las relaciones de poder en su conjunto; no sólo de aquellas que tienen que ver con la conducción de la conducta de otros en el hospital, en el taller, en la escuela, etc., sino también de aquellas que se refieren a la conducción de un Estado, de un "cuerpo social". Es decir que la gubernamentalidad opera no sólo a nivel molecular, sino también a nivel molar. De modo que antes de preguntarse cómo hace su entrada la vida en el ámbito de la política (es decir, la pregunta por el "nacimiento de la biopolítica"), se hace necesaria una interrogación *preliminar*: ¿cuál es la racionalidad específica de esa "política"? A esta reflexión dedicó Foucault todo su curso de 1979 y después de ello nunca más volvió a hablar de biopolítica. En el resumen entregado posteriormente al Collège de France, Foucault dice que "el curso de este año se dedicó finalmente, en su totalidad, a lo que sólo debía ser su introducción", y agrega que los problemas que aborda el concepto de biopolítica (mortalidad, natalidad, salud, etc.) no pueden disociarse "del *marco de racionalidad política* dentro del cual se manifestaron y adquirieron su agudeza" (Foucault, 2007: 359).[1]

Pareciera, pues, que las tecnologías políticas de gobierno de las que habla Foucault en sus cursos de 1978 y 1979 operan como "condición de posibilidad" de aquel biopoder que describió en el último capítulo de su libro *La voluntad de saber* (1976) y en la última lección del curso *Defender la sociedad* (1977).[2] Valdría la pena examinar esta hipótesis de lectura, sobre todo teniendo en cuenta la increíble popularidad que después de la muerte de Foucault adquirió el concepto de biopoder[3] en manos de algunos filósofos italianos como Agamben, Negri, Virno, Espósito y Lazzarato. ¿Qué dice el concepto de *biopolítica* que no diga ya el concepto más amplio de *gubernamentalidad*? Se hace necesario, por tanto, volver a aquellos textos en los que Foucault propone por primera vez el concepto de *biopolítica*, para luego, en la próxima sección, introducirnos en el tema de los dispositivos de seguridad.

Ante todo hay que decir que el concepto de *biopolítica* esbozado por Foucault antes de 1978 nace como oposición al paradigma de la soberanía. Foucault es muy claro en esto cuando tanto en

---

[1] El resaltado es mío.
[2] Son éstos, dicho sea de paso, los dos *únicos* textos donde Foucault se refirió expresamente a la biopolítica.
[3] Quizá no sobre decir aquí que Foucault mismo nunca estableció una diferencia conceptual entre *biopoder* y *biopolítica*. Son términos que utiliza indistintamente (véase Foucault, 1987: 168-173; 2006c: 42).

La voluntad de saber como en *Defender la sociedad* opone el poder de soberanía al poder sobre la vida. Se trata de dos tipos de poder completamente diferentes, de dos tecnologías opuestas: por un lado el derecho de vida y muerte, por otro lado la biopolítica. En *La voluntad de saber* habla de una "profundísima transformación" de los mecanismos de poder y afirma que "el viejo derecho de hacer morir fue reemplazado por el poder de hacer vivir" (Foucault, 1987: 164; 167). Se trata, pues, de una cesura entre dos mecanismos de poder inconmensurables: en el régimen de soberanía la vida está por completo en manos del soberano, quien tiene la potestad de concederla o de quitarla. El soberano tiene poder de apropiarse de las fuerzas vitales del súbdito y emplearlas como quiera: en la guerra, en las labores agrícolas, en la esclavitud. Puede *sustraer* la potencia de vida a su entero capricho. Por eso, en *Defender la sociedad* (clase del 17 de marzo de 1976) Foucault caracteriza este tipo de poder con la fórmula "hacer morir, dejar vivir" (2000: 218). Por el contrario, a partir del siglo XVIII la vida se instala en el centro de la política estatal y ya no depende de una decisión personal del soberano. Ahora se trata ya no tanto de sustraer la potencia de vida, sino de producirla y darle forma. Se gestiona la potencia de vida para hacerla más productiva, más eficiente, más segura, más regulada, menos sometida a las contingencias. Foucault caracteriza este nuevo mecanismo de poder con la fórmula "hacer vivir, dejar morir" (*ibid.*). Tenemos entonces que en el primer caso (el poder soberano) la vida es sustraída, mientras que en el segundo (el biopoder) la vida es potenciada y maximizada.

Ahora bien, en *La voluntad de saber* se dice que este poder sobre la vida se desarrolló de dos formas complementarias, es decir, que fue *un poder bipolar*: un polo se orientaba hacia el adiestramiento de los cuerpos individuales, buscando maximizar sus fuerzas e integrarlas al naciente sistema de producción capitalista, mientras que el otro polo se orientaba hacia la regulación de una serie de variables como el nacimiento, la muerte, los matrimonios, la sexualidad etc. Fenómenos pertenecientes a un nuevo dominio llamado *la población*. Foucault nos habla entonces de "una gran tecnología de doble faz" cuya función ya no es matar sino "invadir la vida enteramente", inaugurando de este modo la "era del biopoder" (Foucault, 1987: 168-169). De este modo, tanto la vida individual como la de la especie entran en los cálculos y estrategias políticas de las sociedades occidentales (*ibid.*: 173). Sin embargo, en la clase del 17 de marzo del curso *Defender la sociedad* Foucault ya no habla de una sola "tecnología bipolar", sino de dos tecnologías que funcionan de forma diferente pero que trabajan "superpuestas" (Foucault, 2000: 225). Ya no se trata de una sino de dos tecnologías con racionalidades diferentes: una está dirigida hacia el adiestramiento de los cuerpos, la otra hacia la regulación de las poblaciones. La "anatomopolítica" emerge en la primera mitad del siglo XVIII y la "biopolítica" en la segunda mitad del mismo siglo. Las dos tecnologías no se excluyen mutuamente (aunque son diferentes y operan en distintos niveles), y la segunda *engloba* a la primera (*ibid.*: 219).

En todas estas reflexiones encontramos ya un número de problemas que van a determinar el paulatino desplazamiento del concepto de *biopolítica* por parte de Foucault a partir de su curso de 1978 *Seguridad, territorio, población*. En primer lugar, Foucault no explica cómo se produce la articulación entre las dos tecnologías de poder que surgen en el siglo XVIII. ¿Qué es aquello que las articula? ¿Cómo se produce el "englobamiento" de la anatomopolítica en el marco de la biopolítica? Resulta claro, por razones ya expuestas (el distanciamiento de Foucault frente al modelo de la soberanía), que esta función integradora no la puede cumplir el Estado.[4] En segundo lugar, la biopolítica, tal como la explica Foucault en *Defender la sociedad*, continúa enmarcada en el modelo bélico heredado de Nietzsche. Esto se hace particularmente claro en la clase del 7 de enero de 1976, cuando hace referencia a la "inversión del principio de Clausewitz" para mostrar que la política (incluyendo la anatomopolítica y la biopolítica) no es otra

---

[4] Ni siquiera el Estado totalitario, al que hace alusión Foucault en *Defender la sociedad*.

cosa que la continuación de la guerra por otros medios.[5] Pero el problema más grande, en tercer lugar, es que Foucault no explica de qué modo y bajo qué circunstancias históricas apareció ese nuevo dominio de reflexión e intervención llamado *población*. Dice, ciertamente, cómo opera la biopolítica, pero no dice cómo *emerge* su campo de operación.

Este tipo de problemas (el "impasse teórico" del que hablaba Deleuze) explica por qué razón Foucault privilegiará el concepto *gubernamentalidad* sobre el de *biopolítica*. A partir de 1978 el poder será pensado en términos de "gobierno" y *desde ahí* Foucault reinterpretará su anterior concepto de *biopolítica*. Habrá que rastrear este cambio de acento a partir del importante artículo "La gubernamentalidad", que Foucault publicó justamente en el año 1978 y que en realidad es una adaptación de la lección cuarta de su curso *Seguridad, territorio, población*. Aquí Foucault ha empezado a reorientar su analítica del poder más allá del modelo de la represión y de la guerra para llevarla hacia una analítica de la gubernamentalidad. Tanto así, que hacia el final del artículo anuncia que "vivimos en la era de la gubernamentalidad, que ha sido descubierta en el siglo XVIII", y ya no, como había dicho en *La voluntad de saber*, que "vivimos en la era del biopoder" (Foucault, 1999i: 196).

¿Cómo retoma Foucault sus anteriores planteamientos sobre la biopolítica a partir del concepto *gubernamentalidad*? En primer lugar, contraponiendo soberanía a gobierno. Ya no se contrapone soberanía a biopolítica, sino soberanía a gobierno. La tesis de Foucault es que hasta comienzos del siglo XVIII las tecnologías de gobierno (que habían emergido en el siglo XVI de la mano de una serie de tratados impulsados por el erasmismo y la Reforma protestante) se encontraban "bloqueadas", "atascadas" por el

---

[5] La anatomopolítica y la biopolítica serían, en este caso, tecnologías de *dominación* y no tecnologías de *gobierno*: "Desde el momento en que estamos frente a relaciones de poder, no estamos en el derecho ni en la soberanía; estamos en la dominación, en esa relación históricamente definida, indefinidamente densa y múltiple de la dominación. No se sale de la dominación, por lo tanto, no se sale de la historia" (Foucault, 2000: 108).

predominio del paradigma de la soberanía. Es decir que el objetivo del príncipe continuaba siendo el ejercicio de la soberanía *jurídica* sobre un *territorio*, tal como se venía haciendo desde la Edad Media. Maquiavelo, según Foucault, es todavía un adalid de este viejo paradigma:

> Para Maquiavelo, el objeto, la diana en cierto modo del poder, lo constituyen dos cosas: por una parte el territorio, y por otra la gente que habita dicho territorio. En esto, por demás, Maquiavelo no hace más que retomar para su uso propio y los fines particulares de su análisis, un principio jurídico que es el mismo por el que se definía la soberanía en el derecho público, desde la Edad Media hasta el siglo XVI: la soberanía no se ejerce sobre las cosas, se ejerce sobre todo sobre un territorio y, por consiguiente, sobre los sujetos que lo habitan. En ese sentido, se puede decir que el territorio es el elemento fundamental tanto del principado de Maquiavelo como de la soberanía jurídica del soberano, tal como la definen los filósofos o los teóricos del derecho. (Foucault, 1999i: 183)

Antes, pues, que a las tesis de Maquiavelo, ancladas todavía en el modelo jurídico del contrato, Foucault acude a un desconocido texto de Guillaume de La Perrière titulado *Le miroir politique, contenant diverses manières de gouverner & policer les républiques* (1555), del que asegura "es el primer esbozo de la noción y de la teoría del arte de gobernar" (Foucault, 1999i: 187). Allí La Perrière muestra que el gobierno no se ejerce primariamente sobre un territorio sino sobre la *relación* que se establece entre los hombres y el territorio. Lo cual significa, en últimas, que la soberanía radica en el *gobierno de las poblaciones*, ya que son los hombres, a partir de sus hábitos y costumbres particulares, quienes entablan vínculos permanentes con las riquezas y los recursos del territorio. Ya no se trata entonces de imponer leyes o castigos sobre los hombres que habitan un territorio, sino de desplegar técnicas y tácticas de gobierno que permitan a esos hombres *conducirse* de tal forma que sus acciones puedan generar un aumento de riquezas para el Estado. No es, pues, mediante la imposición de la ley sino mediante el *gobierno* que se pueden alcanzar los fines del Estado.

Por otro lado, el "gobierno" del que empieza a hablar La Perrière en el siglo XVI debía ser, ante todo, uno que debía tener en cuenta el factor económico. El "buen gobernante" debía preguntarse cómo administrar adecuadamente la relación entre los hombres y el territorio. Gobernar un Estado significa introducir el tema de la economía dentro del ejercicio político, de modo que el soberano pudiese ejercer control sobre las riquezas, los habitantes y los recursos territoriales. Para el siglo XVI, sin embargo, el término *economía* no designaba todavía un nivel de realidad, un campo específico de intervención gubernamental. Esto ocurriría apenas con las reflexiones adelantadas por los fisiócratas en el siglo XVIII. Son ellos quienes empezarían a hablar concretamente de un "gobierno económico", es decir, del ejercicio del poder conforme al modelo de la economía. Pero según Foucault, este problema ya estaba en cierto modo contenido en el texto de La Perrière, quien definía el *gobierno* como la "recta disposición de las cosas" (Foucault, 1999i: 183).

Ahora bien, esta teoría del arte de gobernar esbozada en 1555 por La Perrière, pero "bloqueada" hasta entonces por el predominio del paradigma de la soberanía, encontró una primera forma de cristalización apenas a comienzos del siglo XVIII con la emergencia de una racionalidad política *sui generis* que Foucault denomina "razón de Estado" (Foucault, 1999i: 188). No me detendré por ahora en este asunto, al cual dedicaré todo el capítulo tercero. Baste decir que es gracias a ese "desbloqueo" del arte de gobernar que aparece un dominio específico de intervención gubernamental llamado *la población*. Y que es precisamente *este* asunto el que Foucault no había logrado explicar en 1976-1977 cuando formuló por primera vez el concepto *biopolítica*. Tendría que recurrir a un concepto más amplio, *gubernamentalidad*, para mostrar cómo se fue recortando ese dominio sobre el cual actuaría la biopolítica y para explicar por qué razón entró en crisis el modelo jurídico de la soberanía. Es, pues, de la mano de una racionalidad política concreta (la "razón de Estado") que la población aparece como una variable independiente de la ley y de la soberanía territorial. La población es un conjunto de *procesos* (no de personas), y el "arte de gobernar" debe conocer estos procesos a fondo con el fin de generar técnicas específicas que permitan gobernarlos (la "recta disposición de las cosas"). Estamos, pues, frente a un objeto de conocimiento *per se*, una realidad dinámica cuyos procesos deben ser entendidos por saberes expertos como la economía política y por técnicas como la estadística y la medicina social. Técnicas que, en todo caso, difieren sustancialmente de aquellas utilizadas bajo el modelo teológico-patriarcal de la familia. En suma: Foucault se da cuenta en 1978 de que *antes* de hablar de *biopolítica* se hacía necesario reflexionar sobre el modo en que la población aparece como el objetivo por excelencia del *gobierno* estatal.

Gracias, pues, a la emergencia de ese dominio de análisis e intervención llamado *población* es que el problema del gobierno —ya esbozado por La Perrière— pudo por fin ser formulado por fuera del marco jurídico de la soberanía. Razón por la cual Foucault ya no hará más énfasis en el tema de la biopolítica, sino que hablará, más bien, de su "condición empírica de posibilidad": el gobierno. Sólo habrá biopolítica en el marco más amplio de la gubernamentalidad:

> Por gubernamentalidad entiendo el conjunto constituido por las instituciones, los procedimientos, análisis y reflexiones, los cálculos y las tácticas que permiten ejercer esta forma tan específica, tan compleja, de poder, que tiene como meta principal la población, como forma primordial de saber, la economía política, y como instrumento técnico esencial, los dispositivos de seguridad. (Foucault, 1999i: 195)

Definición fundamental ésta, pues nos permite ver que la biopolítica corresponde ciertamente a esos "cálculos y tácticas" que intervienen sobre la población (por ejemplo, la "policía"), pero que no agota en absoluto el *gobierno* sobre la misma. Foucault se da cuenta de que para entender en su complejidad lo que significa el gobierno sobre las poblaciones, no basta la contraposición entre el "hacer morir" de la soberanía y el "hacer vivir" de la biopolítica. Más bien, de lo que se trata es de examinar el modo en que asuntos tales como la salud, la higiene, la longevidad, la natalidad y la raza quedan integrados a un conjunto gubernamental más amplio, que es donde se juega precisamente la racionalidad política, entendida como "gobierno del Estado". Con otras palabras: la identificación entre *bios* y *política*, donde esta última era entendida como la guerra continuada por otros medios, es abandonada en nombre de una consideración más general de la política como gobierno.

No deja de sorprender, por ello, el modo en que autores contemporáneos como Giorgio Agamben (1998: 151-156), Michael Hardt y Antonio Negri (2004: 40-47) han extrapolado el concepto *biopolítica* y generalizado su uso para lo que en Foucault sólo es válido en situaciones específicas. Estos autores se remiten al curso *Defender la sociedad*, donde Foucault había utilizado el concepto *biopolítica* para ilustrar el funcionamiento del racismo de Estado nazi, mostrando que el "hacer vivir" podía funcionar también como una prolongación perversa del derecho de soberanía. La "regulación de las poblaciones" se convierte así en un mecanismo que busca "hacer vivir" a unos pero "haciendo morir" a otros. La eugenesia, la guerra y los campos de concentración aparecen así como estrategias biopolíticas utilizadas por el Estado totalitario para "defender la sociedad" de sus enemigos internos (las "malas razas"). Roberto Espósito ha señalado que fue Foucault el causante de la deshistorización de la biopolítica que hicieron Negri y Agamben, debido al uso ambiguo que él mismo dio a la categoría: como subjetivación en *La voluntad de saber* y como muerte en *Defender la sociedad*.[6] No obstante, conviene recordar aquí dos

---

[6] "¿Cuál es el *efecto* de la biopolítica? En este punto, la respuesta de Foucault parece abrirse en direcciones divergentes que apelan a otras dos nociones, implicadas desde un principio en el concepto de *bios*, pero situadas en los extremos de su extensión semántica: la de *subjetivación* y la de *muerte*. Ambas —con respecto a la vida— constituyen más que dos posibilidades. Son a un tiempo su forma y su fondo, su origen y su destino, pero conforme a una divergencia que parece no

cosas: primero, que en *Defender la sociedad* Foucault se está refiriendo a un caso particular y no a una identificación *de principio* entre soberanía y biopolítica. El vínculo de la biopolítica con la soberanía no es de ninguna manera paradigmático, pues como ya lo dijimos, el concepto *biopolítica* fue acuñado por Foucault precisamente para *contraponerlo* al modelo de la soberanía; y segundo, que aunque la biopolítica es allí presentada como una tecnología de dominación (sometimiento de la vida al poder, entendido éste como la continuación de la guerra por otros medios), fue el propio Foucault quien en el mismo curso *Defender la sociedad* se dio cuenta de las limitaciones del modelo bélico. No veo, por tanto, que pueda atribuirse a Foucault el haber desembocado en una "antinomia" (y mucho menos en un "enigma") con el concepto *biopolítica*, tal como afirma Espósito, sino más bien en un "impasse teórico", conforme a la formulación de Deleuze, y del cual Foucault salió por sus propios medios.

La hipótesis del biopoder exige, entonces, su reubicación en un marco más amplio de análisis: el examen histórico de las condiciones materiales de formación de la "población" como campo de intervención gubernamental entre los siglos XVII y XVIII. El proyecto inicial de una genealogía del biopoder ("nacimiento de la biopolítica") es pospuesto, incluso abandonado, para abrir paso a una *historia de la gubernamentalidad* que se ocupará del modo en que las tecnologías liberales se harán cargo del gobierno sobre la vida en las sociedades occidentales. Podemos decir, finalizando, que el concepto de biopolítica es *provisional* en la obra de Foucault y cumple la función de "puente" entre el modelo bélico y el modelo gubernamental.

---

admitir mediaciones: una u otra. O la biopolítica produce subjetividad, o produce muerte. O torna sujeto a su propio objeto, o lo objetiviza definitivamente. O es política de la vida, o sobre la vida. Una vez más, la categoría de biopolítica se cierra sobre sí misma sin revelarnos el contenido de su enigma" (Espósito, 2006: 53). En otro lugar dice Espósito: "El hecho de que esta alternativa hermenéutica, interna a sus textos, haya encontrado una radicalización en los trabajos de Antonio Negri, por una parte, y de Giorgio Agamben, por otra, confirma la antinomia presente desde el principio en la elaboración foucaultiana de la biopolítica" (Espósito, 2009: 20).

Los dispositivos de seguridad

Ya en el capítulo anterior dijimos que lo característico de una práctica es su carácter *relacional*, es decir, que las prácticas nunca están solas sino siempre en relación con otras prácticas, formando un sistema de reglas, un conjunto dotado de racionalidad. Pero ¿cómo emerge y funciona este entramado racional de prácticas? Para explicar esto Foucault introduce el concepto de *dispositivo*. En su uso cotidiano, la palabra dispositivo hace referencia a la implementación de un sistema o aparato que tiene una función práctica y un propósito específico. La alarma eléctrica, por ejemplo, es un dispositivo compuesto de diversos elementos (sensores, cables, controles, códigos, etc.), que se instala con el objetivo de detectar la presencia de personas indeseadas en un lugar específico. Los dispositivos son, entonces, emplazamientos que ponen en relación diferentes elementos, pero que son algo más que la simple sumatoria de sus elementos. Es decir, se definen por la *función* que cumple la relación en su conjunto y no por la particularidad de los elementos relacionados. Éste parece ser, también, el sentido que da Foucault a la noción, cuando afirma que el dispositivo es

> […] un conjunto decididamente heterogéneo que comprende discursos, instituciones, instalaciones arquitectónicas, decisiones reglamentarias, leyes, medidas administrativas, enunciados científicos, proposiciones filosóficas, morales y filantrópicas. (Foucault, 1991e: 128)

No es ninguno de estos elementos en particular lo que define el dispositivo, sino la racionalidad del conjunto. Por eso dice Foucault que lo importante es entender el dispositivo en términos de su "sobredeterminación funcional", es decir, del modo en que hace entrar en *resonancia* la heterogeneidad de elementos que lo componen de acuerdo a una función y unos objetivos específicos (*ibid.*: 129). Los dispositivos son entonces "cajas de resonancia" que actualizan las *virtualidades* presentes en cada uno de los elementos que resuenan.

Al hablar, por tanto, de *la racionalidad del dispositivo* debemos entender que se trata de una racionalidad eminentemente *práctica*. Los dispositivos aparecen en un momento dado de la historia para "responder a una urgencia", como puede ser, por ejemplo, "la reabsorción de una masa de población flotante que a una sociedad con una economía de tipo esencialmente mercantilista le resultaba embarazosa" (Foucault, 1991e: 129). Esto quiere decir que los dispositivos se inscriben en relaciones de poder y juegan allí como *operadores prácticos*[7] orientados a la readecuación de ciertas relaciones de fuerza con el fin de "rellenar espacios vacíos". El encarcelamiento, para tomar otro ejemplo, no pertenece al proyecto de reforma de la penalidad del siglo XVIII, sino que aparece para llenar el "espacio vacío" que dejó el surgimiento de una delincuencia muy diferente a la conocida por las sociedades europeas del siglo XVIII. Los robos y atentados contra la propiedad fueron comportamientos "impensados" por la reforma penal, espacios vacíos que debían ser "rellenados" por una serie de medidas de control que desembocaron finalmente en la emergencia de un dispositivo muy diferente al jurídico-legal de soberanía: el panoptismo (*ibid*.: 130).[8] Además, entonces, de la "heterogeneidad histórico-estructural" y de la "sobredetermina-

---

[7] Andrea Bührmann y Werner Schneider describen el dispositivo como un *Problemlösungsoperator*, es decir, como un aparato cuya función es readecuar las relaciones de poder en un momento determinado conforme a nuevos objetivos y siguiendo nuevas estrategias (Bührmann & Schneider, 2008: 53).

[8] Aquí Foucault hace referencia explícita a su tesis de la existencia de una estrategia sin suponer que "detrás" de ella hay un estratega: "¿Qué produjo esto? Un efecto que no estaba de ningún modo previsto de antemano, que no tenía nada que ver con una argucia estratégica de algún sujeto meta o transhistórico que se hubiera dado cuenta de ello o lo hubiera querido" (Foucault, 1991e: 129-130). Esto no debiera ser interpretado como si la vinculación de los actores a dispositivos *impida* que éstos persigan sus propios intereses. Lo que se afirma es que el análisis de los intereses de estos actores (individuales o colectivos) no ofrece una explicación *suficiente* para entender cómo funciona un dispositivo. Los actores "juegan" y desarrollan ciertamente sus propias estrategias de juego (sus jugadas son libres), pero no son ellos quienes ponen las reglas que gobiernan el juego. La racionalidad del juego precede a las estrategias de juego.

ción funcional", el "relleno estratégico" es la tercera característica que Foucault asigna a los dispositivos.⁹

Otra característica de los dispositivos, que en realidad es un corolario de la primera, es su capacidad de integrar las prácticas discursivas y las no discursivas en una sola red de funcionamiento pragmático:

> Lo que llamo dispositivo es un caso mucho más general de la episteme. O mejor, la episteme es un dispositivo específicamente discursivo, en lo que se diferencia del dispositivo, que puede ser discursivo o no discursivo. (Foucault, 1991e: 131)

Las epistemes, de las que hablaba Foucault en *Las palabras y las cosas*, son entonces dispositivos discursivos cuyo funcionamiento no se *reduce* ciertamente a la racionalidad de los dispositivos, pero tampoco es independiente de ella. Lo cual pareciera desvirtuar lo dicho por autores como Gilles Deleuze y Ernesto Laclau en el sentido de que las prácticas discursivas tienen *prioridad* sobre las prácticas no discursivas (Deleuze, 1987: 96). Ha corrido mucha tinta en torno al supuesto "dualismo analítico" abierto por el propio Foucault con su distinción entre prácticas discursivas y prácticas no discursivas (Bührmann & Schneider, 2008). Pero lo cierto —y esto lo reconoce el propio Deleuze— es que ninguno de estos dos conjuntos goza de autonomía frente al otro. En *La arqueología del saber* Foucault dice que los cambios en las relaciones sociales de fuerza pueden generar cambios en las condiciones de enunciación. Revoluciones, medidas de discriminación o represión, cambios institucionales o jurídicos, pueden recortar o imponer nuevos objetos del saber y generar cambios en las reglas de formación de los discursos. Lo importante no es, por tanto, diferenciar si una práctica o conjunto de prácticas son discursivas o no son discursivas, contraponiendo unas y otras,

---

[9] Por ello, afirma Foucault, los dispositivos son "de naturaleza esencialmente estratégica, lo que supone que se trata de una cierta manipulación de relaciones de fuerza, bien para desarrollarlas en una dirección concreta, bien para bloquearlas, o para estabilizarlas, utilizarlas, etc." (Foucault, 1991e: 131).

sino tomar en cuenta la *red de relaciones* que se entabla entre los dos conjuntos.

Así como la episteme hace posible que ciertos enunciados puedan ser tenidos como verdaderos o falsos en un orden del saber, así también el dispositivo hace posible que unas determinadas relaciones de dominación y de gobierno puedan llegar a cristalizarse en un momento dado de la historia.[10] Y éste es precisamente el caso que Foucault estudia en las tres primeras lecciones de su curso *Seguridad, territorio, población*, cuando propone una reflexión en torno al modo en que operan las tecnologías de gobierno. La tesis que defenderá Foucault es que las relaciones de *gobierno* se diferencian claramente de cualquier otro tipo de relaciones de poder debido a que se articulan a un conjunto *sui generis* que son los *dispositivos de seguridad*. Recordemos aquí lo dicho en el capítulo anterior: la diferencia básica entre unas relaciones de poder y otras (por ejemplo, entre la dominación y el gobierno) radica en el tipo de dispositivo que articula sus elementos.

Foucault empieza por distinguir analíticamente tres conjuntos: los mecanismos jurídicos, los mecanismos disciplinarios y los mecanismos securitarios.[11] Y para ilustrar el *modus operandi* de cada uno, elige un solo ejemplo en tres tiempos: el crimen (Foucault, 2006c: 19). ¿Cómo puede verse el crimen desde la perspectiva de cada uno de estos tres dispositivos históricos? Los mecanismos jurídicos formulan leyes que operan prohibiendo una conducta tipificada como "criminal" y castigando penalmente su transgresión. Se trata, pues, de un conjunto tecnológico que opera con el código binario prohibición/permisión. Por su parte,

---

[10] No obstante, es necesario anotar que, a diferencia de Deleuze, Foucault nunca habla de un *socius*. Para Foucault un dispositivo es siempre particular y concreto, jamás engloba a toda la sociedad. Por eso no deja de sorprender que en su libro sobre Foucault, Deleuze haga la siguiente pregunta: "¿A qué llama Foucault una máquina abstracta?" (Deleuze, 1987: 66-67). Para Foucault no existen "máquinas abstractas", todas las máquinas son concretas. Para funcionar, el dispositivo no necesita de ningún "diagrama", tal como lo asume Deleuze: "es necesario que las máquinas materiales hayan sido primero seleccionadas por un diagrama, asumidas por agenciamientos" (*ibid.*).

[11] La palabra *mecanismo* es utilizada aquí como sinónimo de *dispositivo*.

los mecanismos disciplinarios establecerán todo un entramado de control para evitar las conductas criminales (educación cívica y moral, patrullaje de las calles, vigilancia mutua), y en caso de presentarse la conducta indeseada, implementarán técnicas específicas orientadas a la corrección del criminal (encarcelamiento, asesoría psicológica, trabajo comunitario). Es entonces un conjunto tecnológico que opera con el código binario normal/anormal.

¿Qué ocurre, en cambio, con los dispositivos de seguridad? Aquí ya no se trata de sancionar leyes contra el crimen mismo (como hacen los mecanismos jurídicos) ni de encerrar a los criminales a fin de convertirlos en buenos ciudadanos (como hacen los mecanismos disciplinarios), sino de gestionar la "tasa de criminalidad" dentro de un intervalo probable y tolerable. Es decir, los dispositivos de seguridad ponen en marcha una serie de técnicas (estadísticas, mediciones, diseño urbano) capaces de insertar el fenómeno del crimen dentro de una serie de acontecimientos probables para así realizar un *cálculo de riesgos y de costos* (Foucault, 2006c: 21). La pregunta aquí no es cómo sancionar mejores leyes contra el crimen y tampoco cómo prevenirlo eficazmente, sino cuánto le *cuesta* al Estado rebajar el "índice medio" de criminalidad. No se trata ya de derrotar el crimen, sino de *gestionar la criminalidad*. Es, pues, un problema de *gobierno sobre las poblaciones*. Tampoco se trata, como en *Defender la sociedad*, de identificar, clasificar y eliminar a las "malas razas", sino de establecer estimaciones probabilísticas que permitan detectar cuáles son los "grupos de riesgo" (enfermos potenciales, inmigrantes, desplazados, indigentes, etc.) a fin de ejercer un gobierno eficaz sobre ellos. Gestión y no prohibición o eliminación de las instancias de riesgo. Lo cual significa que los dispositivos de seguridad no operan con el código normal/anormal o permitido/prohibido, sino con la pareja aceptable/inaceptable en términos de calculabilidad económica y política. La criminalidad debe ser *gobernada*, es decir, debe mantenerse dentro de un intervalo aceptable, que no suponga una amenaza para la estabilidad del gobierno ni para el conjunto de la población. Economía del riesgo, cuyo estudio abordará Foucault en el curso *Nacimiento de la biopolítica*, cuando hable del neoliberalismo norteamericano.

Detengámonos por el momento en el tipo de racionalidad favorecida por los dispositivos de seguridad. Además de aquellas técnicas que tienen que ver con la abstracción de fenómenos y su reducción a elementos puramente calculables, los dispositivos de seguridad incluyen en su ensamblaje una gran cantidad de técnicas heterogéneas. Una de ellas, introducida en la lección del 11 de enero de 1978, es la *producción de espacios de seguridad*. No es, ciertamente, la primera vez que Foucault hace referencia al tema del espacio. En obras anteriores, como *Nacimiento de la clínica*, *Historia de la locura en la época clásica* y *Vigilar y castigar*, había reflexionado sobre la racionalidad que funciona en espacios tales como hospitales, manicomios, cuarteles, escuelas y cárceles. Podríamos decir, incluso, que la noción de *espacio* recorre toda su obra (García Canal, 2006; Cramton & Elden, 2007). Pero lo cierto es que no es sino hasta 1978 que Foucault habla de la *producción del espacio* como una técnica orientada al gobierno sobre las poblaciones.

Para ilustrar el modo diferencial en que los tres conjuntos tecnológicos (mecanismos jurídicos, disciplinarios y de seguridad) se enfrentan al problema del ordenamiento espacial, Foucault elige el ejemplo de las ciudades (Foucault, 2006c: 28). Los tres ejemplos que cita se ubican cronológicamente entre los siglos XVII y XVIII, época en la que floreció el mercantilismo, dato que resulta clave para ejemplificar la discusión iniciada en la sección anterior en torno al concepto de *gobierno*. Podríamos decir, llevando hacia adelante lo ya planteado, que la construcción de las ciudades modernas se produce justo en el momento en que surge la idea del gobierno económico de la población anunciado por La Perrière, y cuando la gubernamentalidad empieza a "desbloquearse" paulatinamente de los parámetros marcados por el poder soberano.

El primer texto citado por Foucault, *La Metropolitée* de Alexandre Le Maître (1682), se inscribe todavía en el problema del control sobre el territorio. Le Maître propone la construcción de una "capital" que cumplirá idealmente una serie de funciones administrativas, morales, políticas y económicas dentro de un régimen de soberanía. La capital debe ubicarse en el centro del territorio, equidistante por igual de todos los puntos, para facilitar así su control por parte del soberano (Foucault, 2006c: 30). Se trata de una metáfora no sólo geométrica sino también jurídica: las leyes y ordenanzas deben llegar por igual a todos los súbditos y a todos los lugares del territorio. Nadie puede escapar a la mirada del soberano, nadie puede sustraerse a su influencia moral y política. La eficacia de la soberanía dependerá, pues, de la correcta distribución del territorio. Sin embargo, aún atrapado en el modelo de la soberanía, Le Maître vislumbra un asunto que luego sería clave para potenciar el "desbloqueo" del arte de gobernar con respecto a la soberanía: el problema de la *circulación de personas y mercancías*. Para que el soberano pueda consolidar su dominio sobre el territorio, el Estado debe permitir la movilidad comercial de los súbditos, pero dentro de ciertos límites impuestos por el Estado. Se trata, por tanto, de un proyecto urbanístico muy acorde con las nuevas políticas del mercantilismo, que en ese momento (siglo XVII) estaban en auge en toda Europa, y con el nacimiento de una nueva ciencia especializada en asuntos financieros, administrativos y comerciales: la *Cameralwissenschaft* o el "cameralismo" (Foucault, 2006c: 32). El objetivo central de esta ciencia era procurar el aumento de bienestar (*welfare*) no para la población (invisible todavía como problema económico), sino para el Estado y, por tanto, el fortalecimiento de la soberanía.

El punto de Foucault es que el diseño urbanístico propuesto por Le Maître vislumbra un problema técnico fundamental: cómo diseñar y construir una ciudad teniendo en cuenta la circulación permanente de mercancías. Ya no se trata simplemente de pensar en una ciudad amurallada, aislada por completo de los flujos exteriores, sino en una ciudad en interacción permanente con el afuera. No obstante, por tratarse de un proyecto anclado todavía en el modelo de la soberanía, Le Maître piensa que esa circulación debía ser *estratificada* mediante la expedición de leyes y reglamentaciones que permitan o prohíban determinados flujos de comercio. Se trata, pues, de una técnica de producción del espacio en la que se tiene en cuenta el tema de los flujos comerciales, pero sometiéndolos a la mirada jurídica del soberano. Lejos estamos todavía de pensar en un *gobierno* de esos flujos en el espacio mediante la implementación de los dispositivos de seguridad. Lo que tenemos, por ahora, son dispositivos de soberanía que operan mediante la codificación espacial de los flujos. Por *eso mismo* se trataba de un poder con lagunas, que operaba jurídicamente y no conseguía someter todos los flujos económicos. Había una gran cantidad de flujos que escapaban permanentemente al control del soberano, como por ejemplo el contrabando, que resultaba indispensable para la vida de muchas personas. Los ámbitos de ilegalidad en el espacio de la ciudad soberana eran todavía muy amplios.

En el segundo ejemplo de Foucault observamos ya un desplazamiento del problema. Se trata esta vez de una tecnología que sí fue llevada a la práctica: el diseño de la pequeña ciudad de Richelieu por parte del arquitecto Jacques Lemercier, levantada por órdenes del cardenal Richelieu a partir del año de 1691 (Foucault, 2006c: 35). A diferencia del proyecto circular de Le Maître, el de Lemercier tenía un diseño rectangular. Las calles son paralelas o perpendiculares, situadas a distancias desiguales unas de otras, pero dotadas de una multiplicidad de espacios para desarrollar actividades diferentes. Hay unos espacios destinados especialmente para las viviendas, otros para la recreación, para el trabajo, para el comercio, etc. ¿Qué tenemos aquí? La producción técnica de un espacio en el que los flujos comerciales no son puestos ya bajo el control absoluto del soberano, pero que, sin embargo, tienen un lugar específico dentro del gran conjunto de las actividades urbanas. Una técnica de producción espacial cuyo objetivo ya no es *codificar* los flujos económicos mediante la expedición de leyes y reglamentos, sino disciplinarlos mediante un cuadriculamiento de las rutinas. Estamos, pues, frente a una técnica vinculada a dispositivos que no operan ya mediante la codificación sino mediante el *estriamiento* de los flujos. Su objetivo no es, por tanto, juridizar los flujos económicos, sino hacerlos más eficaces, más productivos, más especializados, más útiles al Estado. De un control jurídico y en masa se pasa a un control incorporado al cuerpo y a las rutinas individuales. En lugar de la sustracción económica (a través de impuestos, controles, estancos, monopolios, etc.) se estimula la productividad económica de individuos disciplinados.

Se comprenderá, con este segundo ejemplo de la ciudad de Richelieu, que a pesar de moverse ya casi en los límites externos del poder soberano, el proyecto urbanístico de Lemercier no es una tecnología de producción del espacio que favorezca el gobierno de las poblaciones. Es, en cambio, una que potencia el disciplinamiento de los individuos. Con todo, sin esta tecnología disciplinaria no podría haber existido una ciudad como la mencionada por Foucault en su tercer ejemplo: Nantes. En esta ocasión Foucault toma como fuente de referencia una tesis doctoral de 1942 que estudió la ciudad de Nantes durante los procesos de industrialización a finales del siglo XVIII y comienzos del XIX. Allí se muestra cómo el diseño de la ciudad procuraba una gestión gubernamental de los flujos en varios niveles: circulación de enfermedades, circulación de clases peligrosas, circulación de mercancías, circulación de trabajadores, etc. (Foucault, 2006c: 38). No se trata ya de la "ciudad soberana" de Le Maître, ni de la "ciudad disciplinaria" de Lemercier, sino de una *ciudad securitaria* en la que el problema no es controlar la circulación y tampoco disciplinarla, sino *gestionarla y administrarla*. El tema, por tanto, ya no es la estratificación de la movilidad urbana sino la *gestión del riesgo* que ella implica para la *vida de la población*. Y aquí aparecen aquellas técnicas que mencionábamos antes (estadísticas, mediciones, cálculo de riesgos y costos) cuya función es ejercer un *gobierno* sobre la circulación, maximizando sus elementos deseables (económica o políticamente) y minimizando sus elementos indeseables. En la ciudad habrá enfermedades, habrá "clases peligrosas", habrá ilegalidad, habrá contrabando, etc., pero de lo que se trata es de ejercer un *gobierno* sobre esas variables, de ponerlas en juego todo el tiempo y de tener en cuenta todo lo que *pueda* llegar a pasar.

Entendámonos: la *racionalidad* de los dispositivos de seguridad no se orienta, entonces, a la prohibición o permisión de las actividades económicas (dispositivos de soberanía), ni a la normalización de las rutinas productivas (dispositivos disciplinarios), sino a la gestión de acontecimientos a través del "cálculo de probabilidades":

> En síntesis, creo que se puede hablar de una técnica que en lo fundamental se ajusta al problema de la seguridad, es decir, en el fondo, al problema de la serie. Serie indefinida de los elementos que se desplazan: la circulación, cantidad x de carros, cantidad x de transeúntes, cantidad x de ladrones, cantidad x de miasmas, etc. Serie indefinida de acontecimientos que se producen: tantos barcos van a atracar, tantos carros van a llegar, etc. Serie indefinida, asimismo, de las unidades que se acumulan: cuántos habitantes, cuántas casas, etc. Lo que caracteriza en esencia el mecanismo de seguridad es, creo, la gestión de esas series abiertas y que, por consiguiente, sólo pueden controlarse mediante un cálculo de probabilidades. (Foucault, 2006c: 39-40)

Gestión de "series abiertas" y de acontecimientos probables, e intervención no directa sobre el cuerpo (como hacen los mecanismos disciplinarios) sino *indirecta*, mediante creación de un "medio ambiente" (*milieu*) artificial que busca favorecer y regular cierto tipo de movilidad y de conducta. Los dispositivos de seguridad "acondicionan" un medio ambiente que favorece la circulación permanente, y lo hacen mediante la implementación de unas tecnologías de "acción a distancia"[12] en las que no se in-

---

[12] Al parecer, Foucault toma el concepto "acción a distancia" de Canguilhem, quien lo utiliza para referirse al modo como Newton entendía el problema de la gravedad. El filósofo y sociólogo italiano Maurizio Lazzarato ha hablado recientemente de "acción a distancia" para mostrar que la producción del "medio ambiente" en las sociedades de control supone una modificación (no directa sino indirecta) de los estilos de vida, las maneras de vivir, de comer, de divertirse, etc. (Lazzarato, 2006). El concepto es utilizado también por el filósofo de la ciencia Bruno Latour para referirse a una serie de técnicas que hicieron posible que los colonizadores franceses del siglo XVIII dominaran desde la metrópolis una gran

terviene sobre los individuos directamente, sino sobre el *medio ambiente* en el que esos individuos viven (Foucault, 2006c: 41). Es decir, no se busca normalizar la conducta, sino "las condiciones de la conducta". En vez de afectar a los individuos (como sujetos de derecho o como cuerpos susceptibles de disciplina), se afectan las condiciones de vida de una población. La producción técnica de ese "medio", a través de un conjunto de intervenciones arquitectónicas, urbanísticas y sanitarias sobre el espacio, no es otra cosa que el intento de *gobernar* una multiplicidad de individuos conforme a tecnologías que los unen de acuerdo a variables biológicas (natalidad, mortalidad, salud, potencia de trabajo, etc.). Se trata, dice Foucault, de "la irrupción del problema de la naturalidad de la especie humana dentro de un medio artificial" (*ibid.*: 42). Producir las *condiciones de existencia* de una población con el fin de ejercer un gobierno económico sobre la conducta de los individuos: éste es el objetivo último de los dispositivos de seguridad.[13]

Nótese aquí cómo Foucault incluye a la biopolítica como un elemento clave de los dispositivos de seguridad, si bien, como dijimos, ella no agota ni con mucho el tema del gobierno sobre las poblaciones. En este caso, la biopolítica es vista como un conjunto de estrategias (una "tecnología política") que busca vincular una multiplicidad de individuos dentro de una artificialidad en la cual existen biológicamente. Intervenir, pues, sobre las condiciones biológicas de la especie a través de la producción de una artificialidad política. El *medio ambiente* (*milieu*) se convierte así en un espacio de intervención que busca modificar las determinantes biológicas de la especie con el fin de conducir la

---

extensión de territorios y poblaciones situadas muy lejos en el Pacífico. Eran técnicas basadas en el cálculo matemático y geométrico que permitían que estos lugares distantes fueran "traídos" a Francia en forma de mapas. Así, el cálculo en un lugar permite la dominación en otro lugar diferente (véase Miller y Rose, 2008: 66).

[13] Ya veremos cómo en *Nacimiento de la biopolítica* Foucault se referirá al modo en que las tecnologías neoliberales de gobierno operan sobre un "marco", intentando modificar ya no a los jugadores sino las reglas de juego, con el fin de afectar los mercados.

conducta de los gobernados. Foucault cita el texto *Recherches sur la population* de un tal Jean-Baptiste Moheu, guillotinado por la Revolución en 1794, a quien considera "el primer gran teórico de lo que podríamos llamar la biopolítica, el biopoder" (Foucault, 2006c: 42). El interés del texto de Moheu radica en que por primera vez se afirma que la mejor forma de gobernar a los súbditos no es el aseguramiento del territorio mediante la expedición de leyes, o el castigo ejemplar por su incumplimiento, sino a través del cambio de las condiciones vitales que rigen la existencia física y moral de una población. Cambio de la temperatura y el aire que se respira, cambio de los condicionamientos geográficos y raciales que impiden el "comportamiento económico" de los individuos. Modificación, en últimas, de las determinantes naturales que afectan la vida de una población: éste es el objetivo de una tecnología política que se dirige hacia la producción de un *medio ambiente* (*ibid.*: 44). Los dispositivos de seguridad son entonces un conjunto de técnicas orientadas ya no a la *sustracción* de la potencia de vida del súbdito, sino a la creación de unas condiciones medioambientales que favorezcan la *multiplicación* de esa potencia de vida (Foucault, 1999f: 246).

En la lección del 18 de enero de 1978 Foucault propone un ejemplo que ilustra el *modus operandi* de este gobierno sobre las condiciones de la conducta: el tratamiento de la escasez. Antes de la emergencia de los dispositivos de seguridad, la escasez era considerada como un síntoma de mala fortuna o de castigo divino por el mal comportamiento del rey o de los súbditos. La escasez, como el destino, pertenecía al orden de aquellos acontecimientos que no se podían controlar. Con todo, hacia finales del siglo XVIII y comienzos del XIX, justo en los comienzos de la urbanización, la escasez empieza a ser vista en Europa como el tipo de acontecimiento que el soberano debía tratar de evitar a toda costa, pues por lo general era un detonador de revueltas. ¿Qué se hará entonces contra la escasez? Los primeros teóricos de la economía política, los *mercantilistas*, pensaban que la escasez podía ser evitada en la medida en que el soberano implementara una serie de controles estatales sobre los precios y sobre el comercio. Prohibir, por ejemplo, la exportación de granos con el fin de gozar de reservas suficientes para el abastecimiento del reino. Restringir el cultivo de ciertos productos para evitar la sobreoferta. Vigilar al campesino para que siembre únicamente la cantidad de granos suficientes para satisfacer el mercado interno. Todo esto impedirá que los precios se desboquen y que la gente en las ciudades se rebele. Los mercantilistas son, entonces, los primeros que aplican una técnica de control sobre el acontecimiento *escasez* antes de que éste ocurra (*ibid.*: 50). Se produce ya el intento de *prevenir* el acontecimiento en lugar de reaccionar ante él. Sin embargo, esta técnica antiescasez se ancla todavía en una combinación de dispositivos de soberanía y dispositivos disciplinarios. Se prohíbe y se vigila con el objetivo de impedir que la escasez ocurra.

No son los mercantilistas sino los *fisiócratas* quienes, según Foucault, proponen por vez primera un *gobierno económico* sobre la escasez. Hacia mediados del siglo XVIII queda claro que los controles estatales no habían logrado impedir la escasez y contribuyeron, en cambio, al empobrecimiento creciente de latifundistas y pequeños propietarios (*fermiers*). Los fisiócratas proponen entonces que la mejor forma para evitar la escasez es favorecer la libertad de comercio y la circulación ilimitada de granos. Todo lo contrario, pues, de la receta mercantilista. Este principio fisiocrático es leído por Foucault como el inicio de

> [...] un gran cambio en las técnicas de gobierno y uno de los elementos de la introducción de lo que llamaré dispositivos de seguridad. En otras palabras, el principio de la libre circulación de granos puede leerse como la consecuencia de un campo teórico, y al mismo tiempo como un episodio en la mutación de las tecnologías de poder y en el establecimiento de la técnica de los dispositivos de seguridad, que a mi parecer es característica o es una de las características de las sociedades modernas. (Foucault, 2006c: 51)

Esta gran "mutación de las tecnologías de poder"[14] a la que se refiere Foucault radica, pues, en la introducción de un gobierno que presupone la libertad de aquello que se gobierna. Por eso no se interviene directamente sobre la conducta, sino sobre las condiciones de la conducta. En lugar de impedir que los campesinos siembren y que los comerciantes hagan negocios, se trata de fomentar la actividad independiente tanto del campesino como del comerciante. Lo que se halla en juego aquí es permitir el movimiento, hacer que las personas y las cosas se muevan, dejar fluir las circulaciones en lugar de prohibirlas o disciplinarlas. *Laissez faire, laissez passer.* ¿Por qué? Tal como lo dijimos en el capítulo anterior, porque el "gobierno" no radica en imponer conductas por la fuerza (dominación) y tampoco en modificarlas a través del adiestramiento sistemático de los cuerpos individuales (disciplinamiento). La cuestión pasa ahora por crear un *milieu*, un medio ambiente que permita la actividad y movilidad de los súbditos, pero dentro de ciertos límites aceptables. En lugar de imponerles una ley, "dejarlos hacer", permitiendo su iniciativa individual; en lugar de disciplinar sus rutinas, "dejar pasar" aquellas conductas que puedan romper con lo establecido y abrir campo a la creatividad económica. "Dejar" entonces que las cosas se muevan, conjurando al mismo tiempo los peligros que esa circulación conlleva.

Asistimos, pues, al nacimiento de una tecnología de gobierno llamada *liberalismo*, a cuyo análisis Foucault dedicará buena parte de su curso *Seguridad, territorio, población* y a la que nos referiremos ampliamente en el capítulo cuarto. Pero antes de adentrarnos en este campo, consideremos el tercer ejemplo que nos ofrece Foucault para ilustrar el funcionamiento de los dispositivos de

---

[14] En otros textos Foucault habla de esta "gran mutación tecnológica" ya no en clave de gobierno sino en clave biopolítica, comparándola con inventos tales como la máquina de vapor. Esta revolución tecnológica consiste en que el poder no se ejerce únicamente sobre los súbditos sino sobre la población. Se descubre que ya no se trata sólo de arrebatar al súbdito su fuerza vital, sino de producir unas condiciones de existencia (un *milieu*) que favorezcan el despliegue de esas energías vitales. "La vida entra en el dominio del poder: mutación capital, una de las más importantes sin duda en la historia de las sociedades humanas" (Foucault, 1999f: 246).

seguridad. Es el caso de las epidemias de viruela, abordado en la clase del 25 de enero de 1978. Ya Foucault había hecho referencia a esta enfermedad y su tratamiento en textos como "La política de la salud en el siglo XVIII" (1999k). Pero mientras que allí el énfasis caía sobre aspectos tales como la medicalización de la ciudad y el aislamiento disciplinario de los enfermos, aquí se hablará del modo en que el acontecimiento *viruela* es gobernado racionalmente antes de su aparición mediante el cálculo de riesgos. La variolización no buscaba impedir la existencia de la viruela sino, todo lo contrario, introducirla en el cuerpo sano y permitir su circulación permanente (Foucault, 2006c:79). Es decir que en lugar de evitar que la enfermedad ocurriese, había que "dejar" que los cuerpos mismos se autorregularan siguiendo sus propios ciclos naturales. Pero este *dejar hacer* viene acompañado de una regulación por parte de los dispositivos de seguridad. Lo que aquí se juega no es ya el control disciplinario de la enfermedad (como se planteaba en el texto de 1976), sino su gobierno. Hay que "gobernar la enfermedad" mediante la implementación de dispositivos que permitan gestionar y administrar el riesgo de contagios. La enfermedad se "deja pasar" pero, al mismo tiempo, se gobierna gracias a la intervención regulada sobre un *medio ambiente.*

Es en este contexto que Foucault introduce la importante distinción entre *normación* y *normalización*, que corrige algunos planteamientos anteriores vertidos en su libro *Vigilar y castigar*. Recordemos que allí Foucault había defendido la tesis de que, a diferencia del poder soberano (que funciona con base en la Ley), el poder disciplinario funciona sobre la base de la norma. Es un poder normalizador cuyo símbolo es el panóptico de Bentham (Foucault, 1998: 188). También en las conferencias de Rio de Janeiro tituladas *La verdad y las formas jurídicas* (1973) decía: "La sociedad contemporánea puede ser denominada [una] sociedad disciplinaria"; y más adelante: "hoy en día vivimos en [...] una sociedad panóptica, una estructura social en la que reina el panoptismo" (Foucault, 1991h: 91; 117). Partiendo, pues, de su genealogía de las disciplinas, Foucault diagnosticaba que las sociedades contemporáneas se mueven todavía bajo el imperativo de la normalización disciplinaria que emerge hacia finales del siglo XVIII. Pero a contrapelo de tales afirmaciones, en *Seguridad, territorio, población* dirá que los mecanismos dominantes en las sociedades actuales operan ciertamente por normalización, pero no son disciplinarios, por lo cual cabría mejor hablar de sociedades predominantemente *securitarias* y no de sociedades panópticas o disciplinarias.[15]

El argumento de Foucault es que las técnicas disciplinarias buscan imponer un modelo de comportamiento sobre los cuerpos y, en este sentido, son técnicas "centripetales" porque favorecen una serie de secuencias, procesos, operaciones y adiestramientos conforme a ciertos objetivos fijados de antemano. A partir de esa "norma" se determina si el comportamiento de un individuo se ajusta o no a ella, es decir si ese individuo es normal o anormal, capaz o inepto, válido o inválido. Y debido a ese carácter primario de la norma con respecto a lo normal, Foucault prefiere decir que las técnicas disciplinarias no operan por normalización (como había dicho antes), sino por *normación* (Foucault, 2006c: 75-76). Por el contrario, los dispositivos de seguridad no parten de un modelo ideal o de una norma preestablecida y tampoco se dirigen hacia los individuos, sino que parten de acontecimientos y se dirigen hacia las poblaciones. Acontecimientos tales como la epidemia o la escasez, que no pueden ser entendidos en términos de normalidad o anormalidad, sino en términos de peligrosidad. Qué tan peligroso es un acontecimiento para la estabi-

---

[15] Lo cual no significa que los mecanismos disciplinarios han desaparecido, sino que han hecho máquina con los mecanismos securitarios, que ahora son dominantes. Foucault afirma que "no hay era de lo legal, era de lo disciplinario, era de la seguridad. No tenemos mecanismos de seguridad que tomen el lugar de los mecanismos disciplinarios, que a su vez hayan tomado el lugar de los mecanismos jurídico legales" (Foucault, 2006c: 23). Y en la clase del primero de febrero repite la misma idea: "Es preciso comprender las cosas no como el reemplazo de una sociedad de soberanía por una sociedad de disciplina y luego de una sociedad de disciplina por una sociedad, digamos, de gobierno. De hecho estamos ante un triángulo soberanía, disciplina y gestión gubernamental, una gestión cuyo blanco principal es la población y cuyos mecanismos esenciales son los dispositivos de seguridad" (*ibid.*: 135).

lidad política del Estado, para el conjunto de la población, para las finanzas públicas, para la democracia, etc. Se trata, pues, de calcular el "índice medio" a partir del cual una epidemia, un huracán, el desplome de la Bolsa o una ola de inmigrantes podrían ser calificados de acontecimientos más o menos "peligrosos". El tratamiento consistirá en definir primero una peligrosidad considerada "normal" y luego gestionarla gubernamentalmente. No se trata de impedir que el acontecimiento suceda y tampoco de imponer sobre él una norma, sino de permitir que actúe ("dejar pasar") pero dentro de cierto intervalo "normal". Como se ve, y a diferencia de los dispositivos disciplinarios, la "normalidad" viene aquí primero y de allí se deduce la norma que regula, por lo cual Foucault dice que los dispositivos de seguridad son centrípetales y operan por *normalización* (*ibid.*: 84).

En consecuencia, y resumiendo lo dicho hasta el momento, los dispositivos de seguridad no se mueven en el eje ley-súbdito (prohibición), y tampoco en el eje norma-cuerpo (normación), sino en el eje riesgo-población (regulación). Aquí la metáfora del panóptico, tan apreciada anteriormente por Foucault, ya no funciona.[16] Los dispositivos de seguridad obedecen a una "economía del poder" muy diferente a la estudiada por Foucault en *Vigilar y castigar*. Serán los fisiócratas quienes a finales del siglo XVIII rompan con la economía política de los mercantilistas, que buscaba una "regimentación" completa de las actividades económicas. Los fisiócratas mostrarán que la población no es un "dato básico", sino un conjunto de *procesos* que varían todo el tiempo: con el

---

[16] En la clase del 25 de enero de 1978 afirma: "Puede decirse que la idea del panóptico, moderna en cierto sentido, es también una idea muy arcaica […] En ese aspecto, podemos decir que el panóptico es el sueño más viejo del más antiguo de los soberanos: que ninguno de mis súbditos me eluda y ninguno de los gestos de ninguno de ellos me sea desconocido. En cierto modo, el punto central del panóptico es el soberano perfecto. En cambio, ahora vemos aparecer no la idea de un poder que adopte la forma de una vigilancia exhaustiva de los individuos […] sino el conjunto de mecanismos que incorporarán a la jurisdicción del gobierno y de quienes gobiernan unos fenómenos muy específicos que no son exactamente fenómenos individuales […] Tenemos aquí dos economías de poder que me parecen muy distintas" (Foucault, 2006c: 87).

clima, con el comercio, con la geografía, con las razas (Foucault, 2006c: 93). La práctica gubernamental no se orientará ya más hacia el disciplinamiento de los sujetos económicos (campesinos, comerciantes, granjeros, etc.), sino hacia la gestión de una serie de variables que escapan por entero de la ley del soberano y que aparecen ahora como acontecimientos que deben "dejarse actuar" dentro de ciertos límites.

EL GOBIERNO DEL DESEO

En medio de su reflexión sobre los dispositivos de seguridad, Foucault introduce un asunto que había sido abordado ya por Deleuze & Guattari en *El Anti-Edipo*, pero que ahora es objeto de un análisis especial: el problema del deseo. La tesis de Foucault es que los dispositivos de seguridad ya no buscan disciplinar los deseos sino gobernar su circulación. No represión sino *gestión* del deseo. Se recordará que para Deleuze & Guattari, Freud descubre ciertamente el deseo como producción, pero enseguida lo "familiariza", lo recluye en el triángulo edípico de la familia. Lo que buscan es pensar el deseo, pero ya no bajo los parámetros de la familia, sino de la economía política. Es decir, mostrar cómo el capitalismo supone una *organización del deseo* que va más allá del modelo familiarista, pero también de la represión y de la carencia. Es allí donde aparece el concepto de "máquinas deseantes", para mostrar que el funcionamiento de la economía capitalista conlleva necesariamente la circulación permanente del deseo. Para Deleuze & Guattari la producción social es siempre *producción deseante*. Y lo que producen las maquinas deseantes no es otra cosa que la "realidad social".

Ahora bien, en la clase del 25 de enero de 1978 Foucault parece recuperar estas ideas de Deleuze & Guattari, pero formulándolas con otro lenguaje. Foucault dice que el nacimiento de la economía política trae consigo el reconocimiento de la dimensión productiva del deseo:

No por ello deja de ser verdad que, según los primeros teóricos de la población en el siglo XVIII, hay al menos un invariante por el cual, tomada en su conjunto, ella tiene y sólo puede tener un único motor de acción. Ese motor de acción es el deseo [...] Pero [...] ese deseo [...] es tal que, si se lo deja actuar, y siempre que se lo deje actuar dentro de determinados límites y en virtud de una serie de relaciones y conexiones, redundará en suma en el interés general de la población [...] La cuestión es importante porque, como podrán darse cuenta, con la idea de una gestión de las poblaciones sobre la base de la naturalidad del deseo y de la producción espontánea del interés colectivo por obra de éste, tenemos algo que es completamente opuesto a lo que era la vieja concepción ético jurídica del gobierno y el ejercicio de la soberanía. En efecto, ¿qué era el soberano para los juristas, no sólo los juristas medievales sino también los teóricos del derecho natural, tanto para Hobbes como para Rousseau? El soberano era la persona capaz de decir no al deseo [...] Ahora bien, a través del pensamiento económico político de los fisiócratas vemos formarse una idea muy distinta: el problema de quienes gobiernan no debe ser en modo alguno saber cómo pueden decir no, hasta dónde pueden decirlo y con qué legitimidad. El problema es saber cómo decir sí a ese deseo. (Foucault 2006c: 96-97)

El gobierno de las poblaciones sobre la base de la implementación de los dispositivos de seguridad supone la "libre" movilización del deseo. Es decir que lo que debe "dejarse circular" no son sólo flujos de mercancías, personas y enfermedades, sino también, y principalmente, *flujos de deseo*. Son los fisiócratas quienes descubren que el gran problema que debe resolver la economía no es ya cómo reprimir el deseo (a través del poder soberano) sino cómo gobernarlo, cómo lograr que su circulación produzca riquezas para el conjunto de la población. Hay que "dejar pasar" el deseo, pero dentro de ciertos límites, pues esto redundará en beneficio de los objetivos gubernamentales del Estado. Asistimos, entonces, a la emergencia de una tecnología de gobierno, el liberalismo, que rompe definitivamente con las viejas tecnologías del poder soberano. Los fisiócratas dirán que cada individuo debe buscar su propio interés y desplegar sus propios deseos, pues esto resultará en el interés general de toda la población. Aquí encontrará la "filosofía utilitarista" su lugar de emergencia (Foucault, 2006c: 97). Un año después, en la clase del 17 de enero de 1979, el filósofo volverá sobre este tema para decir que la tecnología liberal no tiene como objetivo el gobierno de las cosas en sí mismas (como hacen las disciplinas), sino la "gestión de intereses". No hay, pues, liberalismo sin gobierno del deseo, es decir sin la existencia de una esfera de actuación donde los individuos puedan escenificar y perseguir sus propios intereses. Es aquí donde aparece la noción de *público*, cuya genealogía nos remite, sin embargo, hacia un momento anterior a la emergencia del liberalismo.

En la clase del 15 de mayo de 1978, en el contexto de su reflexión sobre la "razón de Estado", Foucault dice que la principal diferencia entre Bacon y Maquiavelo es que para éste gobernar significa realizar una serie de cálculos estratégicos para evitar a toda costa el derrocamiento del príncipe. El problema central del soberano no es otro que el del mantenimiento de su poder. Para Bacon, en cambio, el soberano debe ocuparse de dos asuntos que nada tienen que ver con la preocupación por sus enemigos: por un lado el gobierno de la economía, por otro, el *gobierno de la opinión* (Foucault, 2006c: 318). Es por eso que en el siglo XVIII, junto con el nacimiento de la primera economía política (el mercantilismo), nace también la *publicidad*. No podrían entenderse las políticas de Richelieu sin tener en cuenta las grandes campañas publicitarias que acompañaron su gestión. De hecho, afirma Foucault, fue Richelieu quien inventó las primeras campañas de opinión en Francia, siguiendo al pie de la letra el sabio consejo del canciller Bacon: *gobernar es hacer creer* (*ibid.*: 319). No basta entonces con tener conocimiento de los procesos económicos a partir de una "nueva ciencia" (el cameralismo) y gobernarlos, sino que también es necesario tener conocimiento de lo que la gente opina y ejercer gobierno sobre esa opinión. Pero este gobierno no radica simplemente en imponer a la fuerza un repertorio de opiniones "verdaderas":

El hecho de que la razón de Estado deba intervenir sobre la conciencia de la gente, no simplemente para imponerle una serie de creencias verdaderas, como ocurre por ejemplo cuando los soberanos quieren que se dé por cierta su legitimidad o la ilegitimidad de sus rivales, sino a fin de modificar su opinión y con ella su manera de hacer, su manera de actuar, su comportamiento como sujetos económicos, su comportamiento como sujetos políticos. Todo ese trabajo de la opinión del público va a ser uno de los aspectos de la política de la verdad en la razón de Estado. (Foucault, 2006c: 323)

¿Qué es, entonces, la *publicidad*? Una técnica que nace en la primera mitad del siglo XVIII y que tiene como meta el gobierno del público en tanto que sujeto/objeto de opinión. Es, por tanto, una técnica que funciona en conjunción con otras técnicas (como por ejemplo el teatro)[17] conforme a un objetivo común que es el gobierno de la conducta de otros. Sin embargo, Foucault dice que en este momento todavía no ha aparecido la noción de *población*. Esa tecnología política llamada *razón de Estado* crea al público, pero no crea todavía la población. El problema sigue siendo el gobierno de la opinión del público para fortalecer el poder del Estado y no el gobierno de los "intereses" para beneficiar a la población (Foucault, 2006c: 325). Esto significa que el "público" que aparece como objeto de gobierno para la razón de Estado a través de la publicidad no es visto aún como un público *activo* que persigue sus propios intereses, que puede manifestar sus deseos y opiniones con libertad. Es, en cambio, un público *espectador*, un público que contempla pasivamente la teatralización que el Estado hace de sí mismo. Se gobierna, pues, sobre un público que es sujeto de opinión, pero *todavía no sujeto de*

---

[17] "Tocamos aquí un problema en apariencia marginal, pero a mi criterio, no obstante, de importancia, que es el problema de la práctica teatral de la razón de Estado. El teatro, o en fin, esa práctica teatral, esa teatralización, debe ser un modo de manifestación del Estado y del soberano, de éste como depositario del poder estatal […] Aparición, por tanto, de un teatro político cuyo reverso es el funcionamiento del teatro, en el sentido literal del término, como el lugar privilegiado de la representación política" (Foucault, 2006c: 308).

deseo. La publicidad y el teatro son ciertamente técnicas políticas de gobierno sobre la conducta de otros, pero todavía no se han ensamblado a un conjunto tecnológico mayor que son los dispositivos de seguridad. Sólo cuando éstos aparezcan, hacia finales del siglo XVIII, sólo con el paso del mercantilismo a la fisiocracia, nacerá ese nuevo sujeto/objeto de intervención y reflexión que es la población. Y sólo entonces podrá aparecer un público que ya no es espectador, sino actor y productor de sus propias representaciones. Un público que escenifica sus deseos y se reconoce en ellos. Un público, en suma, visto no sólo como sujeto de opinión, sino como sujeto de deseo.

La gestión de las poblaciones demandará entonces el reconocimiento de una esfera de actuación en la que los individuos persiguen sus intereses y escenifican sus deseos. El "público", dice Foucault en su clase del 25 de enero de 1978, es la población, pero considerada desde el punto de vista de sus intereses, sus deseos y sus opiniones:

> La población, entonces, es por un extremo la especie humana y, por otro, lo que llamamos el público. La palabra no es nueva pero el uso sí. El público, noción capital en el siglo XVIII, es la población considerada desde el punto de vista de sus opiniones, sus maneras de hacer, sus comportamientos, sus hábitos, sus temores, sus prejuicios, sus exigencias: el conjunto susceptible de sufrir la influencia de la educación, las campañas, las convicciones. La población, en consecuencia, es todo lo que va a extenderse desde el arraigo biológico expresado en la especie hasta la superficie de agarre presentada para el público. De la especie al público tenemos todo un campo de nuevas realidades, nuevas en el sentido de que, para los mecanismos de poder, son los elementos pertinentes, el espacio pertinente dentro del cual y con respecto al cual se debe actuar. (Foucault, 2006c: 102)

Nótese, pues, el desplazamiento que se ha producido entre la primera y la segunda mitad del siglo XVIII. En el marco de esa tecnología política llamada *razón de Estado* (a la cual nos referiremos en el capítulo siguiente), el objeto de gobierno no era la población, sencillamente porque aunque ya habían aparecido técnicas singulares de gobierno sobre la conducta (la publicidad, el teatro, las disciplinas), no había aparecido todavía el *conjunto tecnológico* que ensambló todas estas técnicas y las hizo funcionar conforme a objetivos enteramente diferentes. Diríamos entonces que estas técnicas operaban conforme a objetivos definidos por dispositivos de soberanía y no por dispositivos de seguridad, cuya emergencia es datada por Foucault apenas en la segunda mitad del siglo XVIII. Ahora bien, como consecuencia de esa transición, la *racionalidad* de las tecnologías de gobierno cambia por completo, lo cual significa: cambian los medios, cambian los objetivos y cambian las estrategias. Lo que se busca ya no es el enriquecimiento del Estado, sino la felicidad de las poblaciones, y el logro de ese nuevo objetivo apela a dos estrategias principales: una se dirige hacia el gobierno de los procesos biológicos que afectan a la *población* (natalidad, mortalidad, morbilidad) y el otro se dirige hacia el gobierno de las opiniones, los deseos, los intereses, los temores y las expectativas que afectan al *público*. Es por esto que en la clase del 7 de marzo de 1979 Foucault hablará del nacimiento de la "sociedad civil" como blanco y objeto del nuevo arte de gobernar (Foucault, 2006c: 219).

El público, la sociedad civil, operan para Foucault como "superficie de agarre" del gobierno sobre las poblaciones. El objetivo del gobierno ya no será el Estado mismo sino un ámbito *exterior* al Estado que deberá, sin embargo, *estatalizarse* gracias a estrategias como la educación, la higiene, el trabajo, las campañas de publicidad y la medicina social. Pero esto ocurrirá únicamente con el *consentimiento* de los gobernados. No es mediante la imposición de leyes coercitivas y del terror, no es por medio del adiestramiento disciplinario y tampoco mediante la obligatoriedad de asumir un sistema de creencias y opiniones ajenas como se gobierna la población. Lo que hará el liberalismo es *conducir* la conducta de los otros en lugar de regimentarla soberanamente. No será, entonces, una tecnología de *dominación* sino una tecnología de *gobierno* que, como tal, partirá de la capacidad de acción e iniciativa de los gobernados. En lugar de reprimir sus deseos, los "dejará pasar"; en lugar de codificar sus movimientos, los gestionará; en lugar de controlar sus opiniones, las regulará; en lugar, en suma, de reglamentar sus actividades económicas, las "dejará actuar": *laissez faire, laissez passer.*

No puedo finalizar esta sección sin antes considerar el modo en que el concepto de *público* es utilizado por Jürgen Habermas, a quien muy seguramente se refiere Foucault cuando dice (en el texto arriba citado) que el concepto de *público* no es nuevo.[18] El ejercicio resultará útil para ejemplificar lo que Foucault *no hace* con el concepto y, al mismo tiempo, para ampliar y precisar algunos de los argumentos presentados en este capítulo. La referencia concreta a Habermas es su trabajo de habilitación presentado en el año de 1962 bajo el título *Strukturwandel der Öffentlichkeit*, en el que realiza un trabajo histórico-sociológico que cubre las mismas fechas abordadas por Foucault en *Seguridad, territorio, población*, y en el que anticipa una teoría de la democracia que luego desarrollaría en la década de los ochenta.

La tesis del joven Habermas es que entre los siglos XVII y XVIII empieza a surgir en Francia, Inglaterra y Alemania una esfera de discusión y socialización que actúa con independencia frente al Estado absolutista. Se trataba de un grupo de individuos pertenecientes a la naciente burguesía que se reunían en salones y cafés para discutir sobre arte, literatura, filosofía, ciencia, economía y política, es decir, sobre temas que hasta el momento eran prerrogativa del Estado. Personas "privadas" que comienzan a discutir sobre temas "públicos".[19] Médicos, juristas, profesores, clérigos y maestros, varones que en su mayoría no pertenecían a la nobleza terrateniente pero que habían prosperado gracias a sus vínculos con banqueros y comerciantes durante el florecimiento del mer-

---

[18] Los editores del curso *Seguridad, territorio, población* remiten en una nota a pie de página al texto de Habermas (Foucault, 2006c: 102).

[19] Habermas cita un decreto de Federico II, Rey de Prusia, en el que se afirma que a las personas "privadas" (es decir que no eran funcionarias estatales) no se les permitía expresarse públicamente sobre asuntos que competían únicamente al Estado (Habermas, 1990: 84).

cantilismo. En el interior de este nuevo "público" burgués ya no primaba el valor del rango y del nacimiento, sino "la autoridad del mejor argumento", con lo cual "quedaban suspendidas tanto las leyes del mercado como del Estado" (Habermas, 1990: 97).

Lo que Habermas está poniendo de relieve es el nacimiento de la "sociedad civil" (*Zivilgesellschaft*) como una esfera independiente y crítica frente a las pretensiones del Estado. Dentro de esta esfera se discuten temas con total independencia del monopolio interpretativo que hasta entonces habían tenido la Iglesia y el Estado, con lo cual se va consolidando un uso autónomo de la razón, aquello que Kant denominaba la "mayoría de edad" (Habermas, 1990: 103). El camino de las Luces (*Aufklärung*), que conduciría ineluctablemente a la Revolución Francesa y al nacimiento del liberalismo, estaba siendo preparado. Los periódicos se convierten en vehículos de esa nueva "publicidad" capaz de formar una opinión independiente y que podía ser conocida por todos. Lo que al comienzo nace como un grupo de personas "privadas" se transforma estructuralmente con el tiempo (*Strukturwandel*) en una esfera de discusión pública que iría ganando cada vez más terreno, hasta desembocar en el parlamentarismo inglés, hacia comienzos del siglo XVIII. La sociedad civil emerge, entonces, como un ámbito de praxis comunicativa en el que pueden fijarse criterios *normativos* para el funcionamiento de la economía y de la burocracia estatal (*ibid*.: 23).

Lo primero que habría que decir es que mientras los conceptos de *público* y *publicidad* le sirven a Habermas para describir *acciones*, a Foucault le son útiles para describir *prácticas*. Ya lo vimos en el capítulo anterior: una cosa son las acciones y otra muy distinta las prácticas. Las acciones son llevadas a cabo por sujetos, mientras que las prácticas o "conjuntos de prácticas" se encuentran animadas por una racionalidad impersonal. Es decir, mientras Habermas habla de la *acción política* (realizada por sujetos que se reúnen, discuten, critican, etc.), Foucault habla de la *racionalidad política*. Y como también vimos, la racionalidad política es siempre *anterior* a la acción política, en el sentido de que opera como su condición de posibilidad. Por eso a Foucault no le interesa colocar a la burguesía como *sujeto* de un "proyecto" que inventa e impone una estrategia de poder contra el Estado, sino que le interesa mirar cómo *funciona* esa estrategia. La "burguesía" de la que habla Habermas es un *dato previo*, sustraído a la historia, para explicar el surgimiento de la sociedad civil, esfera que, a su vez, explica la formación política de la burguesía. Funciona, pues, como un *universal* que explica pero que no requiere explicación alguna. Y éste es, precisamente, el modo de análisis histórico que Foucault quiere abandonar, tal como lo dejó claro en su clase del 10 de enero de 1979:

> Ahora querría indicarles que la decisión de hablar a partir de la práctica gubernamental es, desde luego, una manera muy explícita de dejar de lado como objeto primero, primitivo, ya dado, una serie de nociones como, por ejemplo, el soberano, la soberanía, el pueblo, los sujetos, el Estado, la sociedad civil: todos esos universales que el análisis sociológico, así como el análisis histórico y el análisis de la filosofía política, utilizan para explicar en concreto la práctica gubernamental. Por mi parte, me gustaría hacer justamente lo contrario, es decir, partir de esa práctica tal como se presenta, pero, al mismo tiempo, tal como se refleja y se racionaliza […] En otras palabras, en vez de partir de los universales para deducir de ellos unos fenómenos concretos, o en lugar de partir de esos universales como grilla de inteligibilidad obligatoria para una serie de prácticas concretas, me gustaría comenzar por éstas últimas y, de algún modo, pasar los universales por la grilla de esas prácticas. (Foucault, 2008: 17-18)

No se trata, por tanto, de *presuponer* la existencia de una clase social y de unos sujetos que hacen "uso autónomo de la razón" y empiezan a conducirse a sí mismos de un modo distinto al esperado oficialmente por la práctica gubernamental del Estado (recuérdese el decreto de Federico II citado por Habermas). Lo que interesa a Foucault es indagar por la emergencia histórica de un tipo de racionalidad gubernamental que, *a partir* de esa experiencia histórica concreta (el negarse a ser gobernados de cierto modo),[20] propone un juego de poder que toma en cuenta la libertad de los jugadores y establece límites a la gubernamentalidad del Estado. A diferencia, pues, de Habermas, tal indagación histórica no *parte* de los sujetos ilustrados ni de las clases sociales, sino de las tecnologías de gobierno realmente existentes en el siglo XVII (la razón de Estado), y no *llega* a las democracias parlamentarias sino a las tecnologías liberales de gobierno que emergen hacia finales del siglo XVIII. El análisis va, pues, de una tecnología de gobierno hacia otra. Y en medio del conflicto entre estas dos tecnologías, actuando como su botín de guerra, se encuentra el "público" del que habla Habermas.

Tenemos entonces que, aunque no es lineal, el relato foucaultiano sobre el público podría dividirse (analíticamente) en tres momentos. Primero encontramos un "público" que es producido enteramente por las tecnologías gubernamentales de la razón de Estado en el siglo XVII y parte del XVIII. Un público que es *objeto* de unas políticas que no buscan su felicidad sino el enriquecimiento del Estado mismo. Un público que, por tanto, obedece al Estado y se comporta como receptor pasivo de sus actividades. Luego, en un segundo momento, hacia mediados del siglo XVIII, encontramos la emergencia de una actitud generalizada de desobediencia, no sólo de aquellos súbditos que asistían a los salones de café y las tertulias literarias (como lo plantea Habermas), sino también de otros sectores de la población. Es la negativa a ser gobernados de *ese modo* en particular y el intento de constituirse como un *público autónomo*. El resultado fue una "crisis de gubernamentalidad" que provocaría la Revolución Francesa y desembocaría en el surgimiento de una nueva tecnología de gobierno hacia finales del siglo XVIII y comienzos del XIX: el liberalismo. Una tecnología que busca conducir la conducta de ese nuevo "público" pero sin afectar su libertad e iniciativa individual, es-

---

[20] Que no es una experiencia "moderna" ni mucho menos. El negarse a ser gobernados de cierto modo es una actitud que no depende de la *Aufklärung*. De hecho, en su texto "¿Qué es la crítica?" Foucault dice que esta "actitud crítica" debe ser rastreada en las conductas antipastorales que se dieron durante toda la Edad Media europea (Foucault, 2006a: 37; 45).

perando de ese modo poner límites a la excesiva intervención del Estado sobre los procesos económicos.

Cerramos entonces el círculo de argumentación abierto en esta sección. El "público" que aparece a finales del siglo XVIII y comienzos del XIX como sujeto/objeto de intervención gubernamental empieza a ser visto ya no sólo como un elemento pasivo frente a las imposiciones del Estado, sino como sujeto de deseo y como sujeto de intereses. El gobierno de ese "público" irá de la mano con el gobierno de las poblaciones y será legitimado a partir de un nuevo régimen de verdad: la economía política clásica. Se trata, en realidad, de dos técnicas de gobierno diferentes pero coordinadas ambas por los dispositivos de seguridad: la primera busca gobernar los deseos, intereses y opiniones de los sujetos, pero dejando margen a su iniciativa individual, "dejando actuar" su libertad; la segunda busca gobernar aquellos procesos biológicos (enfermedad, moralidad, natalidad, etc.) que afectan la potencia de trabajo de la población mediante el cálculo de riesgos. Como puede verse, se trata de un *gobierno económico* que tiene como objetivo poner *límites* a la actividad gubernamental del Estado sobre la libertad de los sujetos, favoreciendo de este modo la circulación irrestricta de mercancías. Bajo esta perspectiva, la "sociedad civil" no funge como un espacio de resistencia frente a los imperativos estatales (tal como quiere Habermas), sino como *campo de intervención* de una nueva y más sutil tecnología de gobierno: el liberalismo. Como veremos en su momento, la crítica de los límites (políticos, económicos y epistémicos) de la acción gubernamental del Estado no proviene de la "sociedad civil" sino del liberalismo.

CAPÍTULO III
OMNES ET SINGULATIM

El poder pastoral

El curso *Seguridad, territorio, población* cambió intempestivamente de nombre en la lección del 1 de febrero de 1978. En las tres primeras lecciones Foucault había analizado en detalle los dispositivos de seguridad y todo parecía indicar que, una vez aclarado el modo en que aparece la noción de *población*, como campo de intervención de las tecnologías de gobierno, el foco de atención se dirigiría hacia el problema de la biopolítica, tal como se había prometido al comienzo del curso. Sin embargo, a partir de la cuarta lección Foucault decidió renombrar el curso y dirigirlo hacia un análisis más profundo del modo en que el Estado moderno se "gubernamentalizó". A este proyecto que busca trazar la historia del surgimiento de un Estado que se diferencia radicalmente del Estado de justicia medieval, Foucault lo denomina "historia de la gubernamentalidad" (Foucault, 2006c: 136). Se trata, en últimas, de trazar una genealogía de las distintas líneas que componen la *racionalidad* del Estado moderno. La genealogía mostrará la "emergencia" de una racionalidad política cuyo objetivo es la gestión de las poblaciones a través del saber económico bajo el instrumento técnico de los dispositivos de seguridad. La tesis de

Foucault es que la forma de "gobernar" propia del Estado moderno echa sus raíces en dos tipos muy distintos de racionalidad histórica: por un lado las técnicas de *gobierno de la polis* que se desplegaron en la Grecia clásica, por otro, las técnicas de *gobierno de la conducta individual* desarrolladas por el cristianismo. Es por eso que Foucault dedica cuatro lecciones enteras (del 8 de febrero al 1 de marzo) a examinar la diferencia entre la racionalidad del pastorado cristiano y la racionalidad de la política griega.

Foucault acude a uno de los diálogos de Platón, el *Político*, en donde se discute si existe una diferencia entre la función de un político y la función de un pastor. ¿Es el rey una especie de pastor de los hombres sobre quienes gobierna? Platón dice que el político se define por el conocimiento de un arte específico, por la *techne* que le permite ejercer como corresponde su acción política. Pero esta *techne* es muy diferente de la que pone en acción el pastor cuando se ocupa de sus ovejas. La tarea *específica* del político no es proporcionar alimento a sus gobernados, ni tampoco ofrecerles trabajo, educación, salud y vivienda. Para eso existen en la ciudad otros oficios (el labrador, el panadero, el maestro, el arquitecto, el médico, etc.) que pueden ocuparse del *bienestar* (*welfare*) del ciudadano (Foucault, 2006c: 174-175). La función del político no es entonces velar o *cuidar* a sus gobernados de la misma forma que un pastor cuida de sus ovejas. Más bien, dice Foucault siguiendo a Platón, lo que un político hace guarda más semejanza con la actividad de un tejedor que con la de un pastor: se ocupa de establecer las *justas relaciones* entre unas cosas y otras mediante la creación de leyes que perduren aun después de su muerte. Es decir que el político actúa sobre un *territorio* (la polis) y no sobre *individuos* (los ciudadanos), de forma análoga al modo en que un capitán gobierna su nave sin necesidad de gobernar a sus marineros. De hecho, afirma Foucault, la idea de "gobernar a los hombres" no es una noción griega. En la literatura griega se hablaba de pilotear una nave o también de gobernar una ciudad, pero nunca se habló de gobernar a los marineros que van en la nave o de gobernar a los ciudadanos que habitan la ciudad. Claro está, los ciudadanos son gobernados pero de manera indirecta. Su buen gobierno nada tiene que ver con la dirección de su conducta ni con la ocupación diaria por su *bienestar*, sino que dependerá del modo en que la ciudad sea gobernada conforme a la expedición de *leyes justas* (*ibid*.: 149-150).

La idea de gobernar a los hombres, de *conducir su conducta*, no surge entonces en el mundo griego sino en el Medio Oriente: en Egipto, Asiria, Mesopotamia e Israel (Foucault, 2006c: 151). Y surge de la mano de una singular teología, de una concepción específica de la divinidad: los dioses gobiernan a los hombres de la misma forma en que un pastor gobierna su rebaño. De esta teología se pasa fácilmente a una *teopolítica* que tiene una concepción muy particular de la soberanía: la función del rey es la de servir como una especie de "pastor designado" que debe gobernar a los súbditos del mismo modo en que los dioses gobiernan a los hombres. Siendo el pastorado una relación fundamental entre los dioses y los hombres, el soberano participa integralmente de esta estructura en la medida en que gobierna el rebaño que le fue confiado por los dioses. El pastorado, en suma, es un tipo de poder fundamentalmente *religioso*, muy específico del Oriente mediterráneo. En el mundo griego y romano clásico nunca se conoció la idea de que los dioses conducen a los hombres como un pastor a su rebaño.

Ahora bien, no es el pastorado hebreo, ni egipcio, ni mesopotámico el que interesa a Foucault, sino el pastorado específicamente *cristiano*. En la clase del 15 de febrero dice que la verdadera historia del pastorado como matriz de procedimientos de gobierno de los hombres recién comienza con el cristianismo (Foucault, 2006c: 176). Se refiere con ello al modo en que a partir del año 380 d.C. el cristianismo se instaló como religión oficial del Imperio romano, asumiendo funciones de gobierno sobre la vida cotidiana de las personas con el fin de conducirlas a la salvación. Hay que decir, sin embargo, que el interés de Foucault no se dirige al cristianismo en general, ni como religión ni como institución eclesial, sino al conjunto muy específico de *técnicas de conducción de la conducta* que se desarrollaron a lo largo de toda la Edad Media europea. Cuando Foucault habla del "poder pastoral" no se está refiriendo, entonces, a una ideología (la teología cristiana), a una institución religiosa (la Iglesia) o a unos sujetos (los curas), sino a un conjunto de *técnicas* relativas a la dirección de la conciencia, al cuidado de las almas y a la confesión de los pecados y su remisión (Foucault, 1999b: 125). Técnicas que, como dijimos en el capítulo primero, pueden ser aisladas de los objetivos que tenían cuando fueron inventadas y ensamblarse en dispositivos completamente diferentes y en función de nuevos objetivos. No son, pues, *strictu sensu*, técnicas "cristianas", sino *técnicas de individuación* que serán claves para entender la racionalidad del Estado moderno, que tiene por objetivo el *bienestar* de la población.[1]

Se hace claro que el interés de Foucault en contraponer el poder pastoral del cristianismo al poder político de los griegos radica en la importancia que tuvieron las técnicas de individuación para quebrar el predominio de las técnicas de soberanía propias del Estado de justicia medieval, abriendo campo a la emergencia del Estado moderno. Sin embargo, es preciso aclarar que aún durante toda la Edad Media europea estos dos tipos de racionalidad continuaron funcionando por separado. No existía todavía un *dispositivo* que las ensamblara y definiera nuevos objetivos y funciones para cada una de ellas. Foucault insiste mucho en que el pastorado medieval continuó siendo lo que había sido desde sus comienzos en Oriente: un poder *no territorial*. Es decir que durante todo ese tiempo (siglos III-XVII), la racionalidad pastoral se mantuvo siempre diferenciada de la racionalidad política. A pesar de todos los cruces e interferencias que hubo entre la Iglesia y el Estado, "el rey siguió siendo rey y el pastor siguió siendo pastor" (Foucault, 2006c: 187). Y esto debido a que el pastorado nada tenía que ver con el *territorio* en el que habitan los hombres,

---

[1] "A partir del siglo XVIII, tanto las sociedades capitalistas e industriales, como las formas modernas de Estado que las acompañaron y sustentaron, necesitaron procedimientos, mecanismos, esencialmente procedimientos de individualización que habían sido puestos en práctica por la pastoría religiosa [...] Durante los siglos XVIII y XIX en Europa hemos asistido a una reconversión, a un trasvase de lo que habían sido los objetivos tradicionales de la pastoría espiritual" (Foucault, 1999b: 126-127).

sino con la dirección de su *conducta*. Una cosa era, pues, el poder pastoral y otra muy distinta el poder soberano. No en vano, y aún en plena coexistencia de la Iglesia católica y el Imperio romano, San Agustín estableció una diferencia muy clara entre la *Civitas Dei* y la *Civitas Terrena*,[2] y Gregorio Nacianceno (siglo IV d.C.) proclamó la superioridad del arte de gobernar la conducta cotidiana de los hombres sobre el arte de gobernarlos a partir de leyes. Para Gregorio Nacianceno, el pastorado es el "arte de las artes" (*techne technon*), lo cual significa que las técnicas pastorales eran vistas como diferentes y muy superiores a las técnicas de soberanía (*ibid.*: 180).

Examinemos cuál es la *racionalidad* de estas prácticas pastorales (objetivos, estrategias, valores, conocimientos), que Foucault sistematiza en cuatro "principios"[3] durante su clase del 22 de febrero de 1978.[4] El primero de ellos, el "principio de la responsabilidad analítica", hace referencia al objetivo de la relación entre el gobernante y el gobernado. A diferencia del político griego, el pastor cristiano asume responsabilidad completa por el bienestar de sus ovejas. Debe responder no sólo por el rebaño en su con-

---

[2] El problema para Foucault no es, entonces, la diferencia entre la "multitud" y el "Imperio", como deducen Hardt y Negri de su lectura del problema de las dos ciudades en San Agustín, sino la diferencia entre las técnicas de individuación y las técnicas de soberanía (Hardt y Negri, 2002).

[3] En "El sujeto y el poder" Foucault no hablará de cuatro "principios" sino de cuatro características del poder pastoral: "Es una forma de poder cuyo objetivo último es asegurar la salvación individual en el más allá. 2. El poder pastoral no es tan sólo una forma de poder que dirige; se debe estar preparado para sacrificarse a él por la vida y la salvación del rebaño. Por eso, es una forma diferente del poder real, que demanda el sacrificio de sus sujetos para salvar el trono. 3. Es una forma de poder que se presenta no sólo ante toda la comunidad, sino ante cada individuo particular, durante toda su vida. 4. Finalmente, esta forma de poder no puede ser ejercida sin conocer el interior de la mente de las personas, sin explorar sus almas, sin hacerlas revelar sus más mínimos secretos. Esto implica un conocimiento de la conciencia y una habilidad para dirigirla" (Foucault, 2001: 246-247).

[4] Esta sistematización del poder pastoral en "cuatro principios" es realizada por Foucault a partir del tratamiento de diversas fuentes: San Benito, San Cipriano, San Jerónimo, San Gregorio Magno, todos ellos escritores cristianos que vivieron durante la llamada era de la patrística, entre los años 300 y el 600 d.C.

junto, sino también por el comportamiento de cada individuo (Foucault, 2006c: 200). Para lograr esto, no le basta con tener un conocimiento general del territorio en que pastan las ovejas (como el político que conoce la *polis*), sino que tendrá que disponer de un conocimiento exhaustivo de las necesidades de cada oveja en particular; tendrá que estar permanentemente informado de lo que sucede en el "interior" de cada una, conocer a fondo sus debilidades y fortalezas, sus pecados y sus virtudes. Dos técnicas en particular contribuyeron a lograr este objetivo: el examen y la dirección de conciencia. La primera, tomada de los epicúreos y los estoicos, permite al gobernante *medir y calcular* el progreso o retroceso espiritual del gobernado en su difícil camino hacia la perfección. La segunda permite corregir el rumbo en caso de desviaciones o fortalecer el carácter en medio de circunstancias difíciles (Foucault, 1991b: 115).

"El principio de la transferencia absoluta" hace referencia a las consecuencias *personales* que debe asumir el conductor del rebaño derivadas de su ejercicio pastoral. Mientras que el gobernante griego podía establecer una diferencia clara entre su función como político y las consecuencias personales (para él y para otros) de su acción política, el pastor identifica vitalmente *función* y *persona*. El comportamiento de cada oveja debe ser vista por el pastor como si fuese su *propio* comportamiento. Es decir que cuando la oveja marcha correctamente por el camino de la salvación, esto es un síntoma inequívoco de la buena gestión de su gobierno. Cuando, por el contrario, la oveja no responde a los objetivos fijados o no utiliza convenientemente las estrategias sugeridas para alcanzar esos objetivos, el fracaso recaerá sobre la propia alma del pastor, quien deberá sentirse *culpable* por ello (Foucault, 2006c: 200). En este caso tendrá que recurrir a técnicas como la mortificación de la carne y los ayunos sistemáticos que le permitan "negociar" con Dios el perdón de sus pecados. Aritmética de la culpa.

El tercer principio mencionado por Foucault, la "inversión del sacrificio", alude a la fidelidad vitalicia que debe prestar el pastor a su *misión*. Como no se trata de legislar sobre un conjunto general (como hace el político griego), sino de salvar a cada oveja en particular y al rebaño en su conjunto, entonces la misión del pastor es siempre personal, única e intransferible. Por ello su vida es menos importante que su misión. El objetivo es la salvación de todas las ovejas y ese objetivo no admite fracasos de ningún tipo (tolerancia cero). El pastor no vive por sí mismo ni es dueño de sí mismo, sino que vive para servir a las ovejas y debe morir por ellas en caso de ser necesario (Foucault, 2006c: 201). Dicho con otras palabras, el gobierno es un *servicio* del cual es imposible sustraerse, es un deber para toda la vida, por lo cual el pastor deberá recurrir a una serie de técnicas (como la confesión, el ayuno, la exposición voluntaria a tentaciones, etc.) que produzcan en él una virtud específica y desconocida por los griegos: la abnegación (Foucault, 1991b: 102). Se trata, entonces, de aprender a renunciar al yo, entendiendo que la renuncia a sí mismo en nombre de la misión es el objetivo último de su existencia.

Por último, Foucault menciona un cuarto principio que pareciera ser un corolario del anterior: "el principio de la correspondencia alternada". El pastor debe ser un ejemplo moral para sus ovejas. Pero no se trata sólo de ser un ejemplo de virtud, como también lo era el político griego, sino de ser un ejemplo de *humildad*. El pastor es consciente de que es humano y tiene imperfecciones, de que en cualquier momento puede fallar en el cumplimiento de su sagrada misión. También sabe que las ovejas son imperfectas y tienen debilidades, por lo cual debe evitar que se desconsuelen ante las adversidades. Por eso, para dar ejemplo a las ovejas, el pastor recurre a técnicas de dramatización que le permitan humillarse a sí mismo y "rebajarse", como por ejemplo el arrepentimiento público y la confesión de los pecados frente a la asamblea. De igual forma, las ovejas deben seguir el ejemplo y humillarse ante el pastor y ante las demás ovejas, reconociendo públicamente sus faltas. Lo que aquí se juega es una economía colectiva de mutuas dependencias, una red compleja de virtudes y defectos que une vitalmente a la comunidad y que es muy diferente de los tejidos jurídicos trazados por el gobernante griego. No son las leyes justas aquello que causa regocijo, sino que los unos se sienten reconfortados con las debilidades de los otros (Foucault, 2006c: 205).

¿Qué conclusiones saca Foucault de estos "cuatro principios"? La primera es que el poder pastoral se organiza en torno a la *obediencia incondicional*. No se trata de respetar la *ley,* como en el caso del ciudadano griego, ni de dejarse persuadir por alguien sobre la base de una argumentación racional, como ocurría en la relación de un discípulo con su maestro en las escuelas grecorromanas de filosofía. Se trata de la obediencia por la obediencia misma. No es, pues, una relación de sometimiento a una ley o a un mandato razonable, sino que es la sumisión de un individuo frente a la autoridad de otro, la dependencia absoluta de una persona frente a la voluntad ajena. En palabras de Foucault:

> [...] la obediencia, para un cristiano, no significa obedecer una ley, obedecer un principio, obedecer en función de un elemento racional cualquiera; es ponerse por entero bajo la dependencia de alguien porque es alguien. (Foucault, 2006c: 207)

Ésta es la racionalidad que se expresa en la vida de las personas que han seguido una carrera religiosa. Los de "abajo" dependen enteramente de los de "arriba" y están siempre bajo su cargo: el novicio del maestro, el maestro del superior, el superior del obispo, el obispo del cardenal, el cardenal del papa. "La vida entera se codifica en el hecho de que cada uno de sus episodios y cada uno de sus momentos debe ser fruto del mando, de la orden de alguien" (*ibid.*: 208). No se obedece en esta o aquella circunstancia, sino que se pone la vida toda en obediencia, no importa si la orden que se recibe es absurda o inapropiada. Obedecer no es una "opción", es una *forma de vida*.

La segunda conclusión es que el pastorado demanda la renuncia completa a la voluntad propia. En esto, dice Foucault, existe una gran diferencia con las prácticas disciplinares de los griegos. El objetivo del discipulado en las escuelas griegas de filosofía no era permanecer "fieles" toda la vida a las enseñanzas del maestro, sino abandonarlo algún día para llegar a ser maestros de sí mismos. La dirección, por tanto, no era vitalicia sino episódica. Se buscaba que el discípulo lograra cultivar por sí mismo un estado de existencia llamado *apatheia* o ausencia de pasiones, después de lo cual estaría listo para dejar al maestro. No se intentaba en ningún momento eliminar la voluntad del dirigido, sino combatir todas aquellas fuerzas que pudieran esclavizar esa voluntad. No obstante, con la emergencia del poder pastoral, esta situación cambió por completo. Ahora no se trataba de lograr el dominio propio a través de la *apatheia*, sino de humillar la propia voluntad, de mortificarla continuamente hasta *destruirla*. El objetivo del poder pastoral es hacer que el dirigido se sienta "el peor de todos", el más bajo de los seres humanos, pues sólo de este modo conseguirá un estado total de obediencia (ideal de la vida cristiana). No es el dominio propio (gobierno de sí) lo que se busca, sino la renuncia a la propia voluntad con el fin de estar siempre en la disposición de humillarse y "poner la otra mejilla" (Foucault, 2006c: 210-213).[5]

Podríamos sintetizar lo dicho hasta el momento afirmando que Foucault distingue dos "juegos de poder"[6] completamente diferentes, cuya genealogía *longue durée* (entendida ahora como una "historia de la gubernamentalidad") es necesario trazar para entender el surgimiento de la racionalidad política entre los siglos XVI y XVIII. El primero es el juego gobernante-ciudadano, en el que el hombre es visto como un *sujeto de derechos* dentro

---

[5] Se escuchan los ecos de Nietzsche en la lectura que hace Foucault del cristianismo y su comparación con los griegos. El poder pastoral es una tecnología *sui generis* porque capacita a los hombres para ser esclavos, para "salvarse" en una red de mutuas dependencias. Como Nietzsche, Foucault dice que, paradójicamente, esta tecnología hizo de Occidente una cultura violenta: "Entre todas las civilizaciones, la del Occidente cristiano fue sin lugar a dudas, a la vez, la más creativa, la más conquistadora, la más arrogante y, en verdad, una de las más sangrientas […] Pero al mismo tiempo —y ésta es la paradoja en la que me gustaría insistir— el hombre occidental aprendió durante milenios lo que ningún griego, a no dudar, jamás habría estado dispuesto a admitir: aprendió a considerarse como una oveja entre las ovejas" (Foucault, 2006c: 159).

[6] Recordemos aquí lo dicho en el capítulo primero: cuando Foucault habla de "juegos" se está refiriendo a un "sistema de reglas", a un tipo específico de *racionalidad*.

de una comunidad política sobre la base de la igualdad con otros ciudadanos libres. El segundo es el juego pastor-rebaño, en el que el hombre es visto como un *sujeto de necesidades* que deben ser cubiertas por una comunidad solidaria. En el primero se hace énfasis en el gobierno de la colectividad, mientras que el énfasis del segundo recae sobre el gobierno de los individuos. Tenemos, pues, dos juegos, uno territorial y el otro conductual, que según Foucault permanecieron separados durante toda la Edad Media europea pero que, a partir del siglo XVII, empiezan a "ensamblarse" lentamente con la emergencia de los dispositivos de seguridad, hasta llegar a constituir dos líneas de aquella tecnología de gobierno que Foucault denominará *razón de Estado*.[7]

DE LA *RATIO PASTORALIS* A LA *RATIO GUBERNATORIA*

En la clase del 1 de marzo de 1978 Foucault prosigue su disertación sobre el poder pastoral con una breve referencia a los movimientos disidentes que propugnaron una serie de "contraconductas" que desafiaban al pastorado. Esto pareciera contradecirse con lo dicho en la clase del 15 de febrero, cuando afirmó que entre los siglos XIII y XVIII "hubo revoluciones antifeudales, pero jamás hubo una revolución antipastoral" (Foucault, 2006c: 179). Lo que Foucault parece decir es que a pesar de que el pastorado se mantuvo en pie (si bien no como una estructura fija e invariable) durante 15 siglos en Europa, su *racionalidad* jamás fue impugnada por el poder político. Lo que se puso en tela de juicio durante ese tiempo no fue la racionalidad del pastorado, sino el tipo de acciones que podrían derivarse de esa racionalidad, es decir el *ejercicio* del poder pastoral:

> De Wyclif a Wesley, del siglo XIII al siglo XVIII, todas las luchas que culminaron en las guerras de religión eran en lo fundamental

---

[7] Como veremos en capítulos siguientes, esta genealogía le servirá a Foucault para explicar el funcionamiento tanto del Estado benefactor (*welfare State*) como del Estado socialista en el siglo XX.

contiendas para dilucidar quién tendría el derecho concreto de gobernar a los hombres, gobernarlos en su vida cotidiana, en la minucia y la materialidad que constituyen su existencia, y quién tenía ese poder, a quién lo debía, cómo lo ejercía [...] Todo esto, esta gran batalla de la pastoralidad, recorrió Occidente desde el siglo XIII hasta el siglo XVIII, sin que el pastorado, en definitiva, haya sido efectivamente liquidado en ningún momento. Pues si bien es cierto que la Reforma, sin duda, es mucho más una gran batalla pastoral que una batalla doctrinal, y si es cierto que en ella estaba en juego la manera de ejercer el poder pastoral, el desenlace, es decir, un mundo protestante o un mundo de iglesias protestantes y la Contrarreforma, esos dos mundos no fueron mundos sin pastorado (Foucault, 2006c: 178-179).

Lo que Foucault sigue poniendo de relieve es que la racionalidad del poder pastoral se mantuvo por 15 siglos diferenciada de la racionalidad del poder político, situación que cambiaría sólo con la emergencia del Estado moderno, en los siglos XVII-XVIII. Las tecnologías específicas del pastorado, las reflexiones sobre esas tecnologías, su modo de desarrollo y aplicación, jamás fueron cuestionadas *molarmente* con las guerras feudales de finales de la Edad Media. Pero esto no significa que el pastorado en sí mismo no hubiese sido resistido. Lo fue, pero no desde el poder político sino a un nivel *molecular*, por parte de aquellos que sufrieron con mayor intensidad su poder.[8] Y si se entiende que el pastorado es, ante todo, una tecnología de gobierno sobre la conducta, se verá por qué tales resistencias[9] son definidas por Foucault como

---

[8] El incremento de las luchas antipastorales en la Edad Media sería directamente proporcional al incremento de la gubernamentalización de la Iglesia y a la paulatina imbricación del pastorado con el gobierno civil. Así por ejemplo, la práctica de otorgar poder sacramental a los sacerdotes es un fenómeno relativamente tardío, como también lo es la práctica de la confesión. Sólo a partir del siglo XIII se legitima la existencia de un tribunal eclesiástico delante del cual cada fiel debe confesar sus pecados. Ello corre paralelo con la aparición y el desarrollo de la doctrina del purgatorio, tal como lo ha mostrado el historiador Jacques Le Goff (1989).

[9] Por razones de precisión conceptual y lingüística, Foucault tiene dudas con

"contra-conductuales". Son rebeliones contra un modo específico de ser gobernados. Son, para decirlo de otro modo, un acto de *desobediencia molecular*, es decir, una negativa a ser gobernados de esa forma, a través de esos métodos y conforme a esos objetivos específicos. Resistencias de conducta que Foucault no atribuye únicamente a individuos aislados sino a "movimientos". Por eso su primera alusión es al *gnosticismo*, un grupo nacido dentro de la Iglesia cristiana que se opuso desde el comienzo a la doctrina oficial. Aunque existieron diferentes tendencias entre los gnósticos, Foucault parece referirse únicamente a aquella que hacía depender la salvación del conocimiento (gnosis), afirmando que el ascetismo del cuerpo era totalmente irrelevante. De lo que se trata es de liberarse lo más pronto posible del cuerpo, y la mejor forma de hacerlo es entregarse sin reservas a los placeres de la carne. "Pequemos, por tanto, y pequemos hasta el infinito" —dice Foucault—, porque el objetivo del gnóstico es "destruir la materia por el agotamiento del mal que reside en ella" (Foucault, 2006c: 226). Más aún, los gnósticos de los que habla Foucault eran una especie de anarquistas cristianos que se rebelaban contra toda normatividad del mundo social: "A toda ley que el mundo o las potencias del mundo presentan, es menester responder por la transgresión, una transgresión sistematizada" (*ibid.*: 227).

Con todo, Foucault no se limita a resaltar las prácticas antiascéticas de los gnósticos, sino que reconoce también que el ascetismo puede ser visto como una forma de contraconducta. En las prácticas extremas de la anacoresis siria y egipcia —vistas con sospecha por la Iglesia— se jugaba el establecimiento de una relación con el propio cuerpo que era enteramente independiente de la dirección de conciencia. El asceta aprende a reconocer los límites de su propio cuerpo y a empujar esos límites siempre más allá, escogiendo ejercicios cada vez más difíciles, de modo que puede convertirse en guía de sí mismo, sin recurrir a pasto-

---

respecto a cómo denominar estas actitudes antipastorales. ¿Son resistencias, rebeliones, actos de insumisión, revoluciones, desobediencias, rechazos, luchas? Al final Foucault prefiere hablar de "disidencias" (Foucault, 2006c: 236).

res. Después de todo, solamente él puede conocer sus propios límites, sus propios sufrimientos, sus propias dificultades y elegir con total independencia los ejercicios adecuados para superarlos. El ascetismo de los anacoretas es visto por Foucault como una forma de desafío al poder pastoral. De hecho, el objetivo último del asceta no es la obediencia por la obediencia sino el dominio propio. En esto se asemeja mucho al discipulado griego. Se busca llegar a un estado de apaciguamiento, de imperturbabilidad (*apatheia*) que es diferente al estado de obediencia propugnado por las tecnologías pastorales. Llegar a un estado tal que es posible dejar atrás el sufrimiento, eliminar del cuerpo cualquier sensación dolorosa. "Encontramos aquí algo que, sin duda, está muy cerca del ascetismo y el monacato budistas" (Foucault, 2006c: 246).[10]

Resulta claro que el comportamiento de los gnósticos y anacoretas supone una rebelión frente a la tecnología pastoral de gobierno, pero también que este tipo de rebelión nada tiene que ver con las revueltas económicas y políticas que se dieron durante toda la Edad Media europea. Mientras que estas revueltas apuntaban hacia un cambio en el ejercicio de la soberanía, la rebelión de los gnósticos era molecular, apuntaba hacia una transformación del modo de conducirse a sí mismos. Lo mismo ocurre con otros "movimientos" medievales como el de la *Nonnenmystik*. Aquí se refiere Foucault a las prácticas de una serie de mujeres visionarias y profetisas, la mayoría de ellas monjas, que reclamaban escuchar la voz de Dios directamente y sin necesidad de contar con la mediación de un pastor. Mujeres que hablan y escriben de una experiencia interior a la que ningún pastor tiene acceso. Algo realmente insólito en el marco de las sociedades medieva-

---

[10] Habrá que recordar aquí que Foucault se interesaba mucho por el budismo zen y que fue practicante ocasional tanto en París como en Tokio. Su biógrafo Didier Eribon cuenta cómo en abril de 1978, es decir justo en el momento en que hablaba del poder pastoral en el curso *Seguridad, territorio, población*, Foucault visitó brevemente en Japón el templo Seionji bajo la invitación del maestro Omori Sogen. Preguntado por la razón de este interés en el zen, Foucault respondió: "Me interesa mucho la filosofía del budismo, pero no he venido por esta razón. Lo que más me interesa es la vida en sí en un templo zen, es decir, la práctica del zen, sus ejercicios y sus reglas" (Eribon, 1992: 384).

les europeas, pues no era común que las mujeres se apropiaran de recursos tradicionalmente reservados a los hombres como la escritura (en latín) para hablar de sí mismas y de Dios. Foucault se refiere a las beguinas del siglo XII, mujeres pertenecientes a familias nobles que se consagraban a la vida religiosa sin ingresar a monasterios, pero en general habla de una práctica que empezó a ser común en algunos monasterios reformados de Alemania, Francia y España entre los siglos XII y XVI.[11] No obstante, el énfasis se pone en mujeres religiosas que fueron quemadas por herejes o encerradas de por vida, como Jeanne Daubenton, Marguerite Porete, Isabel de la Cruz y Marie de Valles (Foucault, 2006c: 229-230). ¿Qué había de peculiar en el *comportamiento* de todas estas mujeres? ¿Qué hacía que tales "rebeliones de conducta" fuesen vistas por muchos como un peligro para la vida de la Iglesia? Sin duda, su carácter *antipastoral*. No sólo se rebelaron contra el estatus de las mujeres en la sociedad medieval, sino que pusieron en tela de juicio técnicas pastorales de gobierno como la dirección de conciencia.

Pero la *mística*, no sólo la practicada por mujeres, sino la mística en sí misma, es vista por Foucault como una conducta antipastoral. La mística pone en juego una economía de la visibilidad muy diferente de la del pastorado, pues mientras éste plantea que lo que ocurre en el alma puede y debe ser conocido por el director de conciencia, la mística propone que el alma no se deja ver por nadie. Y no sólo el alma escapa al examen, sino también a la enseñanza, porque el místico es capaz de recibir directamente la revelación divina. Es una revelación, por tanto, que elude la doctrina y a los pastores. En la mística no se va de la ignorancia al conocimiento mediante un lento proceso de aprendizaje bajo la guía de un pastor, sino que el conocimiento se obtiene por iluminación. Y el objeto de esta iluminación no es el intelecto sino el *cuerpo*, por lo que el místico atraviesa estados corporales muy diferentes que escapan por entero a su control racional, po-

---

[11] Recordemos aquí nombres que Foucault no menciona, como Hildegard von Bingen, Mechthild von Magdeburg y Teresa de Ávila.

niéndose en contravía de los objetivos de la tecnología pastoral (Foucault, 2006c: 256-257).

Foucault habla también de rebeliones de conducta referentes al modo de interpretar las Escrituras. Su primer ejemplo es el de John Wyclif, una especie de proto Lutero inglés del siglo XIV que atacaba la división jerárquica de la Iglesia y propugnaba un retorno al comunismo original de los primeros cristianos, en el que no existían los directores de conciencia (Foucault, 2006c: 231).[12] Wyclif afirmaba que los pastores no son dispensadores de la palabra de Dios y tampoco los intérpretes privilegiados de las Escrituras, por lo que realiza él mismo la primera traducción de la Biblia al inglés. Esto conforme a su creencia de que la salvación viene directamente de la palabra de Dios consignada en la Biblia, sin mediar para ello la hermenéutica de los pastores. En segundo lugar, Foucault menciona al sacerdote y erudito checo Jan Hus, también del siglo XIV, quien apoya las enseñanzas de Wyclif y funda un movimiento disidente (los husitas) que se opone radicalmente al "diformismo" de la Iglesia católica.[13] Hus replica el comportamiento de Wyclif y traduce la Biblia a su lengua natal, por lo cual fue condenado a morir en la hoguera. ¿Qué es lo "rebelde" de este comportamiento llevado a cabo ya no por anarquistas dionisiacos ni por monjas visionarias, sino por eruditos teólogos? Foucault lo explicó pocos meses después (mayo de 1978) en una conferencia celebrada ante la Sociedad Francesa de Filosofía, titulada *¿Qué es la crítica?* Lo que puede verse en personajes como John Wyclif, Jan Hus y posteriormente Martín Lutero, es un cuestionamiento de la relación entre el sujeto y la verdad:

---

[12] Foucault recuerda que en las primeras comunidades cristianas el *presbyteros* (obispo o pastor) no gozaba de ningún poder sacramental ni era un director de conciencia. Éstos son fenómenos relativamente tardíos en la historia de la Iglesia (Foucault, 2006c: 240).

[13] Por "diformismo" entiende Foucault la estructuración binaria del campo pastoral en el seno de la Iglesia católica, según el cual existen dos categorías de individuos bien diferenciados que no tienen los mismos derechos, ni las mismas obligaciones, ni los mismos privilegios: los clérigos y los laicos (Foucault, 2006c: 239).

> En una época en que el gobierno de los hombres era esencialmente un arte espiritual o una práctica esencialmente religiosa ligada a la autoridad de una Iglesia, al magisterio de una escritura, no querer ser gobernado de esa forma era esencialmente buscar en la Escritura otra relación distinta a la que estaba ligada al funcionamiento de la enseñanza de Dios, no querer ser gobernado era una cierta manera de rechazar, recusar, limitar el magisterio eclesiástico, era el retorno a la Escritura, era la cuestión de lo que es auténtico en la Escritura, era la cuestión de cuál es el tipo de verdad que dice la Escritura, cómo acceder a esta verdad de la Escritura en la Escritura. (Foucault, 2006a: 9)

La rebelión contraconductual se expresa aquí como la negativa a aceptar una codificación pastoral de la relación entre el sujeto y la verdad. Se trata, pues, de un cuestionamiento frente al modo en que los hombres son gobernados con respecto a la verdad. No querer ser atrapado en un sistema de verdad controlado por otros, no aceptar como verdadero lo que una autoridad dice que es verdadero. Lo que hacen Wyclif y Hus con sus traducciones de la Biblia es mostrar que el texto es una entidad independiente del pastor y se sustrae por completo de su control. Es el cristiano común y corriente quien descifrará en la Escritura el mensaje que Dios tiene *para él*, pues el acceso a la verdad es un acto espiritual e individual que no requiere la guía del pastor (Foucault, 2006: 258). Quien pone el texto a disposición de los fieles es aquel que *no desea* ser gobernado de una forma pastoral, desencadenando así una actitud de rebelión contra la servidumbre voluntaria.

Pues bien, a este conjunto de *prácticas* que surgen en la Edad Media como una negativa a ser gobernados pastoralmente con respecto a la verdad y con respecto a sí mismos, Foucault la llamará "actitud crítica" (Foucault, 2006a: 4). De modo que lo que tenemos en esta especie de genealogía de las revoluciones moleculares en la Edad Media no es otra cosa que una *historia de la actitud crítica*, que antecede con mucho a lo que hoy llamamos "la modernidad".[14] No en vano Foucault diría en esa misma conferencia de 1978 que el propio Kant es *heredero* de esta actitud de no dejarse conducir (*Leiten*) por la autoridad de otros, sino de "servirse del propio entendimiento" (*ibid*.: 11). Desde este punto de vista, todos los movimientos medievales de los que hemos venido hablando son tenidos por Foucault como un *arte crítico de no ser gobernados*. La crítica es más una cuestión de actitud que de *Aufklärung*. Es una indocilidad vital que *luego* se torna reflexiva.

Por otro lado, Foucault dice que todos los movimientos antipastorales ponían en cuestión la estructura misma del cristianismo, porque en su organización la Iglesia católica no es ascética, ni mística, ni bíblica ni escatológica. Todos estos elementos fueron relativamente tolerados por la estructura pastoral de la Iglesia, pero también vistos como potenciales herejías. El cristianismo oficial, pastoral, tuvo que negociar con todos estos movimientos y establecer consensos con ellos para establecer su hegemonía (Foucault, 2006c: 259-260). Pero en el transcurso del siglo XVI ya no fue posible mantener esa hegemonía por más tiempo. Las luchas antipastorales entraron en resonancia con las luchas antifeudales, campesinas y urbanas. La "actitud crítica" empezó a generalizarse en Europa y se tradujo en un malestar canalizado por la Reforma protestante hasta consolidar un movimiento religioso y político que se separó de Roma. El pastorado actuó así como una especie de *bisagra* que unió diferentes fenómenos: el desarrollo de una economía mercantil a partir de la Conquista de América, la crisis de la economía rural, el estatus de los asalariados urbanos, la extensión de la alfabetización, etc. Aquellos elementos que por más de 15 siglos habían permanecido separa-

---

[14] En el pastorado medieval encontramos la génesis de dos fenómenos correlativos que erróneamente se han atribuido a la "modernidad" europea: por un lado la individuación de los sujetos, por otro lado la actitud crítica frente a esa forma de individuación. En palabras de Foucault: "Mucho antes del gran momento del desarrollo de la sociedad industrial y burguesa, el poder religioso del cristianismo trabajó el cuerpo social hasta constituir individuos ligados a sí mismos bajo la forma de la subjetividad, a la cual se le pide que tome conciencia de sí misma en términos de verdad" (Foucault, 1999b: 125-126).

dos, la racionalidad pastoral y la racionalidad política, empezaron finalmente a juntarse.

No obstante, durante el siglo XVI no asistimos a una desaparición del pastorado *en nombre de* la emergencia del Estado. Las cosas no son tan simples como quiere la popular hipótesis de la "secularización", según la cual entre los siglos XVI y XIX empieza a formarse una estructura estatal orientada por valores laicos y una "esfera pública" independiente del poder de la religión. Foucault dice que las tecnologías de gobierno propias del pastorado son *integradas* en la racionalidad del Estado, de modo que su función será de ahora en adelante doble: por un lado, centralizar el poder en manos de un soberano que gobierna sobre la base del derecho; por otro, velar por el cuidado de la población. Como se ve, lo que empieza a surgir en el siglo XVI es la integración de los dos juegos a los que hacíamos referencia en el apartado anterior y que habían permanecido separados: el juego gobernante-ciudadano y el juego pastor-rebaño. *Omnes et singulatim*: gobierno de la colectividad pero, al mismo tiempo, gobierno de los individuos. Dos líneas diferentes y en tensión permanente, que caracterizarán desde entonces al Estado moderno:

> Y entonces llegamos a la famosa paradoja del pastor que adopta dos formas. Por una parte, el pastor debe tener los ojos puestos sobre todos y sobre cada uno, *omnes et singulatim*, que va a ser precisamente el gran problema de las técnicas de poder en el pastorado cristiano y de las técnicas de poder, digamos, modernas, tal como se disponen en las tecnologías de la población de las que les he hablado. *Omnes et singulatim.* (Foucault, 2006c: 157)

¿Qué es lo que tenemos entonces en el siglo XVI? No la desaparición sino la proliferación del pastorado, su paulatina extensión hacia la racionalidad estatal. Lejos, pues, de "secularizarse", el Estado se gubernamentaliza en el sentido de que empieza a incorporar una serie de tecnologías de conducción de la conducta propias del pastorado: la higiene, la educación, el cuidado de la familia, el uso del tiempo libre, la disciplina corporal, el control de la sexualidad, la conducción de sí mismos, etc. Asuntos que, como vimos, escaparon por entero a las funciones del soberano en el mundo grecorromano y durante toda la Edad Media europea. "Con el siglo XVI" —dice Foucault— "entramos en la era de las conductas, la era de las direcciones, la era de los gobiernos" (Foucault, 2006c: 268). Hacia mediados del siglo XVI se produce el "estallido" de las artes de gobierno, gracias, en parte, al florecimiento de una literatura especializada en el tema. Una tratadística que comienza a plantear el problema de las tecnologías de gobierno mucho más allá de los límites que le había fijado la Iglesia medieval: cómo gobernar la conducta de otros, con qué objetivos, utilizando qué métodos, apelando a cuáles estrategias. En otras palabras: con el despunte del siglo XVI asistimos al nacimiento de la *ratio gubernatoria*, problema que se convertiría muy pronto en la gran preocupación del soberano (*ibid.*: 111).

EL ESTADO COMO PRINCIPIO DE INTELIGIBILIDAD

¿En qué consiste el "nuevo arte de gobierno" que empieza a emerger en el siglo XVI? ¿En qué radica su *acontecimiento*, su novedad radical? A comienzos de la clase del 22 de marzo de 1978 Foucault nos habla de la "razón política" como un acontecimiento en la historia de Occidente similar a la revolución científica de Kepler y Galileo. Se refiere con ello a la emergencia de un arte de gobernar dotado de una *ratio* específica, una forma de actuar, razonar y calcular absolutamente novedosa: "otra manera de pensar el poder, otra manera de pensar el reino, otra manera de pensar el hecho de reinar y gobernar, otra manera de pensar las relaciones del reino de los cielos y el reino terrestre" (Foucault, 2006c: 328). Un arte de gobierno que, de forma análoga a lo que ocurre en el dominio de la ciencia, entiende la política como *mathesis*, es decir, como el arte de establecer racionalmente un orden, de generar una taxonomía de las cosas que deben gobernarse (*ibid.*: 329). Es así como el Estado se convierte en el nuevo "principio de inteligibilidad" de la política. Foucault dará a esta tecnología de gobierno el mismo nombre con que ya era conocida desde finales del siglo XVI: *razón de Estado*.[15]

El nuevo "arte de gobierno" es revolucionario porque supone una ruptura, una *discontinuidad* con respecto a la concepción medieval de la soberanía. El ejercicio de gobierno en la Edad Media requería de una serie de modelos externos que el soberano debía imitar con precisión. El buen o mal gobierno dependía de la manera más o menos precisa en que el soberano fuera capaz de *imitar* esos modelos. Pero se trataba de una imitación por analogía y semejanza. Aquí Foucault sigue básicamente el pensamiento de Santo Tomás[16] para mostrar que el pensamiento político medieval funcionaba por *analogías*. Y desde luego la primera analogía que se ofrece a ese pensamiento es el mismo Dios, la "divina providencia". Al crear el mundo, Dios señaló a cada cosa su orden, su actividad propia y su lugar. Análogamente, el soberano debe velar para que en su reino cada cual esté en el lugar que le corresponde, garantizando así la armonía del conjunto. Segunda analogía: la naturaleza. Todos los seres de la naturaleza viven conforme a un principio de asociación que impide que cada uno de los elementos siga su propio camino. De forma análoga, el soberano debe servir como una fuerza vital, orgánica, que une todos los elementos del reino. El rey debe ser para su reino lo que el alma para el cuerpo. Tercera analogía: el pastor y el padre de familia. El "fin último" que Dios ha dispuesto para el hombre es la salvación del alma y el goce en el cielo. Por ello, la función del gobernante es crear las condiciones terrenales para que el hombre pueda lograr este fin último. Debe proceder de forma análoga a como un padre lo hace con sus hijos, o como un pastor con su rebaño, evitando todos los riesgos que pongan en peligro la salvación de sus súbditos. Debe procurar el *bonus communis* con el fin de preparar a todos y cada uno de sus súbditos para la vida eterna (Foucault, 2006: 271-272).

---

[15] No fue Foucault el único que estudió la razón de Estado como ejercicio de una nueva racionalidad política. Véanse los textos de Gerhard Oestreich (1982) y Quentin Skinner (1998), quienes resaltan la influencia que tuvo el neoestoicismo en la concepción moderna del Estado.

[16] Foucault hace referencia al tratado *De Regno* de Santo Tomás.

El argumento de Foucault es que este gran *continuum* analógico que va desde Dios hasta el padre de familia, pasando por el pastor y el gobernante, es justamente lo que se rompe con la emergencia de la "razón política" en el siglo XVI. Y se rompe porque, como ya lo había dicho en *Las palabras y las cosas*, hacia finales del siglo XVI comienza a emerger un nuevo orden del saber que ya no ve al mundo como una especie de gran libro cuyas signaturas deben imitarse (Foucault, 2006c: 274-275). Es decir, el conocimiento ya no se organiza en torno a la idea de que todas las cosas del universo están conectadas entre sí ("simpatía") y tampoco alrededor de la idea de que el microcosmos es un símil del macrocosmos ("analogía"). Los signos que sirven de base a la interpretación del mundo ya no están en el mundo, sino en la *representación* del mundo. Y esta representación se hace mediante un lenguaje formalizado en el que la naturaleza es clasificada y ordenada conforme a principios matemáticos, de tal manera que la analogía es sustituida por el análisis. Ya no se supone que las cosas guardan "simpatía" entre sí: ahora es necesario un escrutinio basado en el razonamiento matemático para poder encadenar unos signos con otros (*mathesis universalis*). Así empiezan a funcionar la astronomía de Copérnico, la física de Galileo, la botánica de Linneo y la gramática de Port Royal:

> Pues bien, uno de los grandes efectos de todas esas prácticas discursivas —no me refiero sino a uno de los innumerables efectos de esas ciencias— fue mostrar que Dios sólo rige el mundo a través de leyes generales, leyes inmutables, leyes universales, leyes simples e inteligibles y que eran accesibles o bien en la forma de medida y el análisis matemático, o bien en la forma del análisis clasificatorio en el caso de la historia natural o del análisis lógico en el caso de la gramática general. Dios sólo rige el mundo a través de leyes generales, inmutables, universales, simples, inteligibles. ¿Qué quiere decir esto? Quiere decir que Dios no lo gobierna. No lo gobierna a la manera pastoral. Reina soberanamente sobre el mundo a través de los principios. (Foucault, 2006c: 273)

Desde un punto de vista epistémico se "rompe" la idea de que Dios gobierna al mundo de forma análoga a como un padre gobierna a su familia o un pastor a su rebaño. Por lo tanto, gobernar un Estado ya no supone una analogía con gobernar un rebaño, y tampoco con gobernar una familia. Se gobierna a partir de unos "principios generales" que ya no son obtenidos por analogía y semejanza (con Dios o con la naturaleza), sino producidos por medio de una "ciencia del Estado", de una *Estadística*. Foucault dirá que así como Copérnico, Kepler y Galileo mostraron que Dios rige el mundo a través de principios matemáticamente determinables, teóricos italianos como Botero y Palazzo mostraron que el soberano no gobierna el Estado "pastorilmente" (es decir, ajustándose a una normatividad cosmológica), sino a partir de una *ratio* específica que no guarda analogía con algo más. El modelo de gobierno ya no puede buscarse en Dios ni en el mundo, sino en la naturaleza de aquello mismo que debe ser gobernado: el Estado (Foucault, 1991b: 123). Con otras palabras: la "desgubernamentalización del cosmos" provocada por la crisis de la *episteme* renacentista genera, al mismo tiempo, el nacimiento de una gubernamentalidad inmanente del Estado (Foucault, 2006c: 275).

En efecto, para establecer qué es la *razón de Estado* y determinar cuál es su racionalidad propia, Foucault echa mano de los escritos de teóricos italianos de finales del siglo XVI, como Giovanni Botero y Giovanni Antonio Palazzo.[17] Que sean italianos no es casualidad, pues Foucault afirma que esta nueva técnica de gobierno nació en Italia a partir de las relaciones establecidas entre las pequeñas ciudades-Estado (Foucault, 2006c: 276, 335, 341), tesis que recuerda mucho lo dicho por sociólogos marxistas como Samir Amin y Giovanni Arrighi, en el sentido de que en Italia se "descubre" que el poder del soberano ya no depende tanto de la conquista imperial y la anexión de territorios, sino de la creación de redes diplomáticas y comerciales. Es un descubri-

---

[17] De Giovanni Botero Foucault cita el texto *Della ragion di Stato: libri dieci* (1589). De Giovanni Antonio Palazzo cita *Discorso del governo e della ragion vera di Stato* (1604).

miento importante porque rompe con la concepción *jurídica* de la soberanía que había dominado el pensamiento medieval. Esta ruptura, en opinión de estos sociólogos, sería decisiva para el establecimiento del capitalismo mundial (Amin, 2006; Arrighi, 1999).

Los textos de Palazzo y Botero muestran que hacia comienzos del siglo XVII, el Estado empieza a ser entendido como principio único de inteligibilidad de la política. Esto significa que el Estado (y ningún otro tipo de institución paralela) es el sujeto único de gobierno, por lo cual el conocimiento del arte de gobernar tendrá que ser, forzosamente, un conocimiento que toma como objeto de estudio al Estado (Foucault, 2006c: 329). La política empieza a concebirse, entonces, como "ciencia del Estado", es decir, como estadística, pues es el Estado en su totalidad lo que hay que conocer para poder "gobernar bien". El conocimiento que debe tener el soberano ya no es el de las leyes de Dios (para poder gobernar por analogía), sino el conocimiento exacto de todo aquello que compete al Estado: características del territorio, tipo de población que lo habita, recursos naturales, mano de obra potencial, fuentes de comercio, vías de comunicación, etc. La estadística es el conocimiento indispensable del Estado, pues a partir de ella se podrán *cuantificar* los fenómenos que deben ser gobernados y generar un orden, una *mathesis*. No obstante, Foucault anota que la estadística no se desarrolló primero en Italia sino en pequeños Estados de la periferia europea, como Irlanda y Prusia, que no arrastraban tras de sí un gigantesco aparato administrativo, como era el caso de Francia (*ibid.*: 321). *Gobernar* significa, desde el siglo XVII, desplegar un aparato de saber articulado a un aparato de gobierno. Gobernar ya no es ocuparse del fundamento jurídico de la soberanía, sino de los fenómenos propios que deben ser gobernados y del tipo de conocimiento ajustado a esos fenómenos. Es decir, ya no basta con que el soberano gobierne asesorado por teólogos, filósofos o juristas; ahora requiere la presencia de *funcionarios* dotados de competencias específicas. Aparece así la figura del "político" que posee un saber práctico basado en análisis y técnicas de medición (*ibid.*: 289). La política se convierte desde entonces en una "profesión", como diría Max Weber.

En la clase del 15 de marzo de 1978 Foucault enumera algunas características de esta nueva racionalidad de gobierno llamada *razón de Estado*, empezando por su objetivo. El arte de gobierno ya no necesita tomar sus modelos de Dios, de la naturaleza o del pastor, es decir, no se orienta hacia ninguna exterioridad, lo cual significa que el Estado es principio y fin único del nuevo arte de gobierno. No hay una finalidad previa ni posterior al Estado, sino que "el fin de la razón de Estado es el Estado mismo" (Foucault, 2006c: 298). Esta nueva racionalidad busca perfeccionar el Estado, aumentar su potencia, desplegar sus fuerzas. Foucault señala que éste es un fin "conservacionista", en el sentido de que no se trata de convertir al Estado en "otra cosa", sino de potenciar sus fuerzas inmanentes. La razón de Estado no es un principio de transformación, sino de "manutención" y conservación (*ibid.*: 297; 299). Ya Palazzo señalaba que la palabra *Estado* conlleva la idea de reposo, de esencia, de inmortalidad. Por ello, y en tanto que *mathesis* política, la razón de Estado establecerá un lugar para cada cosa y procurará que cada cosa se quede en su lugar. Pero no se trata de un orden derivado, sino de un orden producido, de un orden inmanente. La razón de Estado aparece como el arte de producir un *statu quo* que sirva para conservar intacta la integridad del Estado (*ibid.*: 295; 296). Primera característica, entonces, de la nueva racionalidad de gobierno: no hay nada fuera del Estado. No se gobierna para alcanzar metas que vayan más allá del fortalecimiento inmanente del Estado, y no se requiere otro tipo de saber que vaya más allá del cálculo y la medida para obtener esas metas.

Segunda característica, también tomada de los escritos de Botero y Palazzo: la razón de Estado conlleva necesariamente el "golpe de Estado". Esto es una consecuencia directa de lo ya dicho: si no se gobierna conforme a una normatividad cosmológica, si el objetivo último es el mantenimiento del Estado, entonces el Estado mismo puede "suspender la ley" en cualquier momento. Puede declarar, como diría Agamben, un estado de excepción si con ello se consiguen sus "objetivos superiores". Pero entendamos bien el argumento: el golpe de Estado no es una acción *contra* el Estado sino que es una acción *del* Estado (Foucault, 2006c: 301-302). No es el Estado quien sirve a la ley, sino la ley la que sirve al Estado. Cuando el Estado lo estime útil, se respetará el orden jurídico, pero cuando sea necesario "salvar al Estado", entonces la ley será suspendida. Si de salvar al Estado se trata, entonces cualquier acción, por violenta y represiva que sea, estará plenamente justificada. El uso de la violencia estatal no se encuentra supervisado ni limitado por la ley, no se inscribe en un marco de legalidad, pues la ley no es otra cosa que un instrumento en manos del Estado. Aquí estamos en las antípodas de la *ratio jurídica* en la que el soberano debía someterse al imperio de una ley que recibe de la divinidad, pero también en las antípodas de la *ratio pastoralis* en la que el pastor se sacrificaba por el rebaño y salía a buscar sus ovejas descarriadas. En el marco de esta nueva razón política, el Estado podrá sacrificar todas las ovejas que estime conveniente, con el fin de alcanzar los objetivos fijados por el Estado mismo (*ibid.*: 305).

Tercera característica de la razón de Estado: el gobierno de la economía y de la opinión. Para evitar la descomposición de las fuerzas del Estado, el nuevo arte de gobierno deberá generar estrategias para evitar las revoluciones. Éstas aparecen cuando hay descontento en la población y éste, a su vez, tiene dos causas: el hambre y la opinión (el estómago y la cabeza). Por un lado, la nueva racionalidad de gobierno debe reducir la pobreza para evitar que el pueblo bajo se rebele; pero por otro lado, también debe poner en cintura la "libre" circulación de ideas para evitar que las clases más pudientes se opongan al "golpe de Estado". Hay que desarrollar, entonces, dos tipos de estrategias complementarias: unas dirigidas hacia el gobierno de la economía y otras hacia el gobierno de la opinión. Para gobernar la economía el Estado debe impedir la pereza y la holgazanería, promover el comercio, combatir la improductividad de la nobleza y equilibrar la explotación de los recursos naturales (Foucault, 2006c: 315).[18] Esto se

---

[18] Aquí Foucault utiliza el texto de Francis Bacon *Of Seditions and Troubles*, de 1625.

logra mediante una tecnología económica llamada *mercantilismo*, inventada por los ingleses. Para gobernar la opinión, el Estado deberá tratar de influenciar el pensamiento de los gobernados, particularmente de los más educados e influyentes. Esto se logra mediante una tecnología llamada *publicidad*, inventada por los franceses. Hay que gobernar por medio de imágenes y signos, pues como dice Foucault citando a Bacon, "gobernar es hacer creer" (*ibid.*: 315). El nacimiento de la economía viene acompañado, entonces, del nacimiento de la publicidad.

Ahora bien, Foucault aprovecha su uso de Francis Bacon para contrastarlo con el pensamiento de Nicolás Maquiavelo. Ya en la lección del 1 de febrero y en la del 8 de marzo de 1978, Foucault había dicho que el problema de Maquiavelo no es la salvaguardia del Estado, sino la del príncipe. Retomando a Bacon va a decir ahora que la figura del príncipe, con sus pasiones e intereses, deja de ser la medida del Estado, pues el problema central de la *ratio gubernatoria* es el fortalecimiento del Estado, no el mantenimiento del príncipe (Foucault, 2006c: 318). El príncipe no es lo más importante: ahora lo central es el Estado. Una cosa es saber actuar estratégicamente para evitar ser derrocado, y otra muy distinta es saber *gobernar*. La conclusión de Foucault es bastante clara: en Maquiavelo no hay todavía un "arte de gobernar", pues el príncipe es trascendente con respecto al principado (*ibid.*: 284). "Por este motivo los teóricos de la razón de Estado procuraron permanecer tan alejados de Maquiavelo como fuera posible; éste tenía mala reputación y no podían considerar que su problema fuera el mismo que el de ellos" (Foucault, 1991b: 125). No obstante, todo el mundo hablaba de Maquiavelo en esa época. ¿Por qué? Aunque Maquiavelo no descubre un nuevo "arte de gobierno", hace referencia a una forma de acción política que ya no recurre a la legitimación religiosa sino al cálculo estratégico y pragmático. Sus escritos alentaron, por tanto, un importante debate en torno a la crisis de la legitimidad teológica y moral de la política. "Desde este punto de vista" —escribe Foucault— "nuestro Maquiavelo es Marx: aunque la cosa no pase por él, se dice a través de él" (Foucault, 2006c: 285).[19]

No fue, pues, Maquiavelo, sino Botero y Palazzo quienes hacia finales del siglo XVI y comienzos del XVII descubrieron algo realmente novedoso en el campo de la política, y así fue percibido en su propia época. Tan novedoso y herético como la nueva física de Copérnico y Galileo:

> La razón de Estado en sentido pleno, en el sentido lato que vimos surgir en el texto de Botero, fue inmediatamente percibida en su propia época como una invención o, en todo caso, como una innovación, con el mismo carácter tajante y rotundo del descubrimiento, cincuenta años antes, del heliocentrismo, del descubrimiento de la ley de la caída de los cuerpos un poco después, etc. En otras palabras, se la percibió a las claras como una novedad. Y no se trata de una mirada retrospectiva, como si nos limitásemos a decir: vaya, en definitiva ahí pasó algo de innegable importancia. No. Los propios contemporáneos —todo el período transcurrido entre fines del siglo XVI y principios del siglo XVII—, todo el mundo advirtió que estaban frente a una realidad o a algo, un problema, que era absolutamente nuevo. (Foucault, 2006c: 279-280)

Nace una nueva racionalidad política en los albores del siglo XVII. Un modo de gobernar *sui generis* que se diferencia de todo cuanto había sido conocido hasta entonces en Europa, tanto en

---

[19] Este comentario, lleno de ironía, hace referencia a lo dicho ya por Foucault en *Las palabras y las cosas* en el sentido de que Marx no había descubierto nada nuevo en el campo de la economía política. A diferencia de lo dicho por Althusser, Marx no llevó a cabo ninguna "revolución teórica", sino que sus escritos se movían en el campo epistémico abierto ya por los economistas burgueses, sobre todo por Ricardo. Pero la ironía puede ser llevada un poco más lejos si se tiene en cuenta que un destacado teórico marxista como Antonio Negri ha querido ver en Maquiavelo una figura de ruptura en el campo de la teoría política, el creador incluso de un "nuevo paradigma" político (Negri, 1994: 61-132). Para Foucault, en cambio, Maquiavelo —como Marx— no fue más que un excelente "publicista", esto es, una figura importante que animó un debate público cuyos conceptos principales fueron inventados por otros.

el mundo antiguo como en el medieval. La diferencia radica, primero que todo, en el carácter *inmanente* del gobierno. La norma ya no se busca en la armonía del cosmos ni en la providencia divina, sino en la pragmática del Estado. Lo que está "bien" o está "mal" no depende ya de una normatividad trascendental (anclada en Dios o en la naturaleza), sino en las necesidades cambiantes del Estado. En el momento en que el Estado se declara principio y fin del gobierno, la historia será una historia incierta, llena de riesgos, sometida a los caprichos de la política. Como diría Dostoievski: "si Dios ha muerto, todo es posible". Desaparecido el "plano de transcendencia" sobre el que descansaba el ejercicio de la política, lo único que queda es el golpe de Estado inmanente. Con la razón de Estado nace también el horizonte trágico de la historia. La historia se vuelve el drama mismo de la política (Foucault, 2006c: 309).

Una segunda diferencia con la racionalidad política medieval es que la razón de Estado se postula como un arte de gobernar autónomo frente al ejercicio de la soberanía, pero también frente al ejercicio del pastorado. Frente a la soberanía porque el Estado se halla por encima y opera al margen de la ley, puede suspenderla en el momento que quiera para perseguir los objetivos supremos del gobierno. La razón de Estado nada tiene que ver con el Estado de justicia medieval, en el que el rey estaba obligado a cumplir un código legal recibido de Dios o de sus antepasados. Frente al pastorado, porque la tarea del soberano ya no admite analogías con la tarea de Dios y tampoco con la del pastor. El soberano tiene una función muy específica que sólo él puede cumplir: administrar la *res publica*. Se le pide, pues, algo distinto de lo que hace Dios con el mundo o el pastor con su rebaño (Foucault, 2006c: 275). Para administrar la *res publica*, el soberano debe ser capaz de movilizar toda una serie de saberes, informaciones y tecnologías que van de la mano del despliegue de la nueva ciencia. Discursos que ya no responden a un régimen donde la verdad es revelada o descifrada, sino a uno en el que la verdad es *producida* mediante protocolos racionales y extendida hacia el gobierno de ámbitos inmanentes como el comercio, la enfermedad y la moral. No es extraño, entonces, que la nueva racionalidad política haya sido percibida como "herética" por la Iglesia, así como habían caído bajo sospecha la física de Copérnico y Galileo, tanto así que el papa Pío V declara en 1592 que la *ratio status* no es otra cosa que *ratio diaboli* (*ibid.*: 283).[20]

No obstante, debemos establecer aquí una clara diferencia entre *secularización* e *inmanencia*. El argumento de Foucault *no es* que las funciones salvíficas que antes cumplía la Iglesia fueron asumidas ahora por el soberano moderno. No se trata de una simple transferencia de funciones y tampoco de un "proceso de laicización". El argumento, más bien, es que las *tecnologías* pastorales (no el pastorado como institución), centradas en la conducción de la conducta, quedaron ensambladas con *tecnologías* enteramente diferentes, orientadas a la consolidación del Estado como *locus* de concentración del poder. La emergencia de la razón de Estado no puede ser pensada, entonces, como una transferencia de funciones (el Estado *reemplaza* a la Iglesia) ni como un proceso de "cambio de valores" (los valores terrenales *reemplazan* a los valores celestiales), sino como el ensamblaje de familias tecnológicas distintas que empiezan a trabajar juntas conforme a objetivos inmanentemente definidos. Tampoco estamos hablando de una "secularización de la cultura", sino de la emergencia de una nueva *racionalidad* que no afecta a la sociedad como un todo. Pero como vimos en el capítulo primero, el ensamblaje de familias tecnológicas distintas requiere necesariamente la instalación de un *dispositivo*. Es por eso que a continuación retomaremos el tema de los dispositivos de seguridad, ya considerado en el capítulo anterior, pero mirado ahora desde el punto de vista de los dos "conjuntos tecnológicos" que acompañan el nacimiento de la razón de Estado: el dispositivo diplomático-militar y el dispositivo policial.

---

[20] Foucault argumenta que durante todo el siglo XVII se propagó una literatura contra la razón de Estado que equivocadamente identificaba a esta nueva tecnología de gobierno con los escritos de Maquiavelo.

Dispositivos de la razón de Estado

La clase del 22 de marzo de 1978 está dedicada por entero a reflexionar sobre el mantenimiento del Estado a partir de la instalación de un *dispositivo externo de seguridad* en el siglo XVII. Hablar, sin embargo, de un "dispositivo externo" pareciera contradecir las teorías de Botero y Palazzo, que postulaban al Estado como principio *único* de inteligibilidad. Por ello Foucault se ve obligado a recurrir a otras fuentes para mostrar que la potencia de un Estado no es un asunto autorreferencial, sino que se define también en relación con la potencia de otros Estados (Foucault, 2006c: 332). El nuevo arte de gobernar, la razón de Estado, tendrá que atender al problema de la competencia entre Estados, y es aquí donde cobra importancia el Tratado de Westfalia (1648) como primera expresión de una *tecnología mundial de seguridad*.

Foucault empieza diciendo que "exactamente en 1648" se pone fin al Imperio romano (Foucault, 2006c: 334). ¿Qué quiere decir con esto? Básicamente, que el Tratado de Westfalia significó el entierro definitivo del Imperio como objetivo final del gobierno. Desde Westfalia, los Estados ya no buscan el dominio imperial (es decir, la *ocupación territorial* de otros Estados), sino que se afirman a sí mismos en un espacio de competencia económica y política. Esto era imposible antes de 1648 porque la España de los Austrias, último bastión de las pretensiones imperiales y "heredera" del Imperio romano (recuérdense los títulos de Carlos V), buscaba todavía establecer una monarquía universal sobre toda Europa (*ibid.*: 336).

Pero las pretensiones imperiales de España desembocaron en un sonado fracaso económico, político y militar que sirvió como detonante para la emergencia de la razón de Estado, que se desarrolló precisamente en los países enemigos de España: Francia, Prusia e Inglaterra. ¿En qué consiste entonces la novedad del Tratado de Westfalia? En primer lugar, en que las relaciones entre Estados dejaron de percibirse en términos de herencias dinásticas de territorios, para ser concebidas en términos de *competencia*. No habla Foucault de rivalidad entre príncipes, de enemistad o enfrentamiento de dinastías, sino de competencia, es decir de un sistema de reglas, de un juego regulado entre Estados. Lo que hace el Tratado de Westfalia es generar unas reglas de juego que impiden que un Estado pueda ocupar el territorio de otro. Aquí ya no juega la vieja lógica de las alianzas familiares, sino el cálculo racional de intereses sobre la base del control económico de los mercados y la extensión de las influencias políticas. Asistimos, pues, a la invención de la *geopolítica* como tecnología de gobierno:

> Ese paso de la rivalidad dinástica a la competencia de los Estados es sin duda una de las mutaciones más esenciales en las formas, tanto de lo que puede llamarse la vida política como en la historia de Occidente [...] La materia prima, el objeto y al mismo tiempo el principio de inteligibilidad de la razón política ya no sería el incremento de territorios, sino el crecimiento de las fuerzas del Estado; ya no la extensión de las posesiones o las alianzas matrimoniales, sino la expansión de las fuerzas estatales; ya no la combinación de las herencias a través de alianzas dinásticas, sino la armonización de las fuerzas de los Estados en alianzas políticas y provisorias. (Foucault, 2006c: 338-339)

Tenemos entonces que el nacimiento de esa nueva racionalidad política llamada *razón de Estado* supone la aparición de dos problemas complementarios. Por un lado, colocar al Estado como principio único de inteligibilidad de la política y convertirlo en punto arquimédico de todas las relaciones *internas* de poder. Principio, pues, de estatalización de las fuerzas internas de la sociedad. Pero por otro lado aparece el problema de la conservación de la relación de fuerzas entre Estados, el mantenimiento en equilibrio de las relaciones *externas* de poder. Y para asegurar este equilibrio se inventa un "sistema de seguridad" al término de la Guerra de los Cien Años, es decir al final de las disputas políticas que marcaron la desaparición del "sueño imperial" (Foucault, 2006c: 341). El Tratado de Westfalia se firma con el objetivo de impedir que un Estado europeo se fortalezca demasiado, hasta el punto de poder dictar su ley a otro. Mantener un equilibrio de fuerzas entre Francia, España, Inglaterra y Prusia, una especie de "balanza" en la que ninguno de los cuatro integrantes pudiera adelantarse por encima de los otros tres. El filósofo alemán Christian Wolff entiende este equilibrio de fuerzas de una manera estrictamente física y matemática: el poder preponderante de una alianza de Estados debe ser igual al poder sumado de todos los otros (*ibid.*: 345).[21] La geopolítica se define entonces como un cálculo racional de fuerzas, es decir, como una tecnología que organiza, dispone y compensa la relación de fuerzas entre Estados. Lo cual no excluye que la guerra esté incluida en esta tecnología. De hecho, la guerra puede ser parte de ese mismo cálculo racional cuando se hace para mantener, precisamente, el equilibrio de fuerzas (*ibid.*: 346). A partir del siglo XVII la guerra no se hace como medio para hacer justicia, para reparar una violación de alianzas o para imponer una religión "verdadera", sino para restablecer un equilibrio perdido o amenazado. No son guerras de derecho, no son "guerras justas", como las guerras medievales, sino *guerras de cálculo*.[22] Según Foucault, éste es el sentido que debe atribuirse a la famosa sentencia de Clausewitz: "la guerra es la continuación de la política por otros medios" (*ibid.*: 348).[23]

---

[21] Foucault cita aquí el *Jus gentium methodo scientifica pertratactum* de 1749.

[22] Michael Hardt y Antonio Negri señalan que con la desaparición del Estado moderno como eje articulador de la vida social y la emergencia de una nueva forma de soberanía global, el Imperio, las guerras vuelven a ser lo que eran antes del Tratado de Westfalia: guerras que apelan a la justicia, guerras de religión, guerras medievales (Hardt y Negri, 2004).

[23] Nótese la gran diferencia con la interpretación que el propio Foucault había dado a la sentencia de Clausewitz en el marco de su curso *Defender la sociedad* pocos años antes. Allí Foucault decía que la política y la guerra son inseparables, que la política es la misma guerra, sólo que llevada a cabo con otro tipo de armas (el derecho), y que las relaciones de poder en el interior de una sociedad son aquellas que se han establecido en la guerra y por la guerra. El derecho no haría otra cosa que legitimar una relación entre vencedores y vencidos como resultado de la guerra (Foucault, 2000: 28-29). En *Seguridad, territorio, población* está diciendo, por el contrario, que la guerra y la política son esferas separadas y que tan sólo se encuentran ocasionalmente. La guerra es un instrumento del Estado que puede ser utilizado en el terreno de la política internacional cuando ello sea indispensable para mantener un equilibrio de fuerzas. Por lo tanto, la guerra es una estrategia que nada tiene que ver con los conflictos *internos* de

Desde luego que esto está relacionado con la creación de ejércitos profesionales en cada uno de los Estados modernos y con la emergencia de las "disciplinas". Es por eso que Foucault habla de un dispositivo *diplomático-militar*. Por un lado tenemos la firma de acuerdos, convenios y tratados entre Estados, la constitución de un *jus gentium* que busca impedir que uno de ellos se haga demasiado poderoso, demasiado fuerte como para amenazar a los demás (Foucault, 2006c: 351). Por otro lado tenemos la constitución en cada Estado de un cuerpo militar especialmente adiestrado para la guerra, en caso de que los otros Estados se conviertan en una amenaza real o potencial. Sólo muy de pasada Foucault menciona la constitución de un *aparato de espionaje* encargado de obtener información secreta que le permita a un Estado medir la fuerza de los demás, calcular qué tipo de fuerza debe oponer a la fuerza de los otros. Secreto que, por otra parte, también debe valer para las propias maniobras estratégicas del Estado y que debe permanecer escondido al conocimiento de los demás Estados (*ibid.*: 322). Pero Foucault no profundiza más en el asunto y pasa a reflexionar sobre el *segundo* dispositivo de seguridad que emerge en el siglo XVII y que permitiría, éste sí, la articulación entre las técnicas pastorales de conducción de la conducta y las técnicas gubernamentales, tema al que dedica las dos últimas clases del curso de 1978.

Al igual que el dispositivo diplomático-militar, este segundo conjunto tecnológico busca generar "equilibrios" y se despliega en un campo relacional de fuerzas (Foucault, 2006c, 356). Es un dispositivo orientado a la organización, disposición y armonización de fuerzas que ya no están "fuera" (el sistema interestatal), sino "dentro" del Estado. La *policía* es un dispositivo que busca incrementar la fuerza del Estado y fortalecerlo mediante la organización completa de todos sus elementos. De hecho, la balanza y el equilibrio entre los Estados sólo podrán ser mantenidos si cada

---

una sociedad, tal como había sugerido antes al reflexionar sobre el problema de la "guerra de las razas". Lo que media entre una y otra interpretación es el abandono del modelo bélico (la "hipótesis de Nietzsche") al cual nos referimos en el capítulo primero.

uno de ellos tiene una "buena policía" que le permita garantizar el orden interno de sus elementos. Se debe anotar, sin embargo, que la noción de "policía" utilizada en el siglo XVIII nada tiene que ver con lo que hoy entendemos por *policía*. No se trata de un cuerpo de oficiales uniformados y tampoco de una "agencia" encargada de prevenir el crimen o detener a los criminales. *Policía* equivalía simplemente a *buen orden* y *ordenamiento de la vida en general*: trabajo, salud, educación, higiene, comercio, etc. Por tanto, al hablar de *policía* Foucault no se refiere a una institución del Estado sino a un conjunto tecnológico que se orienta a la conducción de la conducta.

Ahora bien, no es casualidad que esta tecnología de ordenamiento social haya sido inventada en Alemania. Foucault reconoce que el proyecto de la policía fue diferente en cada uno de los Estados europeos del siglo XVIII,[24] pero que fue en Alemania donde tuvo más impulso, mayor reflexión teórica y mejor implementación práctica. Ya en su conferencia "Nacimiento de la medicina social" había dicho que en Alemania surgió la *Staatswissenschaft* o *estadística*, una ciencia *sui generis* cuyo objeto único de análisis era el Estado. Pero, ¿por qué justamente en Alemania? En primer lugar porque se trataba de un conjunto de principados, anclados aún en estructuras feudales, pero "con la idea imperial sobrevolando su territorio" (*ibid.*: 363). La pequeña dimensión de sus principados (desprovistos de poderosas máquinas estatales), su estancamiento económico y su burguesía poco activa hicieron entonces que la construcción del Estado moderno se volviera toda una obsesión en Alemania (Foucault 1999j: 367). El concepto de *gobierno estatal* —y con él la tecnología policial— surgió con más fuerza en Alemania que en otros Estados económica y administrativamente más poderosos como Inglaterra y Francia: "Prusia, el primer Estado moderno, nació en el corazón de Europa, en un área más pobre, con menos desarrollo económico y políticamente más inestable" (*ibid.*: 368). Además, la reflexión sobre la tecnología policial fue propiciada en Alemania por la creación de

---

[24] Sobre este tema véase la excelente compilación de Michael Stolleis (1996).

universidades especializadas en la formación de administradores públicos, lo cual impulsó el desarrollo de una *Polizeiwissenschaft* o "ciencia de la policía" (Foucault, 2006c: 364). Resumiendo: fue en Alemania donde empezó a consolidarse por primera vez una teoría y una técnica de gobierno estatal que recibió el nombre de *cameralismo*,[25] cuyo objetivo era descubrir el modo más racional de asegurar al Estado contra peligros externos e internos.

Todo esto explica por qué Foucault se remite a una serie de tratados sobre la policía surgidos en el siglo XVIII en Alemania, y en particular a los textos de Johann Heinrich Guttlos von Justi,[26] el más destacado de los cameralistas alemanes. En esos textos la policía se define como el conjunto de *reglamentos* a partir de los cuales se consolida y acrecienta la fuerza de un Estado. Hablamos, pues, del establecimiento de un orden que no tiene que ver primariamente con la ley (orden jurídico), sino con la administración estatal. La policía se ocupa del ejercicio directo del poder sobre la vida cotidiana de las personas y no es, por tanto, la simple "prolongación de la justicia" (Foucault, 2006c: 388). De hecho, la palabra alemana *Policey* (a diferencia de la actual *Polizei*) no hacía referencia a una autoridad concreta, sino al comportamiento ordenado y decente de los súbditos. El bienestar de un Estado no depende tanto de la promulgación de leyes buenas y justas (como era el caso de la polis griega), cuanto de la existencia de una "buena policía". Con lo cual aparece de nuevo la preocupación por el *gobierno de la conducta*, que había sido el objetivo de las tecnologías pastorales durante la Edad Media europea.

El problema de la conducción de la conducta a partir de un conjunto tecnológico llamado *policía* es dividido por Foucault en cinco grandes ámbitos o campos de intervención estatal. El

---

[25] Al respecto véase el ya centenario pero todavía insuperado estudio de Albion Small (1909).

[26] *Grundsätze der Policey-Wissenschaft* (1756) y *Grundfeste zu der Macht und Glückseeligkeit der Staaten oder Polizeiwissenschaft* (1760). En "La política de la salud en el siglo XVIII" (1999) Foucault había citado también los textos de Th. Rau *Medizinische Polizei Ordnung* (1764) y de J.P. Frank *System einer medizinischen Polizei* (1779).

primero de ellos es el dominio de la población. La policía deberá ocuparse de saber cuánta gente hay en el territorio, dónde viven y, sobre todo, cuáles son sus ocupaciones. Descifrar y calcular las fuerzas internas del Estado requiere ocuparse no tanto del territorio, sino de la población, pues sólo conociendo esas fuerzas será posible mantener el equilibrio con los otros Estados rivales. De manera que el Estado depende ciertamente de la cantidad de sus pobladores, pero más aún, de su *calidad*, esto es, del tipo de relación que entablan esos pobladores con el conjunto de las riquezas. Desde el punto de vista de la tecnología policial, una persona no se define tanto por su *status*, por lo que *es* (nacimiento, apellidos, riquezas, autoridad, etc.), sino por lo que *hace*. El objetivo de la policía es el control sobre las *actividades* de los hombres, sobre sus ocupaciones, con el fin de convertir esas ocupaciones en un elemento de fortaleza para el Estado (Foucault, 2006c: 371). Hacer de las actividades humanas un factor que incremente la "utilidad estatal" y favorezca una relación productiva con las riquezas y el territorio. Es por eso que se pondrá especial atención en desterrar la mendicidad y en combatir el ocio y las actividades improductivas, tan caras a la nobleza feudal. La población, entonces, se entiende como factor *económico*.

El segundo dominio de intervención es el de las necesidades básicas. La tecnología policial vela para que la población tenga cubiertas las "necesidades de la vida". Una población hambrienta no es útil al Estado, de modo que la policía deberá ocuparse de garantizar lo que hoy llamaríamos *seguridad alimentaria*, para que todos tengan qué comer y no paren de trabajar. Ello demanda el establecimiento de una "policía agrícola" que se ocupe de reglamentar rigurosamente el lugar y tiempo de las siembras, el almacenamiento de los productos y su posterior venta, consumo y exportación. El objetivo de la policía de alimentos será, pues, la vigilancia permanente del comercio (Foucault, 2006c: 372). El *mercantilismo* será la técnica de gobierno económico más ajustada para lograr la seguridad alimentaria. Cada Estado debe asegurar su propia subsistencia, y para ello debe mantener una "balanza comercial favorable", es decir, que aquello que se exporta nunca debe superar aquello que se necesita para el consumo interno. El ideal del Estado es exportar más, importar menos y producir aquello que necesita para el consumo interno. Éste es el termómetro que permite calcular la fuerza de un Estado frente a la fuerza de otros. Hablamos, pues, de una economía controlada enteramente por el Estado, reglamentada mediante normas burocráticas, monopolios, restricción de precios, prohibición de exportar bienes de consumo, regulación de tasas de interés, expedición de leyes suntuarias, etc. Estatalización de la economía y sustitución de importaciones con el fin de asegurar que la población esté bien alimentada y dispuesta para el trabajo productivo.

Tercer dominio de intervención: la salud. Función central de la tecnología policial es procurar que el *cuerpo* de los hombres se mantenga sano y apto para el trabajo útil. Una población enferma no sirve para aumentar la fuerza del Estado. Por ello hay que defender a la población del peligro de las enfermedades. Como se vio ya en el capítulo anterior, no se trata sólo de "reaccionar" ante las epidemias, sino de *prevenirlas* mediante la implementación de dispositivos de seguridad. La medicina preventiva y el cálculo de riesgos empiezan a funcionar como tecnologías de gobierno. Se combate la enfermedad antes de su aparición y se planifica el espacio urbano (reglamentación de calles, mataderos, cementerios, hospitales, etc.). La medicina deviene social y urbana, pues la enfermedad no es vista como algo que ataca sólo al individuo sino a la población (Foucault, 2006c: 373; 382). La ciudad es un espacio que debe ser *medicalizado*, reglamentado policialmente para evitar la propagación de enfermedades. La medicalización urbana es, por tanto, una estrategia económica que busca proteger la mano de obra útil con el fin de garantizar la competitividad de un Estado frente a otros.[27] En "Nacimiento de la medicina social" Foucault habla de una práctica inventada en Alemania, la *Medizinischepolizei*,[28] a la que atribuye las siguientes características: a) observación y sistematización detallada de

---

[27] Véase Foucault (1999j: 372-373).

[28] "El ejemplo de Alemania es también importante porque muestra cómo, de ma-

la morbilidad basada en la información proporcionada por hospitales y médicos particulares; b) creación de escuelas normales para la formación de médicos; c) realización de encuestas sobre el tipo de tratamientos médicos a la población y sobre las reacciones a los mismos; d) creación de funcionarios que se hacen cargo de la administración médica en regiones diferentes (Foucault, 1999j: 369-370).

El trabajo es el cuarto dominio de intervención identificado por Foucault en su caracterización de la tecnología policial. Hacer que todo el mundo trabaje, que todos los súbditos estén ocupados en actividades útiles para el Estado, demanda una reglamentación exhaustiva de los oficios y las profesiones (Foucault, 2006c: 374). Esto conlleva una revalorización de los "oficios mecánicos", tan despreciados por la nobleza, y una reforma de los *curricula* en las universidades que incluya la enseñanza de "ciencias útiles" como la geografía, las matemáticas y la economía. Preparar una élite no de juristas y teólogos sino de administradores y funcionarios profesionales, dotados de conocimientos específicos. Esto fue lo que empezó a ocurrir en las universidades alemanas de la mano del cameralismo en el siglo XVIII. Además, el encierro disciplinario como medio para combatir la holgazanería y la pobreza es parte importante de la actividad policial. Recoger a los mendigos de las calles e internarlos en hospicios y talleres donde aprenderán a trabajar y ser útiles al Estado. Lo cual nos conduce directamente al quinto dominio, el control de la circulación de personas y mercancías. La policía reglamenta todo lo relativo a quién puede o no circular, cómo y por dónde (*ibid.*: 375). Y al igual que ocurría con la medicalización, el control de la circulación se hace más evidente en la ciudad. La construcción de calles, barrios y obras de infraestructura potencian la circulación, pero bajo el control policial. Se busca que todos circulen, pero en *orden*, conforme a unas rutas establecidas de antemano. Por eso dice Foucault que la policía "urbaniza". Tal como vimos en el segundo capítulo, se

---

nera paradójica, la medicina moderna se inicia en el momento culminante del estatalismo" (Foucault, 1999j: 370).

buscaba convertir todo el territorio gobernado en una "gran ciudad" perfectamente reglamentada.

¿Qué tienen en común estos cinco dominios? Foucault dice que su común denominador es el ejercicio de un poder sobre *la vida* de la población: la producción de la vida y la gestión de las condiciones de vida. En la misma lección del 29 de marzo Foucault afirma que la policía se ocupa de un inmenso dominio que va del "simple vivir" al "más que vivir" (Foucault, 2006c: 376). Esto significa que la policía es el conjunto de intervenciones técnicas que sirven para producir una vida cualificada ("mejor vivir") con el objetivo de incrementar la fuerza del Estado. La gran paradoja de la tecnología policial es precisamente ésta: que se orienta hacia el incremento del poder del Estado pero, *al mismo tiempo*, debe mantener a los ciudadanos felices. Amparado en dos textos franceses del siglo XVII, *La monarchie aristodémocratique* de Louis Turquet de Mayerne y, sobre todo, el *Traité de la police* de Nicolas Delamare, Foucault muestra cómo el objetivo de la policía era "llevar al hombre a la más perfecta felicidad que puede disfrutar en esta vida" (*ibid.*: 377). Ocuparse del bienestar de los individuos, velar por su salud, su moralidad y su alimentación, cuidar de su honra y bienes, es la función de la policía. Pero, ¿era posible llevar a cabo este propósito en el marco de la razón de Estado? ¿Cómo conciliar el bienestar del Estado con el bienestar del individuo?

Podríamos decir que la policía es una estrategia de poder que se insinúa ya como *biopolítica* en los siglos XVII y XVIII, pero que adolece de un grave problema: ese campo de intervención llamado *la población* no se encontraba todavía delineado. La policía debía velar por el bienestar de los súbditos, pero sólo de forma indirecta. Buscaba el fortalecimiento del Estado para de ahí derivar el bienestar de los pobladores. Lo que se *esboza* con la razón de Estado en el siglo XVIII es la creación de un "Estado de bienestar" (*welfare*) que se ocupa de procurar el *vivir mejor y siempre mejor* de la población, pero este objetivo no lo podía cumplir la misma razón de Estado. Sus tecnologías policiales estaban dirigidas a procurar el engrandecimiento y salvación del Estado, pero *a costa de* la felicidad de los súbditos:

> La población está presente cuando se pregunta: ¿cuál es la finalidad del Estado?, y se responde: la finalidad del Estado es el Estado mismo, pero lo es en la medida en que debe ser dichoso, próspero, etc., y puede decirse entonces que la población, como sujeto u objeto de esa felicidad, queda ligeramente esbozada [...] Cuando se habla del público, ese público sobre cuya opinión es menester actuar a fin de modificar sus comportamientos, ya estamos muy cerca de la población. Pero a mi juicio el elemento realmente deliberado de la población, la noción respectiva, no está presente ni es operativa en este primer análisis de la razón de Estado. En el fondo, se habla de una felicidad sin sujeto [...] El problema es la riqueza del Estado y no de la población. La razón de Estado es una relación del Estado consigo mismo, una automanifestación en la cual el elemento de la población se esboza pero no está presente, se bosqueja sin reflexionar sobre él [...] En otras palabras, creo que la razón de Estado definió sin duda un arte de gobernar en el cual la referencia a la población estaba implícita, pero todavía no se había incorporado, justamente, al prisma reflexivo. (Foucault, 2006c: 324-325)

Lo que Foucault dice es que el "arte de gobierno" inaugurado en el siglo XVIII por la razón de Estado se encontraba "bloqueado" por la misma racionalidad que lo produjo. El Estado absolutista incorpora ciertamente (a través de la policía) aquellas tecnologías pastorales que se orientaban hacia la individualización de la conducta, pero este objetivo estaba subsumido en uno mucho más importante: el engrandecimiento del Estado. La felicidad del individuo no depende de él mismo, de su autogobierno, sino de la existencia del "buen orden" implementado por el Estado. La tecnología policial genera reglamentaciones disciplinarias sobre todos los aspectos de la vida cotidiana, de modo que el *singulatim* termina siendo ahogado por el *omnes*. Habrá que esperar el inicio de un "desbloqueo" del arte de gobernar por medio de la economía política (la fisiocracia) y la invención de una nueva tecnología de gobierno hacia comienzos del siglo XIX: el liberalismo. La "felicidad pública" tendrá que ser cumplida, entonces, por una tecnología capaz de romper con las constricciones reglamentistas del Estado y dejar que los individuos sean sujetos de su propio bienestar.

CAPÍTULO IV
VIVIR PELIGROSAMENTE

Fisuras en el arte de gobierno

El capítulo anterior finalizó mostrando la paradoja inmanente de la racionalidad estatal hacia mediados del siglo XVIII. Dos líneas atravesaban la razón de Estado: por un lado estaban aquellas tecnologías orientadas a la centralización del poder y la subordinación de todas las fuerzas internas (la nobleza, la Iglesia, la emergente burguesía, el campesinado) que pudieran estorbar la felicidad del Estado y su fortalecimiento en el campo de las relaciones interestatales; por otro estaban aquellas tecnologías orientadas al bienestar y felicidad de los individuos. La paradoja radica en que esta felicidad se hace depender por entero de la felicidad de un Estado omnipotente que, a su vez, exige completa subordinación a los individuos. Dijimos también que estas dos líneas —cuya genealogía es trazada por Foucault hacia la polis griega y hacia el pastorado cristiano, respectivamente —convergen en la racionalidad política estatal del siglo XVIII, pero nunca lograron integrarse plenamente. Y fue precisamente el choque de la línea totalizadora con la línea individualizadora, la pretensión de gobernar sobre todos pero también sobre cada uno (*omnes et singulatim*), lo que generó una *fisura interna* en el arte de gobernar abierto por la razón de Estado. Por esta fisura emergerá una nueva tecnología de gobierno: el liberalismo.

Al comienzo de la lección del 10 de enero de 1979 Foucault dice que el liberalismo no aparece como una limitación *externa* al poder absoluto del Estado, sino como una limitación *interna*. ¿Qué significa esto? En primer lugar, Foucault explica que durante los siglos XVII y XVIII existieron múltiples tentativas de limitar los poderes del Estado emprendidas por aquellas fuerzas que habían sido desplazadas por el Estado mismo. Se refiere, claro está, a los viejos poderes de la Iglesia y la nobleza, que echaban mano de la ley natural para intentar poner freno a las pretensiones absolutistas. Pero resulta claro que se trata de un intento de limitación *externa* porque, como vimos en el capítulo anterior, la racionalidad política que subyace al poder estatal nada tenía que ver ya con el derecho. Desde el siglo XVII, gobernar no significa acogerse a una normatividad trascendental (la *lex divina* o la *lex naturalis*), pues el Estado es visto ahora como principio y fin del arte de gobierno. No es el Estado quien obedece a la *ratio juridica* sino que ésta se somete a los "designios superiores" de la *ratio status*. De hecho, el Estado puede suspender la ley en el momento en que lo considere oportuno ("golpe de Estado"), si con ello se garantiza el logro de los objetivos de gobierno. Entonces, resulta claro que todos los intentos de limitar el poder estatal mediante la razón jurídica son *extrínsecos* a la racionalidad política del Estado (Foucault, 2007: 26). Resultaba inútil declarar al Estado "ilegítimo" y "usurpador" de los derechos de la Iglesia o de la nobleza, apelando a una racionalidad cosmológica epistémicamente rebasada. Sería, por tanto, un gran error (muy frecuente, por lo demás) buscar en el *derecho* la emergencia del liberalismo, bien sea por la vía de una proclamación de los "derechos humanos", bien por la vía de un "contrato social".

Lo que dice Foucault es que las transformaciones de la racionalidad política que se dieron hacia finales del siglo XVIII —y que darían origen al liberalismo— deben ser examinadas a partir de *mutaciones internas* de esa misma racionalidad. El nacimiento del liberalismo nada tiene que ver con el derecho, sino con una "limitación interna" que empezó a gestarse en el seno de la misma razón de Estado:

> Limitación interna quiere decir que su principio [...] no va a buscarse por el lado, por ejemplo, de los derechos de la naturaleza prescriptos por Dios a todos los hombres, ni por el lado de una escritura revelada y ni siquiera por el lado de la voluntad de los sujetos que han aceptado en un momento dado entrar en sociedad. No, el principio de esa limitación no debe buscarse en lo que es exterior al gobierno, sino en lo que es interior a la práctica gubernamental, es decir, por el lado de los objetivos del gobierno. Y la limitación se presentará entonces como uno de los medios, y acaso el medio fundamental, de alcanzar precisamente dichos objetivos. Para llegar a ellos es menester tal vez limitar la acción gubernamental. (Foucault, 2007: 27)

Transformaciones intrínsecas a la misma racionalidad política y no cambios generados a partir de instancias exteriores. ¿Qué quiere decir esto? Ya dijimos en el capítulo primero que el concepto de *racionalidad* hace referencia al *funcionamiento* histórico de las prácticas. Una práctica de gobierno es "racional" cuando a) tiene unos *objetivos* hacia los cuales debe ser conducida la conducta de los sujetos; b) cuando utiliza calculadamente unos *medios técnicos* para alcanzar esos objetivos; c) cuando genera unas *reflexiones teóricas* sobre sí misma, y d) cuando selecciona determinadas *estrategias* que permitirán la eficaz articulación entre medios y fines. Pues bien, Foucault dice que hacia finales del siglo XVIII empieza a percibirse, en el ámbito de la reflexión teórica, una discrepancia entre los medios técnicos y estrategias utilizados por el Estado, y los objetivos de gobierno fijados por el mismo. Es decir, la *racionalidad* de la práctica gubernamental es cuestionada a partir de ella misma. Fueron en concreto los *economistas* (y no los juristas) quienes empezaron a ver que el objetivo superior del arte de gobierno —a saber, el aumento de la potencia del Estado— podría ser alcanzado de una forma más racional si se utilizaban nuevos medios y nuevas estrategias. Fue, pues, la economía política la que introdujo una regulación interna de la propia racionalidad gubernamental (Foucault, 2007: 30).

La tarea que cumplieron los primeros economistas fue reflexionar sobre la práctica gubernamental, pero no desde el punto de vista del derecho (¿es o no *legítimo* elevar los impuestos?), sino desde un punto de vista enteramente *pragmático*: cómo se afectarían los objetivos de gobierno si se elevaran algunos impuestos específicos, qué tipo de estrategias utilizar para ello (si se los elevara en masa o sólo para cierto grupo social), qué medios técnicos se deberían movilizar para lograr el eficaz cumplimiento de la medida, etc. Dicho con otras palabras: la economía política *calcula* los efectos reales que puede tener una medida cualquiera de gobierno, pero teniendo en cuenta la naturaleza de aquellos fenómenos que deben ser gobernados. Y *éste* es, precisamente, el punto de quiebre de los fisiócratas con respecto a los mercantilistas: mientras éstos afirmaban que la función del Estado es *reglamentar* los procesos económicos en su conjunto, ya que éstos carecen de naturalidad (son "objetos" que deben ser sometidos al poder soberano), aquéllos mostraron que existen procesos económicos "naturales" que escapan a la reglamentación del Estado. Los fisiócratas fueron los primeros economistas en mostrar que el Estado debe respetar la naturaleza de aquello que se gobierna en lugar de perturbarla. Pues si se la perturba, si no se tienen en cuenta las *leyes internas* que rigen esos fenómenos naturales, los objetivos superiores de gobierno se verán seriamente afectados (Foucault, 2007: 33).

La cuestión empieza a plantearse, entonces, en los siguientes términos: ¿hasta dónde puede llegar la acción del Estado? ¿Cuáles son los *límites* que la práctica gubernamental no debe cruzar, si lo que busca es lograr el cumplimiento de sus objetivos? Esta cuestión de los "límites", de aquello que la racionalidad de la práctica jamás debe cruzar si no quiere verse expuesta a caer en aporías irresolubles, es lo que Foucault llama "principio de la crítica". Son los economistas, no los filósofos, quienes inventan la *crítica de la razón política*. Los fisiócratas introducen por primera vez un "principio crítico" frente a las prácticas de la razón de Estado: "no gobernar demasiado", no intentar rebasar los límites de la acción estatal, pues hay cosas que no pueden tocarse. Son los fisiócratas quienes muestran que hay una naturalidad que debe ser "dejada-actuar" y que no debe ser perturbada por el Estado. No es, entonces, el abuso de la soberanía lo que critican los fisiócratas, sino el *exceso de gobierno* (Foucault, 2007: 29).

Antes de entrar en materia con el tema del liberalismo vale la pena resaltar las diferencias entre fisiócratas y mercantilistas. Foucault se ocupa de este asunto al comienzo de su curso *Seguridad, territorio, población*, en el marco de sus reflexiones sobre los dispositivos de seguridad. Ya en el segundo capítulo consideramos el ejemplo de la escasez de granos para ilustrar el funcionamiento de los dispositivos de seguridad, pero ahora nos concentraremos en el modo diferencial en que este problema fue tratado por los mercantilistas y por los fisiócratas. Los primeros decían que la escasez de granos podría ser evitada si el Estado ejercía un control total sobre la producción, distribución y consumo de granos. Mediante la expedición de ordenanzas que regularan los precios, los tiempos de la siembra, el mercado interno y el control de las exportaciones, el Estado podría impedir que el grano faltara, evitando al mismo tiempo el peligro de las revueltas populares. Los mercantilistas proponen entonces toda una serie de *restricciones y coacciones* sobre las actividades económicas, acompañadas de un endurecimiento de la ley penal, de tal modo que cualquier violación de los decretos estatales pudiera ser castigada ejemplarmente (Foucault, 2006c: 48-49).

¿Qué hacen, por el contrario, los fisiócratas? Economistas como François Quesnay empiezan a ver que la escasez es un *fenómeno natural* y que su tratamiento no debe basarse en la intervención estatal sobre los precios y el comercio internacional, sino en una comprensión de los ciclos agrarios y su comportamiento en el mercado. La producción agrícola debe ser "dejada-actuar" en su naturalidad, pues las leyes que rigen los ciclos agrarios no pueden ser modificadas por voluntad del soberano. La escasez no es un fenómeno que pueda ser evitado mediante regulaciones estatales. Por ello, en lugar de combatir la escasez con medidas restrictivas, el Estado debe procurar *administrarla*. No se trata, por tanto, de actuar *sobre* la economía para *evitar* la escasez, sino de *regular* la escasez *por medio de* la economía. Foucault ilustra este problema mediante la consideración de un oscuro texto de 1773 titulado *Lettre d'un négociant sur la nature du commerce des grains*, escrito por Louis-Paul Abeille, secretario de la Sociedad de Agricultura de Bretaña y adepto a las tesis fisiocráticas. Allí se muestra que para los fisiócratas la unidad de análisis ya no es la escasez, sino asuntos tales como la calidad del terreno en que el grano se siembra, el cuidado puesto en el cultivo, las condiciones climáticas de sequedad, calor, humedad, etc. No se intenta influir sobre el fenómeno mismo de la escasez mediante un control sobre el mercado, sino de asegurar la calidad del grano por medio de estímulos a la producción para luego *dejar* que los granjeros (*fermiers*) pongan libremente su producto en el mercado. En lugar de "ensuciar" el mercado con restricciones estatales, se trata de aligerarlo, de despejarlo de obstáculos. Evitar las malas cosechas mediante el respeto de los ciclos agrarios, la libertad de comercio y circulación de granos, la libertad de exportación: éstos son los principios fundamentales de la doctrina fisiocrática. Sólo así se logrará que los precios se *autorregulen* y se reducirá la *probabilidad* de que el fenómeno de la escasez aparezca (Foucault, 2006c: 58-59). No se combate, pues, la escasez en sí misma, como planteaban los mercantilistas, sino que se interviene calculadamente sobre una serie de variables que reducen la probabilidad de su aparición.

No es, pues, la escasez la que debe ajustarse a la razón de Estado, sino que es ésta la que debe ajustarse a la escasez. ¿Por qué? Porque hay cosas que el Estado no puede modificar por decreto y con intervenciones policiales, de modo que *gobernar* significa, en muchas ocasiones, *abstenerse de intervenir jurídicamente* y dejar que las cosas sigan su curso natural. Los economistas del siglo XVIII muestran que "gobernar demasiado" puede ser contraproducente para los intereses mismos del Estado. En esto radica el principio de autolimitación interna que introducen los fisiócratas en la racionalidad gubernamental. Hay unos límites que el Estado no debe cruzar, pues si lo hace, desencadenará efectos que ponen en peligro la seguridad interna y externa del propio Estado. Como puede apreciarse, los fisiócratas elevan un "principio crítico" frente a la idea de que la seguridad estatal se ve amenazada cuando se gobierna "demasiado poco", es decir, cuando el Estado no gobierna lo suficiente. Ésta era, precisamente, la pretensión de la tecnología policial: no dejar sin gobernar absolutamente ningún aspecto de la vida social. Todo debía ser ordenado y reglamentado, todo debía estar sometido a la vigilancia policial, pues sólo así podría garantizarse la seguridad del Estado.

Se abre, por tanto, una fisura en el seno mismo de la racionalidad gubernamental. Se hace visible un umbral que los fisiócratas mismos no pueden cruzar, pues ellos continúan moviéndose en el mismo suelo epistémico y gubernamental de la razón de Estado (Foucault, 2007: 328, 333). Foucault muestra que los fisiócratas nunca pusieron en duda el despotismo del soberano y, por tanto, su economía política "no invirtió la pendiente esbozada por la razón de Estado", por lo que "esa economía puede presentarse como la continuidad de una razón de Estado que daba al monarca un poder total y absoluto" (*ibid*.: 32). La *experiencia* de una ruptura con ese suelo epistémico y gubernamental será prerrogativa de otros economistas.

El nacimiento del *Homo economicus*

En la clase del 17 de enero de 1979 Foucault explica que durante toda la Edad Media europea, y hasta el siglo XVII, el mercado era visto como un "lugar de jurisdicción". Esto quiere decir que el mercado estaba sometido a estrictas reglas que impedían la usura y el fraude, favoreciendo la distribución más justa posible de las mercancías. El precio de los productos era "justo" porque estaba sometido a una reglamentación estricta, de modo que los comerciantes pudieran tener una ganancia moderada y la masa del pueblo no tuviera que vivir en un estado de miseria crónica. Por eso el mercado funcionaba como un lugar de justicia (Foucault, 2007: 46-47). No obstante, las cosas empezaron a cambiar en el siglo XVIII. Con la emergencia de la ciencia económica ilustrada (la fisiocracia) se empieza a ver el mercado ya no como un lugar de jurisdicción, sino como un *lugar de veridicción*. En el momento en que los procesos económicos empiezan a ser vistos como "naturales", el mercado aparece como un lugar que debía ser dejado libre de la intervención estatal. "Gobernar frugalmente" significa, precisamente, abstenerse de intervenir en la "naturalidad" de los intercambios mercantiles (*ibid.*: 44). No debe el Estado intervenir activamente en el mercado, pues esto equivaldría a "desnaturalizarlo". Más bien, el Estado debe ajustar el gobierno a los mecanismos naturales del mercado, "dejarlo actuar" y permitir que se manifieste con toda espontaneidad, pues de ello dependerá que los precios reflejen la relación adecuada entre costos de producción y la amplitud de la demanda. El precio devendrá "justo" ya no por la intervención del Estado, sino por el libre intercambio de mercancías, pues el mercado es el lugar donde se pone en evidencia la "verdad" de la economía (*ibid.*: 49-50). Será la iniciativa de los participantes en el mercado la que defina los precios de los productos, las rutas de circulación de la mercancía, las necesidades que deben ser satisfechas, la cantidad y calidad de la oferta, etc. Descodificación y desterritorialización de los flujos mercantiles: tal es el "principio de verdad" que ponen en marcha los fisiócratas.[1]

La irrupción del mercado como principio de veridicción, y ya no como principio de jurisdicción, es vista por Foucault como un

---

[1] Foucault resalta en este punto la importancia que tiene la pregunta por los "regímenes de veridicción". Su genealogía de los regímenes veridiccionales que hicieron posible la emergencia del liberalismo como tecnología de gobierno nada tiene que ver con una historia de las ideologías y tampoco con una crítica de la "irracionalidad" en el estilo de la Escuela de Frankfurt. Resulta absurdo juzgar las prácticas económicas como ideológicas o irracionales. Por el contrario, el ejercicio de la crítica debe mostrar en qué consiste la *racionalidad* de la economía, en determinar las condiciones y los efectos del ejercicio de su veridicción. "Creo que lo que tiene una importancia política actual es determinar con claridad cuál es el régimen de veridicción que se instauró en un momento dado [...] Tal es el punto, precisamente, en que el análisis histórico puede tener un alcance político. Lo que políticamente tiene su importancia no es la historia de lo verdadero, no es la historia de lo falso, es la historia de la veridicción" (Foucault, 2007: 55).

acontecimiento en la historia de la gubernamentalidad occidental (Foucault, 2007: 51). ¿Por qué razón? Porque allí se sientan las bases de una distinción que resultará clave para entender el surgimiento del liberalismo: la diferencia entre el *Homo economicus* y el *Homo juridicus*. Foucault se preguntará por la relación entre la economía y el derecho en medio de su clase del 17 de enero de 1979. Señala primero que todavía en el siglo XVIII y comienzos del XIX, las facultades de derecho eran facultades de economía política, de modo que los primeros economistas eran también juristas. Beccaria y Bentham, grandes teóricos del derecho público, eran economistas, mientras que Adam Smith era jurista, y fue uno de los primeros teóricos de la economía (Foucault, 2007: 57). Resulta claro que en la medida en que la economía ganaba un lugar como nueva ciencia de gobierno, el derecho tenía que replantear sus funciones, y que fueron algunos economistas quienes reflexionaron sobre este tema. En el momento en que la economía empieza a poner límites *internos* a la gubernamentalidad estatal, la pregunta del derecho es entonces: ¿cómo poner límites *externos* al ejercicio del poder público?

Foucault realiza una interesante genealogía para mostrar cómo la pregunta por el límite externo del poder soberano tomó dos caminos desde el siglo XVIII: el "camino revolucionario" y el "camino radical". El primero toma la figura jurídica del contrato para postular al pueblo como "constituyente primario", y a los ciudadanos como "sujetos de derecho". Por eso Foucault se refiere a esta alternativa como el "camino rousseauniano" (Foucault, 2007: 58). El Estado no podrá sobrepasar los límites que le impone un poder jurídico (separación de poderes), pues su función deberá ser no sólo gobernar, sino defender los "derechos fundamentales". Foucault dice que este camino es la herencia de la razón jurídica medieval, aunque ahora ubicada en un plano de inmanencia. Es también la herencia de aquella encarnizada oposición que nobles y burgueses (en Francia e Inglaterra, respectivamente) hicieron a la razón de Estado durante los siglos XVII y XVIII, tema abordado en el curso *Defender la sociedad*. Hay, pues, una extraña "continuidad" entre los teóricos medievales del derecho natural y los teóricos modernos del contrato social, por lo cual Foucault califica este primer camino de "retroactivo" y "retroaccionario", a pesar de haber sido el tomado por la Revolución Francesa (*ibid.*: 59).

El segundo camino, llamado "radical", fue desarrollado sobre todo en Inglaterra y luego en los Estados Unidos hacia comienzos del siglo XIX. Aquí el límite externo al poder soberano ya no lo pone la ley (poder legislativo), sino el mercado. Digamos, para ser más precisos, que el poder estatal se extiende ya no hasta donde la ley lo permite, sino hasta donde la actividad libre de los individuos lo permite. Los gobernados no son vistos aquí como "sujetos de derecho", sino como "sujetos económicos":

> El otro camino no consiste justamente en partir del derecho, sino de la propia práctica gubernamental. Partir de esta práctica gubernamental e intentar analizarla. ¿Analizarla en función de qué? En función de los límites de hecho que pueden ponerse a esa gubernamentalidad […] En resumen, el análisis del gobierno, de su práctica, de sus límites de hecho, de sus límites deseables. Y poner de relieve, a partir de ahí, aquello que para el gobierno sería contradictorio o absurdo tocar. Más aún, y de manera más radical, poner de relieve lo que para el gobierno sería inútil tocar. Inútil. Es decir que la esfera de competencia del gobierno va a definirse ahora, de seguir este camino, precisamente a partir de lo que para él sería útil e inútil hacer y no hacer. El límite de competencia del gobierno se define a través de las fronteras de la utilidad de una intervención gubernamental […] Esta pregunta no es la pregunta revolucionaria: ¿cuáles son mis derechos originarios y cómo puedo hacerlos valer frente a cualquier soberano? Pero sí es la pregunta radical, la pregunta del radicalismo inglés. El problema del radicalismo inglés es el problema de la utilidad. (Foucault, 2007: 59-69)

Aquí se ve claro que este segundo camino, si bien vislumbrado de lejos por los fisiócratas, no fue seguido por ellos mismos sino por los utilitaristas ingleses. Pues definir la práctica de gobierno en términos de su utilidad o inutilidad significa *radicalizar* aquellos límites que los fisiócratas pretendían imponer al Estado. Aquí ya no se trata sólo de mostrar que el Estado es *ignorante* porque desconoce la naturalidad de unos procesos naturales, sino de señalar que el Estado es *torpe* si no cumple con rigurosidad los objetivos que se ha trazado. Es decir que la medida de la práctica gubernamental, aquella que señala el límite que no debe traspasarse, es única y exclusivamente el *éxito* (Foucault, 2007: 33-34). El criterio de verdad no es la legitimidad o ilegitimidad, sino el éxito o fracaso de la acción gubernamental. Y de aquí se colegirá que aquello que no debe perturbarse, que debe ser dejado-actuar por sí mismo, no son tanto los procesos naturales, sino la acción de los individuos. Con el radicalismo inglés nos encontramos, ahora sí, en medio de una nueva tecnología de gobierno: el liberalismo.

Ahora bien, Foucault advierte que el liberalismo del siglo XIX se caracterizó por una "ambigüedad" fundamental que radicaba en lo siguiente: intentar *conciliar* los dos caminos anteriormente señalados. No obstante, afirma nuestro filósofo, el *Homo economicus* y el *Homo juridicus* no son conciliables porque se trata de dos líneas "que tienen un origen histórico diferente y conllevan una heterogeneidad". Lo cual no quiere decir "que se trate de dos sistemas separados, ajenos, incompatibles, contradictorios, totalmente excluyentes entre sí" (Foucault, 2007: 61-62). Hay, pues, una *heterogeneidad* entre el camino de la ley y el camino del mercado, por lo que habrá siempre tensión entre los dos principios coexistentes. Heterogeneidad y no contradicción, pues no se trata de una "tensión dialéctica" capaz de resolverse en algún momento, sino de una *relación de fuerzas* en la que las estrategias jurídicas entran en juego con las estrategias económicas.[2] El liberalismo del siglo XIX intentó mantener unidos "la axiomática fundamental de los derechos del hombre y el cálculo utilitario de la independencia de los gobernados", pero no tuvo éxito (*ibid.*: 62). Con el tiempo, y ésa será la historia del liberalismo en el siglo

---

[2] Colin Gordon señala al respecto cómo Foucault se aparta de la tesis marxista según la cual el derecho y la economía burguesas se hallan en una especie de "armonía preestablecida" en torno a un propósito común: la legitimación del régimen capitalista de apropiación (Gordon, 1991: 18-19).

XX, el *Homo economicus* terminó imponiéndose sobre el *Homo juridicus*.

En el resto del curso *Nacimiento de la biopolítica*, Foucault mostrará precisamente cómo el camino radical se impuso sobre el camino revolucionario, y el mercado terminó convirtiéndose en el ámbito desde el cual se define la ciudadanía. Es decir, con la emergencia del neoliberalismo en el siglo XX, ser ciudadano ya no será más un asunto de "derechos", sino un asunto de "emprendimiento". Tanto en el liberalismo como en el neoliberalismo, las instituciones jurídicas se ven asimiladas a los dispositivos de seguridad, es decir, son funcionales a una serie de aparatos regulatorios de carácter técnico-administrativo, en donde lo importante ya no es la justicia sino la utilidad. Aquí ya no juegan los "derechos humanos" sino la *eficacia* con que pueda cumplirse el objetivo central de la práctica gubernamental, a saber, que los hombres se comporten "económicamente" y sean capaces de desplegar su libertad conforme a los intereses de una comunidad económica. En otras palabras: el liberalismo, como tecnología de conducción de la conducta, busca que todos los ciudadanos persigan su propio interés, porque al hacerlo se favorecerán también los intereses del Estado. De ahí que, genealógicamente hablando, el liberalismo nada tiene que ver con los derechos humanos ni con una normatividad universal, como pretende cierta lectura kantiana de la filosofía política. La universalidad de la ley cede ante la particularidad de los intereses y ante la pragmática de la regulación. Nótese cómo Foucault desentraña nuevamente las dos líneas cuya genealogía traza desde la antigüedad (la línea de totalización encarnada en la razón jurídica y la línea de individualización encarnada en la razón pastoral) para mostrar su convergencia en el liberalismo. Sólo que aquí, a diferencia de lo ocurrido en la razón de Estado, se invertirá la relación: el *singulatim* prevalecerá sobre el *omnes*.

¿Qué significa que el juego de la utilidad prevalezca sobre el juego de los derechos? En la clase del 28 de marzo de 1979, y de la mano de la filosofía empirista inglesa, Foucault retoma su reflexión sobre el modo en que el sujeto económico y el sujeto de derecho obedecen a racionalidades completamente diferentes. Comienza mostrando cómo la filosofía de Hume no habla del hombre tal como "debería ser", sino del hombre tal como "es", tal como se comporta *empíricamente*. Hume parte de las prácticas y observa que las acciones del hombre están movidas por el interés. Nadie actúa —ni puede actuar— prescindiendo de su propio interés. Con ello, Hume se distancia de aquellos escolásticos y teóricos del derecho natural que hablaban del hombre como un ser movido por la razón. Para Hume, no es la razón sino la pasión el resorte de todas las acciones humanas, aun de las que reputamos como acciones racionales. La razón es tan sólo un instrumento que permite "calcular" la mejor forma de satisfacer esas pasiones. La razón, pues, es concebida como instrumento al servicio del interés, de la voluntad y del deseo:

> Creo que lo fundamental en esta filosofía empírica inglesa —que sólo sobrevuelo— es el hecho de poner de relieve algo que no existía en absoluto: la idea de un sujeto de interés, y me refiero a un sujeto como principio de interés, como punto de partida de un interés o como lugar de una mecánica de los intereses [...] Lo importante es que el interés aparece, y por primera vez, como una forma de voluntad, una forma de voluntad a la vez inmediata y absolutamente subjetiva. (Foucault, 2007: 313)

Ahora bien, Foucault dice que los intereses de este tipo de sujeto son "irreductibles", lo cual significa que no son derivados de algún principio trascendente (una ley moral, una ley divina), sino que están inscritos en la "naturaleza humana". Las pasiones, deseos y apetitos no pueden ser juzgados a partir de una ley moral superior (como si fueran "irracionales"), sino que son positividades, realidades empíricas. Además, los intereses no sólo son irreductibles sino también "intransmisibles", lo cual significa que no se pueden delegar como los derechos (recuérdese la figura del contrato social) y tampoco sustituir por elecciones que vayan más allá de la preferencia. Citando a Hume, Foucault argumenta que el criterio de una elección cualquiera no es lo justo o lo injusto, sino el placer o el dolor (Foucault, 2007: 312). Nadie puede distanciarse de sí mismo, de sus propias preferencias, para acceder a un ámbito donde puede elegir con "imparcialidad". Nadie puede ir más allá de su propia naturaleza pasional. Los juicios morales, anclados en el mundo sensorial, son siempre subjetivos y nunca se ajustan a la neutralidad y universalidad de la ley. Al considerar, entonces, las acciones gubernamentales desde el punto de vista de la utilidad, el liberalismo dirá que la naturalidad de las pasiones no debe ser tocada, sino que debe ser "dejada-actuar". Para el liberalismo, el gobierno ya no es algo que debe ejercerse sobre las cosas mismas, sino sobre la "república fenoménica de los intereses" (Foucault, 2007: 66).

Pero viene entonces esta pregunta: ¿por qué obedecemos la ley? Si la voluntad subjetiva es irreductible a la voluntad jurídica (que supuestamente se deriva de una "voluntad general"), ¿cómo se explica entonces la existencia de normas sociales y de leyes que sancionan esas normas? Foucault nos lleva aquí a formular la pregunta de Hume: ¿por qué se suscribe un contrato y por qué se lo respeta? (Foucault, 2007: 314).[3] Los hombres se acogen a normas sociales con el fin único de resolver problemas prácticos, ya que tal resolución garantiza la satisfacción de sus intereses. Para Hume, la obediencia a la ley es un asunto de *cálculo de intereses*. Se aceptan obligaciones colectivas en tanto que, al hacer esto, los intereses particulares pueden resultar favorecidos. Cuando se acoge un contrato o se obedece una ley, nunca se da una *renuncia* de los intereses particulares en nombre de la justicia, pues ésta no se halla inscrita en la naturaleza humana ni tiene valor por sí misma. No hay preeminencia del sujeto de derecho sobre el sujeto de intereses. Pues si no existieran intereses y preferencias, tampoco habría necesidad de algo así como la "justicia", ya que ésta es tan sólo un artificio, un instrumento que permite minimizar el dolor y maximizar el placer. "Por tanto" —dice Foucault— "el sujeto de derecho no ocupa el lugar del sujeto de interés. Este último

---

[3] Esto recuerda la famosa pregunta de Nietzsche en *La genealogía de la moral*: ¿por qué cumplimos nuestras promesas?

permanece, subsiste y prosigue mientras hay estructura jurídica, mientras hay contrato. Mientras existe la ley, el sujeto de interés sigue existiendo" (Foucault, 2007: 315).

Resulta claro que el sujeto de derecho y el sujeto de intereses no obedecen a la misma lógica. Mientras que el sujeto de derecho es concebido en términos negativos (pues ha "renunciado" a sus derechos naturales), el sujeto de intereses siempre "sabe lo que hace". Y eso fue precisamente lo que vieron los economistas ingleses de finales del siglo XVIII y comienzos del XIX. En las nuevas teorías económicas que empezaban a surgir por aquella época, nunca se le pide a un individuo que renuncie a sus intereses en nombre de la justicia. Todo lo contrario: se le pide al Estado que deje actuar libremente el juego de los intereses. Pero al tratarse de un juego en el que cada individuo persigue su propio interés sin reglamentación del Estado, ¿qué garantiza que ese interés particular coincida espontáneamente con la voluntad y el interés de los demás? Dicho con otras palabras: si se quita de en medio la ley del Estado, si se deja actuar libremente el juego de los intereses, si nos hemos desembarazado, en suma, tanto de la figura de una ley trascendente como de la figura del contrato social, ¿qué garantiza entonces que la voluntad de cada uno se articule con la voluntad de todos? Es éste, precisamente, el tipo de pregunta que intentará resolver Adam Smith. Su teoría económica buscará, en efecto, responder al siguiente interrogante: ¿cómo explicar que el juego espontáneo de los intereses individuales redunde en beneficio de todos los jugadores?

En la lección del 28 de marzo de 1979 Foucault salta por encima de la teoría smithiana de la simpatía[4] y acude directamente

---

[4] En su *Teoría de los sentimientos morales,* publicada en 1759, Smith había dicho que los juicios morales tienen resortes pasionales, no racionales, y que existe en el hombre una incapacidad natural de prescindir de sus propios afectos y deseos en cualquier tipo de juicio. Hasta aquí nada nuevo con respecto a Hume. Sin embargo, Smith observa que todas las sociedades humanas tienden hacia una "autorregulación", hacia la conservación equilibrada de sí mismas. Este mecanismo autorregulador obedece a una compleja interacción entre "ego" y "alter" que origina el sentimiento de la *simpatía*. La simpatía es una identificación imaginaria con los sentimientos del otro, pero que sólo es posible tomando

a su teoría de la mano invisible. Para ello elige un camino poco convencional: en lugar de centrarse en el problema de la mano (lo cual probablemente lo hubiese llevado al tema de la simpatía), prefiere concentrarse en el problema de la invisibilidad de la mano. Su argumento es que en el juego espontáneo de los intereses, ninguno de los jugadores puede visualizar el juego entero, ya que ninguno puede ir más allá de cada jugada. Todos juegan sin saber cuáles son las reglas del juego y sin conocer las consecuencias remotas de sus jugadas inmediatas. Cada jugador, dice Foucault, está situado en un "doble aspecto involuntario: lo involuntario de los accidentes y lo involuntario de las ganancias" (Foucault, 2007: 319). Esto significa que las jugadas están expuestas a todo tipo de accidentes que el jugador no puede prever ni controlar. El juego espontáneo de los intereses carece de luz y es, por tanto, un *juego invisible*. La única certeza que cada jugador puede tener en medio de esta invisibilidad general es su propio cálculo inmediato de intereses. Tratar de calcular, por ejemplo, cuáles pudieran ser los beneficios *sociales* de mis acciones individuales, es una pretensión excesiva (*hybris*), además de ser una jugada equivocada. Jugar de este modo equivale a levantar la pretensión *soberana* de conocer toda la reacción en cadena que puede generar una jugada. Pero nadie puede hacer eso porque ningún jugador está en la capacidad de observar el tablero. Todos son ciegos frente a la totalidad.

Pues bien, justo en este mundo incierto y opaco habita el *Homo economicus*. Y justo porque el mundo en que vive lo desborda, porque ignora el juego de causas y efectos que desencadenan sus

---

como referente no al otro sino a sí mismo. Es decir que aunque nadie puede ir por encima de sí mismo y es imposible prescindir de los propios afectos, esto no significa que cada uno sea una mónada egoísta. El sentimiento de simpatía por los demás obedece a dos razones: a) porque me produce dolor la idea de que el sufrimiento ajeno pueda ocurrirme, y b) porque me produce placer la idea de que si soy generoso, seré reconocido por los demás y gozaré de su aprobación. Desde este punto de vista, la simpatía explica por qué las relaciones entre "ego" y "alter" generan un "equilibrio" social y una "armonía" entre los intereses de todos. Explica, en suma, por qué la satisfacción de los intereses individuales, lejos de romper el "lazo social", lo consolida y estabiliza.

jugadas, puede disfrutar plenamente cada una de ellas. El *Homo economicus* vive peligrosamente porque ignora qué le puede pasar mañana o pasado mañana; porque sabe que sus acciones dependen de "accidentes" frente a los cuales nada puede hacer. Lo único que *sabe* que puede hacer es ocuparse del presente, seguir sus propios deseos y mantenerse fiel a su naturaleza pasional. No debe preocuparse por el "bien común" porque, en el momento en que lo haga, descuidará su propio juego de intereses inmediatos y naufragará en el mar de lo remoto:

> Para que exista la certeza de una ganancia colectiva, para que exista la seguridad de alcanzar el mayor bien para la mayor cantidad de gente, no sólo es posible sino absolutamente necesario que cada uno de los actores sea ciego frente a esa totalidad. Debe haber incertidumbre en el nivel del resultado colectivo para cada uno, de manera que ese resultado colectivo positivo pueda esperarse efectivamente. La oscuridad y la ceguera son una necesidad absoluta para todos los agentes económicos. No debe apuntarse al bien colectivo. Y no puede apuntarse a él porque no es posible calcularlo, al menos en el marco de una estrategia económica. Estamos aquí en el meollo de un principio de invisibilidad [...] La invisibilidad no es simplemente un hecho que, a raíz de algunas imperfecciones de la inteligencia humana, impide que la gente se dé cuenta de que a sus espaldas hay una mano que dispone a liga lo que cada uno hace por sí mismo. La invisibilidad es absolutamente indispensable. Es una invisibilidad en virtud de la cual ningún agente económico debe ni puede buscar el bien colectivo. (Foucault, 2007: 322)

Consecuentemente, la tesis de Adam Smith es que el poder político no debe actuar como actuaba el soberano en el marco de la razón de Estado. Aun reconociendo la naturalidad de ciertos procesos que escapan al control del Estado, los fisiócratas seguían atribuyendo al soberano la potestad de situarse frente al mercado como un geómetra frente a las realidades geométricas (Foucault, 2007: 333). Smith, en cambio, dio un paso adelante. Ni el Estado ni nadie está en capacidad de situarse frente al mercado y controlar el juego de intereses, porque la realidad que se quiere gobernar no es aprehensible a través del conocimiento. Aquí radica la diferencia entre la razón de Estado y el liberalismo: mientras que para aquélla la realidad sobre la que se quiere gobernar es completamente transparente a la mirada soberana, para éste se trata, en cambio, de una realidad oscura, opaca, incognoscible. Y esta *clausura del mundo* implica que en el dominio económico, como también en el político, la cabeza del rey debe ser cortada. Gobernar no es reglamentar de acuerdo a un conocimiento adecuado de las "cosas mismas", sino dejar que los individuos jueguen como les plazca, pues solamente ellos (y no el soberano) "saben lo que hacen". La tesis de Smith es que, dado que la economía no tiene soberano, la función del Estado es eliminar todas las trabas que puedan obstaculizar el libre juego de intereses económicos; despejar el camino para que el juego se lleve a cabo con "naturalidad", pues ello redundará en beneficio de todos los jugadores. El individuo, equipado con la sola herramienta del cálculo de intereses, deberá ser capaz de *gobernarse a sí mismo* con independencia de la acción tutelar del Estado.

¿Qué es entonces el liberalismo? Foucault no entiende el liberalismo como una "ideología", como una "doctrina económica" y mucho menos como una "filosofía política", sino como un *conjunto de prácticas* que "resuenan" juntas conforme a una cierta racionalidad. El liberalismo no es una institución sino un "modo de hacer cosas", una *tecnología* de gobierno sobre la conducta económica y moral de los hombres. Aquí, precisamente, radica "lo nuevo" de esta técnica de gobierno con respecto a la razón de Estado. Para la razón de Estado, el objetivo del gobierno debía ser el Estado mismo, y esto debía llevarse a cabo mediante la reglamentación completa de todas las actividades cotidianas. Tal era la función de la policía. La iniciativa individual era vista como potencialmente "peligrosa" para la seguridad del Estado y debía ser pasada por el filtro de las directrices y normativas oficiales. Control de la opinión por medio de la publicidad, control de las actividades económicas por medio de los monopolios estatales, control de las fuerzas corporales por medio de las disciplinas. Por el contrario, la racionalidad liberal *presupone* la capacidad que tienen las personas de autogobernarse, de actuar con independencia del Estado; parte de la base de que los individuos saben lo que quieren y saben lo que hacen. Nadie mejor que ellos puede conocer cuáles son sus intereses y cómo elaborar estrategias adecuadas para satisfacerlos.

Sin embargo, todo esto no significa que el liberalismo renuncie a gobernar la conducta, pues una cosa es dejar-actuar la libertad del individuo, y otra muy distinta es dejarla sin gobernar. La tecnología liberal no reglamenta, ciertamente, la libertad de los individuos, pero sí la *gestiona*; o para decirlo de otro modo: no interviene directamente sobre la libertad, sino sobre las *condiciones de la libertad*. Ésta es, precisamente, la función de los dispositivos de seguridad que ya estudiamos en el capítulo segundo. Por eso el liberalismo produce un "medio" (*milieu*) en el que el riesgo de vivir peligrosamente puede ser *regulado* y genera artificialmente unas condiciones de acción mediante el cálculo racional. Y al generar esas condiciones para la libertad del individuo, el liberalismo lo convierte en su cómplice, en su *partner*. Desde este punto de vista, el liberalismo busca conducir la conducta de los sujetos, pero "sujetándolos" a la norma del *Homo economicus*, en la que el cálculo de intereses genera beneficios económicos. No obstante, el liberalismo no se reduce a un simple asunto de negocios y dinero. En tanto que técnica de conducción de la conducta, el liberalismo busca hacer de los individuos unos sujetos morales, autorresponsables; individuos capaces de conquistar la responsabilidad, pues sólo así podrá darse "naturalmente" la congruencia de los intereses personales y los intereses colectivos. La "felicidad del mayor número" (Bentham) vendrá sólo cuando surja una especie de "pacto moral" entre individuos que se autogobiernan. Por tanto, el utilitarismo no es un simple "hedonismo", sino una técnica de constitución moral de los sujetos. De hecho, el liberalismo entiende que la libertad del individuo conlleva necesariamente su autoproducción como sujeto moral.

La sociedad civil como "realidad transaccional"

Hemos visto que el liberalismo nace de una *crisis de gubernamentalidad* de la razón de Estado. Este régimen se fundaba en una intervención gubernamental que debía extenderse a todas las actividades sociales. Su objetivo era poner la conducta humana bajo el control de una autoridad centralizada, potenciando de este modo las actividades económicas a favor únicamente del Estado. Pero hacia finales del siglo XVIII el Estado policial entró en crisis y generó un dilema cuyas dos opciones aparecían como igualmente indeseables: la primera era mantener intacto el Estado medieval de justicia, pero dejando fuera de su competencia el ámbito de la economía, que pasaría entonces a manos privadas; en este caso la justicia predominaría sobre la libertad. La segunda opción era cambiar por entero la forma de gobernar, adaptando las instituciones políticas a las necesidades de los actores económicos. En este segundo caso sería la libertad la que predominaría sobre la justicia. La tesis de Foucault es que el liberalismo presenta una salida a este dilema porque busca construir un ámbito de intervención gubernamental en el que, desaparecido el soberano, pueden funcionar juntos tanto la ley como el mercado. Durante la última clase del curso *Nacimiento de la biopolítica* Foucault dice que a pesar de la heterogeneidad radical entre el *Homo economicus* y el *Homo juridicus*, el liberalismo propone hacer compatibles el juego de los derechos y el juego de los intereses (Foucault, 2007: 334). Juegos que, como ya vimos, tienen reglas de acción completamente diferentes. El liberalismo propone la creación de un ámbito en el que se puedan conjugar la libertad y la justicia sin necesidad de la figura del soberano. Este nuevo ámbito de gobierno, ofrecido como una solución al dilema generado como efecto de la crisis de la razón de Estado, es denominado por Foucault *sociedad civil*:

> La sociedad civil no es una realidad primera e inmediata. Es algo que forma parte de la tecnología gubernamental moderna. Decir que forma parte de ésta no significa que es su producto llano y liso, y tampoco que no tenga realidad. La sociedad civil es como la

locura, como la sexualidad. Se trata de lo que llamaré realidades en transacción, es decir: precisamente en el juego de las relaciones de poder y de lo que sin cesar escapa a ellas, de alguna manera en la interfaz de los gobernantes y los gobernados, nacen esas figuras transaccionales y transitorias que no son menos reales por no haber existido siempre, y que en este caso podemos denominar sociedad civil, en otro caso locura, etc. La sociedad civil, entonces, como elemento de realidad transaccional en la historia de las tecnologías gubernamentales, realidad transaccional que me parece completamente correlativa de esa forma misma de tecnología gubernamental que se denomina liberalismo, vale decir, una tecnología de gobierno cuyo objetivo es su propia autolimitación, en la medida misma en que está ajustada a la especificidad de los procesos económicos. (Foucault, 2007: 337)

Este enigmático pero importante pasaje nos lleva a considerar de nuevo el problema de las *prácticas*, al cual hicimos alusión en el capítulo primero. Decíamos allí que la locura y la sexualidad no eran "cosas en sí", sino el correlato de una serie de prácticas (médicas, disciplinarias, políticas, etc.), por lo que no debe confundirse una historia de la locura o de la sexualidad con la historia de sus correlatos. Igual ocurre ahora con el tema de la sociedad civil, pues ésta no existe con independencia de las prácticas gubernamentales que la producen como objeto de intervención y reflexión. Más bien, la sociedad civil debe ser vista como una especie de "realidad transaccional" que se forma en el intersticio de dos juegos heterogéneos cuya coexistencia se torna "resbalosa" y amenaza todo el tiempo con escapar al poder gubernamental. Se trata de la heterogeneidad entre el sujeto de derechos y el sujeto de intereses. Para posibilitar la coexistencia entre los dos juegos, la tecnología liberal de gobierno genera un nuevo conjunto que "engloba" tanto a los sujetos de derecho como a los sujetos económicos, sin reducirse a ninguno de los dos (Foucault, 2007: 335). No se trata, pues, de una combinación y tampoco de una simple sumatoria, sino de algo completamente diferente. La sociedad civil, entonces, aparece como correlato de una tecnología liberal de gobierno.

Desde luego que esta manera de definir la sociedad civil choca de frente con el modo en que filósofos como Hegel y Marx habían pensado el problema.[5] Hegel había dicho que la sociedad civil es una esfera de intereses particulares que, sin embargo, no es independiente del Estado. ¿Y por qué no es independiente? Porque la sociedad civil (trabajo, propiedad, economía) es un ámbito ético, corporativo, dotado por tanto de la misma lógica universal que caracteriza al Estado. Marx, en cambio, invierte la relación establecida por Hegel y dice que la sociedad civil no está vinculada al Estado. La sociedad civil es el ámbito donde los hombres trabajan y resuelven su subsistencia material; el lugar donde surgen las luchas sociales como consecuencia de la disolución del mundo feudal (esto también lo había visto Hegel). Pero en opinión de Marx, la sociedad civil está inevitablemente fragmentada, es el lugar de la "lucha de clases". El Estado, por el contrario, es una esfera unificada que refleja los intereses de las clases dominantes.[6] A contrapelo de estas dos teorías, Foucault dirá que la sociedad civil ni es independiente, ni se contrapone al Estado, simplemente porque no se trata de un "dato histórico-natural" (Foucault, 2007: 337). Es decir, la sociedad civil no es una extensión del Estado ("aparato ideológico") y tampoco una "esfera pública" (*Öffentlichkeit*) que pone límites a la acción del Estado, porque en ambos casos se están presuponiendo objetos que existen con independencia de las prácticas que los generan. Como en el caso de la sexualidad y la locura, se confunden las prácticas con los correlatos de las prácticas, atribuyendo a estos últimos una existencia independiente.

Para conceptualizar la sociedad civil Foucault no acude entonces a Hegel o a Marx, sino al *Ensayo sobre la historia de la*

---

[5] Hay que anotar, sin embargo, que ni Hegel ni Marx hablan de *Zivilgesellschaft* sino de *bürgerliche Gesellschaft*.

[6] Gramsci dirá que la sociedad civil es el lugar donde se construyen las hegemonías, y no verá el Estado sólo como un instrumento unitario y represivo, camino que luego seguirá Althusser.

sociedad civil (1767) de Adam Ferguson, pues allí encuentra un complemento perfecto a la noción de *Homo economicus*. De hecho, Foucault dice que el ensayo de Ferguson es "una obra muy próxima" a la de Adam Smith, pues el concepto de *sociedad civil* es equivalente al concepto de *nación* utilizado por éste en su libro *La riqueza de las naciones*. Lo que Smith conceptualiza en términos económicos, Ferguson lo hace en términos políticos: "La sociedad civil de Ferguson es, en efecto, el elemento concreto, la globalidad concreta en cuyo interior funcionan los hombres económicos que Smith procuraba estudiar" (Foucault, 2007: 338). Ferguson traza una "historia natural" de la sociedad civil sin reducirla en ningún momento a los lazos jurídicos o a los lazos económicos. No hubo un momento "anterior" a la sociedad civil en el que los hombres vivieran conforme a los imperativos de una ley natural, para luego "ceder" esos derechos al Estado. Para Ferguson, la sociedad civil no ha sido fundada o constituida por un intercambio jurídico entre individuos, ni es idéntica a las instituciones políticas que resultaron de ese acuerdo, sino que es fruto del *juego espontáneo de las pasiones*. Al igual que hace Smith en su *Teoría de los sentimientos morales*, Ferguson divide las pasiones en dos tipos: sociales o asociales. Unas pasiones tienden hacia la satisfacción del interés egoísta (intereses económicos), mientras que otras son altruistas (derechos colectivos). Pues bien, Ferguson dice que la sociedad civil aparece en el momento en que estos dos tipos de pasiones encuentran una "síntesis espontánea":

> La sociedad civil asegura la síntesis espontánea de los individuos. Síntesis espontánea, con lo cual volvemos a lo que decía hace un momento: nada de contrato explícito, nada de unión voluntaria, nada de renuncia a derechos, nada de delegación de derechos naturales a alguna otra persona; en suma, nada de constitución de soberanía mediante una suerte de pacto de sujeción. De hecho, si en efecto la sociedad civil lleva a cabo una síntesis, lo hará simplemente a través de una adición de las satisfacciones individuales en el mismo lazo social […] En otras palabras, reciprocidad entre los elementos y el todo. En el fondo no se puede decir, no se puede imaginar, no

se puede concebir que un individuo sea dichoso si el conjunto del que forma parte no lo es. (Foucault, 2007: 341)

La sociedad civil genera entonces una "síntesis espontánea" entre los lazos de simpatía (pasiones sociales) y los lazos económicos (pasiones asociales). Y es precisamente este tipo de *funcionamiento* el que llama la atención de Foucault. Sólo que en su opinión la sociedad civil no es un asunto *antropológico* (como para Ferguson), sino *tecnológico*. La sociedad civil es el correlato de una tecnología de gobierno que buscar crear una "síntesis" entre la justicia y la libertad, entre el sujeto jurídico y el sujeto económico. La pretensión del liberalismo será construir un campo de intervención en el puedan gobernarse *al mismo tiempo* los intereses individuales y los intereses sociales. Ambos tipos de interés quedarán "espontáneamente" sincronizados si se aplican con rigor los medios técnicos y las estrategias contempladas por la racionalidad liberal. Si el Estado "deja actuar" el interés de los individuos, si permite que la naturalidad de los procesos económicos fluya sin obstáculos, esto redundará necesariamente en el beneficio de todos los habitantes del territorio. La riqueza de unos no tiene por qué generar la pobreza de otros, pues si esa riqueza puede circular "naturalmente", sin trabas burocráticas y estatales, entonces los pobres también se beneficiarán. La riqueza del rico es en realidad una oportunidad para el pobre, pues esa riqueza generará más y mejores oportunidades de trabajo, y contribuirá también a la estabilidad de las instituciones políticas. El objetivo final de la racionalidad liberal es producir una sociedad rica y, *al mismo tiempo*, igualitaria. No tiene por qué haber "contradicción" entre la libertad y la justicia, pues ésta vendrá como *consecuencia* de aquélla. No se requiere ya de un soberano que imponga justicia, pues ésta vendrá espontáneamente "desde abajo" y como fruto de la iniciativa individual. Si todos son libres de perseguir sus intereses, si todos son capaces de autogobernarse, entonces ya no será necesaria la imposición monolítica de una ley soberana. La sociedad civil, entonces, es concebida como un campo técnicamente producido en el que podrá darse aquello que fue imposible en el marco de la razón de Estado: la conjugación *omnes et singulatim*.

En escritos posteriores Foucault mantendrá su tesis de que la sociedad civil no es un universal que se opone a otro universal (el Estado), sino que ambos deben ser vistos como correlatos de un conjunto de prácticas y de relaciones estratégicas que los producen. Al ser preguntado en una entrevista si los sindicatos pueden ser vistos como instituciones de la sociedad civil que pueden hacer frente a las imposiciones del Estado con respecto a la seguridad social, Foucault responde que ese "binomio antagonista" es maniqueo y equívoco: demoniza al Estado, viéndolo además como una institución monolítica, e "idealiza a la sociedad civil en tanto que conjunto bueno, vivo y cálido" (Foucault, 1991f: 218). Lo importante es entender que tanto la sociedad civil como el Estado deben ser vistos como *efectos* de unas relaciones de poder que no son "ni buenas ni malas, sino peligrosas". Es decir, el análisis no debe centrarse en la contraposición de dos "entidades" que tienen un *valor* propio, con independencia de las estrategias que las produjeron históricamente. *Desnaturalizar* tanto a la sociedad civil como al Estado, mostrar genealógicamente cuándo y cómo aparecieron como objetos a los que se les asigna un valor, leer, en suma, esos universales a partir de la grilla de las relaciones de poder en los que se inscriben, ayudaría mucho a precisar los análisis políticos. Pues de lo que se trata no es de apoyar a los sindicatos o a los movimientos sociales *porque* son "representantes de la sociedad civil", ni tampoco de criticar las medidas que limitan el acceso a la seguridad social *porque* son iniciativas del Estado, sino de analizar el tipo de estrategias que se ponen en funcionamiento tanto en uno como en otro caso. Es posible que las estrategias movilizadas por los sindicatos sean incluso más "peligrosas" que las utilizadas por el Estado, de modo que su implementación terminaría perjudicando al conjunto de la población. Que alguien diga "pertenezco a la sociedad civil y me opongo al Estado" no garantiza en absoluto la bondad de sus estrategias políticas:

> Me mantengo en una posición bastante circunspecta en lo que se refiere a un determinado modo de entender la oposición sociedad civil-Estado, así como al proyecto de transferir a la sociedad civil un poder de iniciativa y de decisión del que el Estado se habría apropiado para ejercerlo de modo autoritario. En cualquiera de los dos escenarios se establecerían relaciones de poder y la cuestión consistiría en cómo limitar sus efectos, pues al no ser esa relación ni buena ni mala, sino peligrosa, lo que interesa es reflexionar, en todos los niveles, sobre la forma de canalizar su eficacia en la mejor dirección posible. (Foucault, 1991f: 218-219)

Creer, por tanto, que el poder ejercido por el Estado constriñe, mientras que el ejercido por la sociedad civil libera, no es otra cosa que una mistificación del análisis político. Por eso, en opinión de Foucault, lo interesante es reflexionar sobre el modo en que tanto el Estado como la sociedad civil son objetivaciones históricas generadas a partir de una *gubernamentalización*. No son entidades monolíticas, no son universales con vida propia, sino el resultado de unas determinadas técnicas, objetivos, reflexiones y estrategias. El análisis político debe concentrarse, pues, en la *racionalidad* que produce estos objetos y no en los objetos mismos. No confundir la racionalidad política con las *acciones* políticas, ni las prácticas con sus correlatos, es una de las mejores lecciones que nos enseña la genealogía.

A propósito del modo en que la racionalidad liberal produce la sociedad civil como una "realidad transaccional", queda todavía una pregunta por resolver: ¿acaso no ocurre lo mismo con ese otro dominio llamado *población*? ¿Cuál es la relación entre el liberalismo y la población? Para empezar hay que recordar que al comienzo de su curso *Nacimiento de la biopolítica* Foucault anunció a sus estudiantes que antes de abordar el tema de la población y de las estrategias que intervienen sobre ese dominio, tendría primero que centrarse en el problema del liberalismo. La biopolítica no podrá comprenderse si primero no se estudia el "marco general" en el que ella se inscribe: la racionalidad liberal de gobierno (Foucault, 2007: 40). Pero este análisis preliminar del liberalismo terminó por ocupar el resto del curso, de modo que la promesa de estudiar el problema de la población en su relación con el liberalismo quedó definitivamente pospuesta. Tanto es así que durante todo el curso de 1979 Foucault nunca volvió a utilizar la palabra "población". Es por eso que para *reconstruir* el vínculo entre población y liberalismo tendremos que avanzar una hipótesis de lectura: la población, al igual que el mercado y la sociedad civil, es una "realidad transaccional" que la tecnología liberal de gobierno *postula* como autónoma, pero sobre la cual interviene.

En el capítulo segundo nos ocupamos de reflexionar sobre la formación de la "población" en tanto que campo de intervención gubernamental entre los siglos XVII y XVIII. Decíamos que la población no existe con anterioridad a las tecnologías de poder que la producen bajo la modalidad de "grupos de riesgo" (enfermos, inmigrantes, desplazados, hambrientos, etc.), sobre los cuales es necesario ejercer un gobierno eficaz. Se reconoce la existencia de una "naturalidad" biológica (los cuerpos nacen, crecen, enferman, envejecen y mueren), pero se intenta, al mismo tiempo, traducir esa naturalidad en una serie de variables (tasas de natalidad, mortalidad, morbilidad, peligrosidad, etc.) que pueden ser *gestionadas* mediante el cálculo de probabilidades. Como resultado de esta operación tenemos una realidad transaccional llamada *población*, que no es natural —de hecho, es fruto de una racionalidad técnica—, pero a la que se le *asigna* cierta naturalidad que no puede ser tocada por el Estado. La población aparece, entonces, como un "afuera" de la política estatal que no debe ser tocado directamente, sino *regulado* por medio de la biopolítica. Diríamos entonces, siguiendo la idea de Foucault, que la racionalidad liberal crea ese dominio de acción llamado *población* —que no pudo ser creado en el marco de la razón de Estado— y organiza al mismo tiempo las condiciones a partir de las cuales opera la biopolítica. Cito una parte de sus notas de clase editadas por Michel Senellart:

> Con el surgimiento de la economía política, con la introducción del principio limitativo en la misma práctica gubernamental, se

produce una sustitución importante o, mejor, una duplicación, porque los propios sujetos de derecho sobre los cuales se ejerce la soberanía política aparecen como una población que el gobierno debe manejar. Allí tiene su punto de partida la línea de organización de una biopolítica. Pero ¿quién no advierte que hay en ello sólo una parte de algo mucho más grande y que es esa nueva razón gubernamental? Estudiar el liberalismo como marco general de la biopolítica. (Foucault, 2007: 40)

El "arte" de la gubernamentalidad liberal radica, precisamente, en su capacidad de producir unas esferas de exterioridad que es necesario *defender* frente a la intervención del Estado. Se trata, pues, de un arte que en lugar de producir al Estado como instrumento único para "defender la sociedad", genera tres dominios (la población, la sociedad civil y el mercado) que ahora deben ser defendidos *del Estado*. Pero la forma de defender esas esferas no es dejándolas sin gobernar en absoluto, sino *interviniéndolas* regulatoriamente. Se equivoca quien entiende el *laissez-faire* del liberalismo como una simple abstención de intervenir. Ocurre, más bien, que el liberalismo favorece una intervención que posibilita la no intervención. Gestión del riesgo que conlleva el "dejar hacer" mediante técnicas cuya función es ejercer un *gobierno* sobre la "exterioridad" del Estado. El poder del liberalismo comienza allí mismo donde termina el poder del soberano.

DEL ANÁLISIS DE LAS RIQUEZAS A LA ECONOMÍA POLÍTICA

Tal vez una de las partes más interesantes de *Seguridad, territorio, población* sea la relectura que hace Foucault de su libro, publicado 12 años antes, *Las palabras y las cosas*, al final de la clase del 25 de enero de 1978. En aquella obra Foucault había mostrado cómo en las formaciones discursivas que emergen desde el siglo XVI se recortaron tres "dominios" diferentes sobre los cuales se va a producir conocimiento científico: el mundo del lenguaje, el mundo de los seres de la naturaleza y el mundo de las riquezas. Esas tres empiricidades quedaron, sin embargo, ordenadas de tres modos distintos que Foucault agrupó bajo el concepto *episteme*. En la "episteme moderna" se hablará, entonces, de tres formaciones discursivas: la gramática general, la historia natural y el análisis de las riquezas. Pues bien, son precisamente estos "modos de ser", esos "dominios del saber", los que ahora Foucault quiere repensar una vez introducido el problema del liberalismo. En concreto, Foucault quiere explicar el *cambio de los regímenes de verdad* (de la episteme clásica a la moderna) como un proceso que corre paralelo, y en mutua dependencia, con un *cambio de gubernamentalidad* (de la razón de Estado al liberalismo).

Nos concentraremos muy brevemente en el modo en que Foucault reconsidera el paso del "análisis de las riquezas" a la "economía política" en el siglo XVIII. Su tesis es que sin la emergencia de la población y el mercado como ámbitos de intervención gubernamental exteriores a la razón de Estado, no habría podido aparecer esa nueva formación discursiva llamada *economía política*. No fueron, sin embargo, los fisiócratas quienes dieron el impulso necesario para tal ruptura epistémica. Ellos ciertamente plantearon la necesidad de poner unos límites a la razón de Estado, pero continuaron moviéndose en el zócalo enunciativo abierto por la episteme clásica. En realidad, los fisiócratas habitaban un umbral epistémico que nunca lograron cruzar, porque el arte de gobierno se encontraba todavía "bloqueado" por los dispositivos soberanos y disciplinarios. La ruptura epistémica necesitaba de por lo menos dos condiciones: primera, que los rígidos parámetros del mercantilismo se quebraran a favor de un gobierno capaz de "dejar hacer" a los individuos; y segunda, que la existencia de ámbitos de exterioridad al poder soberano fuesen plenamente incluidos en la teoría económica. Y ambas condiciones fueron generadas por la tecnología gubernamental del liberalismo:

> Creo que a partir del momento en que, dentro del análisis de las riquezas, se pudo incluir al sujeto-objeto que es la población, con todos los efectos perturbadores que esto pudo tener en el campo de la reflexión y la práctica económica, se dejó de hacer el análisis

de las riquezas y se abrió un nuevo dominio de saber que es la economía política. (Foucault, 2006c: 104-105)

El análisis de las riquezas hacía de los metales preciosos un valor que sirve para medir la riqueza, porque ellos son un signo que puede representar aquellos bienes que los hombres desean, o bien pueden representar otras riquezas. La ciencia económica de los mercantilistas explicaba entonces la devaluación o el encarecimiento de las mercancías por la depreciación de los metales preciosos, cuyo control debía estar en manos del Estado mediante una meticulosa reglamentación de todas las actividades económicas (comercio, precios, estancos, monopolios, etc.). Pero las cosas cambian en el momento en que se "descubre" que existen ámbitos que tienen sus propias leyes independientes del poder soberano, y que esos "mecanismos naturales" revelan una *verdad económica* que ya no depende de los metales preciosos. La tecnología liberal postula esos ámbitos de exterioridad como lugares de "veridicción", y ya no como lugares de "jurisdicción". Lo cual significa que el *conocimiento* de las "leyes" intrínsecas que rigen estos ámbitos ya no será prerrogativa del *análisis de las riquezas* sino de la *economía política*.

¿Qué "revelan" a la ciencia económica ámbitos tales como la población, la sociedad civil y el mercado? En primer lugar, se trata de ámbitos que tienen dinámicas propias que deben ser dejadas sin tocar. Por lo tanto, el énfasis de la ciencia económica ya no debe centrarse en reflexionar cómo *evitar* que exista un fenómeno como la escasez, por ejemplo, sino en dejar que sean los individuos mismos quienes, por medio del intercambio libre, se encarguen de *regular* el fenómeno de la escasez sin tan siquiera proponérselo. En lugar de postular algo que "represente" un valor *para todos*, la economía política deja esa estimación en manos del sujeto de interés. Un bien no tiene valor porque representa algo valioso en sí mismo (que deba ser planificado y/o redistribuido por el Estado), sino porque es *valioso para alguien*. Y porque cada cual sabe lo que quiere y lo que le conviene, será el sujeto de interés —y no el Estado— quien decida lo que tiene valor y lo que no lo tiene. La escasez será gobernada si el Estado deja que sea el libre intercambio el que se encargue de paliar sus consecuencias. Ahora bien, mientras que en *Las palabras y las cosas* Foucault decía que Adam Smith no habitaba todavía en la verdad de la economía política, sino que continuaba moviéndose en el espacio epistémico del análisis de las riquezas, en *Nacimiento de la biopolítica* reconsidera esta posición. Aquí muestra que con Smith nos encontramos ya no sólo en otra episteme, sino también en otro régimen de gobierno. En la clase del 28 de marzo de 1979 Foucault dice que en Smith hay una "ruptura" no sólo epistémica, sino gubernamental, con respecto a los fisiócratas. De hecho, la economía política de Smith es vista por Foucault como un ejercicio "crítico" en el mismo sentido kantiano: así como la *Crítica de la razón pura* traza los límites del conocimiento humano con relación al cosmos, *La riqueza de las naciones* traza los límites de la acción del Estado con relación al mercado:

> Estamos aquí, entonces, ante un momento que me parece importante: el momento en que la economía política puede presentarse como crítica de la razón gubernamental. Ahora utilizo la palabra "crítica" en su sentido propio y filosófico. Después de todo, un poco más adelante Kant debía decir al hombre que no podría conocer la totalidad del mundo. Pues bien, la economía política había dicho al soberano algunos decenios antes: tú tampoco puedes conocer la totalidad del proceso económico. No hay soberano en economía. No hay soberano económico. Creo que éste es uno de los aspectos más importantes de la historia del pensamiento económico, claro está, pero sobre todo de la historia de la razón gubernamental. (Foucault, 2007: 326-327)

Al igual que Kant, Smith reconoce que el mundo (en este caso el mundo de la economía) es incognoscible y que la única certeza posible en este mar de oscuridad es aquello que el sujeto pone de suyo en el acto de conocimiento. Sólo que en Smith esa "mano invisible" que conduce hacia la certeza no se encuentra anclada en un sujeto trascendental sino en una multiplicidad de sujetos empíricos que persiguen su propio interés. En economía no hay soberano empírico, pero tampoco hay soberano trascendental. La economía política es "ciencia" justamente porque establece las condiciones de posibilidad de la práctica gubernamental y le muestra al Estado cuáles son sus límites. Pero si tales límites son cruzados, si se presenta algún intento de planificar o regular estatalmente la economía, lanzando sobre ella cualquier tipo de normatividad, entonces lo que tenemos ya no es ciencia económica sino *metafísica*. Quebrantar los límites de la razón gubernamental trazados por la economía política conduce a transitar por un terreno inseguro, cayendo en abusos, excesos y violencias. De ahora en adelante el Estado deberá gobernar con la asesoría de los economistas y no de los juristas o los teólogos.

Pero además de haber planteado ambos una "crítica de la razón", Foucault postula una segunda similitud entre Smith y Kant: la mundialización del mercado. Recordemos que en *Seguridad, territorio, población* Foucault se había referido al dispositivo diplomático-militar como un mecanismo propio de la razón de Estado. La función de este dispositivo era garantizar un "equilibrio de fuerzas" entre los Estados (la balanza Europea) con el fin de que cada uno pudiera fortalecerse internamente y competir en igualdad de condiciones con los otros. Pero ahora, con la crisis de la razón de Estado y la emergencia del liberalismo, se produce también un cambio en el dispositivo externo de seguridad. Foucault se refiere a ello en la clase del 24 de enero de 1979 cuando muestra cómo, a partir del siglo XIX, la libre competencia entre Estados ya no es regulada por tratados jurídicos (como el de Westfalia), sino por un mecanismo puramente económico: el *mercado mundial*. Adam Smith funge como el gran teórico de esta mundialización del mercado cuando en *La riqueza de las naciones* afirma que el enriquecimiento de un Estado redundará automáticamente en el enriquecimiento de todos los demás: "la riqueza de mi vecino me importa para mi propio enriquecimiento" (Foucault, 2007: 72). Esto significa que si el comercio de todos los países se libera, si se eliminan las trabas y los monopolios estatales, si la actividad de exportación e importación puede ejercerse con toda libertad, todo el mundo resultará beneficiado. El beneficio no será únicamente de unos países a costa de otros, sino que se producirá un enriquecimiento colectivo que ya no guarda similitud alguna con las relaciones mercantilistas entre Estados (siglos XVII-XVIII), en donde lo importante era que un Estado tuviera grandes reservas de metales preciosos para poder comprar las mercancías ofrecidas por otro. Y si tales reservas eran bajas o no existían, entonces ese Estado quedaba en situación de desventaja frente a los demás. Con la mundialización del mercado se presenta una situación bien diferente: ya no se requiere de tratados jurídicos que "protejan" a un Estado de los posibles abusos cometidos por otros, sino que, paradójicamente, la *paz* entre las naciones radica en la capacidad de cada una para lanzarse al juego sin garantías de la peligrosidad. *Vivir peligrosamente* es la consigna del liberalismo. Y esto vale no sólo a nivel de cada Estado en particular, sino también, y sobre todo, a nivel interestatal:

> Es una Europa del enriquecimiento colectivo, una Europa como sujeto económico colectivo que, cualquiera sea la competencia que se produzca entre los Estados, o, mejor, a través de la competencia misma que se da entre los Estados, debe avanzar por un camino que será el del progreso económico ilimitado […] En otras palabras, para que esa libertad de mercado que debe asegurar el enriquecimiento recíproco, correlativo, más o menos simultáneo de todos los países de Europa, pueda actuar, para que esa libertad de mercado pueda desenvolverse así según un juego que no es de suma cero, es preciso convocar alrededor de Europa y para todo el continente un mercado cada vez más extendido y, en definitiva, la totalidad misma de lo que en el mundo puede ponerse en el mercado. De tal modo, entonces, se invita a una mundialización del mercado desde el momento en que se postula como principio, y también como objetivo, que el enriquecimiento de Europa se alcance no gracias a la pobreza de unos y la riqueza de otros, sino por un enriquecimiento colectivo y además indefinido. (Foucault, 2007: 73)

La mundialización del mercado bajo la égida de Europa será, entonces, el nuevo dispositivo geopolítico de seguridad que garantizará la paz entre los Estados y la prosperidad de cada uno de ellos. Establecimiento de una *racionalidad planetaria* en donde los europeos fungen como jugadores y el mundo entero como apuesta (Foucault, 2007: 74). Aparición, por tanto, de una racionalidad gubernamental cuyo horizonte es el planeta entero, y que reemplaza el "cálculo estatal" vigente aún con el mercantilismo. Es aquí donde Foucault ve nuevamente las similitudes entre Smith y Kant. Si todas las naciones entran al juego indefinido de la peligrosidad, si cada Estado en particular abre sus puertas y "deja pasar" los flujos ininterrumpidos del comercio mundial, ¿qué garantiza que se produzca la paz entre todos ellos? Smith y Kant ofrecen una respuesta similar: la naturaleza. En su texto de 1795 *Zum ewigen Frieden*, Kant dice que la garantía de paz perpetua entre los Estados no la ofrece el entendimiento recíproco entre los hombres y tampoco los tratados jurídicos establecidos entre ellos, sino esa "gran artista" (*Künstlerin*) que es la naturaleza. Es la naturaleza quien ha dispuesto no sólo que los hombres puedan desplegar sus competencias morales en la historia, sino que todas las naciones tengan algo que intercambiar, gracias a su peculiar clima, geografía y población. Unas tienen lo que las otras necesitan. Análogamente a Smith, para quien los mecanismos internos de la naturaleza garantizan la regulación interna del mercado, Kant afirma que existe una "garantía natural" de paz perpetua entre los Estados: la planetarización comercial (*ibid.*: 77).

Todavía existe una tercera similitud entre Smith y Kant, y tiene que ver con la importancia que la economía política atribuye a la *libertad* de los individuos. En Kant, ya lo sabemos, la libertad es la capacidad de los seres racionales para darse su propia ley, conforme a los imperativos de la razón. De forma análoga, Smith dirá que para el correcto funcionamiento de la economía, los sujetos del intercambio deben ser libres, es decir, deben ser capaces de gobernarse a sí mismos. El paso del análisis de las riquezas a la economía política conlleva necesariamente un abandono de las tecnologías propias del Estado de policía, donde las relaciones de poder aparecían bajo la forma de "dominación". Por eso el liberalismo contempla ya no un poder que opera bajo el signo de la dominación, sino bajo el signo del "juego estratégico". Para que pueda existir liberalismo, el "otro" o los "otros" sobre los que es ejercido el poder deben estar en capacidad de *conducirse a sí mismos* en un amplio repertorio de respuestas y comportamientos frente al juego de poder que se les propone. Dicho de otra forma, "el poder se ejerce sólo sobre sujetos libres, y solamente en la medida en que ellos son libres" (Foucault, 1991d: 87). De otro modo, si los sujetos no están en capacidad de actuar libremente, si no pueden conducirse de acuerdo a sus preferencias, lo que tenemos es pura y simplemente razón de Estado, pero no liberalismo. Sin libertad, o mejor, sin una producción de condiciones de libertad, no puede haber liberalismo.[7] La libertad es, pues, una *condición técnica* para el ejercicio racional del gobierno liberal, y no una "facultad humana" (Burchell, 1996: 24). Diremos entonces —insistiendo en un pasaje ya citado de Foucault— que el liberalismo "organiza" la libertad bajo el modelo de la *conducción de la conducta*:

> Quizá la naturaleza equívoca del término *conducta* es una de las mejores ayudas para llevar a término la especificidad de las relaciones de poder. Porque "conducta" es, al mismo tiempo, "conducir" a otros (de acuerdo a mecanismos de coerción que son, en grados variables, estrictos) y una manera de comportarse dentro de un campo más o menos abierto de posibilidades [...] Gobernar, en este sentido, es estructurar un campo posible de acción de los otros. Las relaciones propias del poder, por eso mismo, no debe-

---

[7] Al respecto dice Foucault: "No debe considerarse que la libertad sea un universal que presente, a través del tiempo, una consumación gradual o variaciones cuantitativas o amputaciones más o menos graves, ocultamientos más o menos importantes. No es un universal que se particularice con el tiempo y la geografía. La libertad no es una superficie en blanco que tenga aquí y allá y de tanto en tanto casillas negras más o menos numerosas. La libertad nunca es otra cosa —pero ya es mucho— que una relación actual entre gobernantes y gobernados" (Foucault, 2007: 83).

rían ponerse en un sitio de violencia o de lucha, ni en uno de vínculos voluntarios (todos los cuales pueden ser, en el mejor de los casos, sólo instrumentos del poder), sino más bien en el área del modo de acción singular, ni belicoso ni jurídico, que es el gobierno. (Foucault, 2001: 253-254)

La gran "novedad" del liberalismo, su ruptura básica con anteriores modelos de racionalidad política, consiste precisamente en haber inventado el poder como *gobierno sobre acciones*. No se interviene directa e inmediatamente sobre los otros (reprimiendo sus acciones de modo violento), sino sobre el campo posible de sus acciones. Se busca, entonces, no anular la libertad de los sujetos, sino crear las condiciones para que esa libertad pueda ser ejercitada y pueda ser eficazmente "consumida".[8] Se trata, por tanto, de "guiar" (*Leiten*) a distancia la conducta de los sujetos antes que de reprimirla, como proponía el anterior modelo de la razón de Estado. Pues en el momento en que la economía política ha declarado la incognoscibilidad radical del mundo económico, el *Homo economicus* queda como el único oasis de racionalidad (Foucault, 2007: 323). Para el liberalismo clásico, gobernar la conducta significa dos cosas: evitar que el soberano intervenga sobre el interés privado de los individuos y generar unas condiciones medioambientales (*milieu*) que permitan a esos individuos actuar con libertad. Será éste el programa que adelantará, con todas sus consecuencias, el neoliberalismo del siglo XX.

---

[8] "Si empleo el término 'liberal' es ante todo porque esta práctica gubernamental que comienza a establecerse no se conforma con respetar tal o cual libertad, con garantizar tal o cual libertad. Más profundamente, es consumidora de libertad. Y lo es en la medida en que sólo puede funcionar si hay efectivamente una serie de libertades: libertad de mercado, libertad del vendedor y el comprador, libre ejercicio del derecho de propiedad, libertad de discusión, eventualmente libertad de expresión, etc. Por tanto, la nueva razón gubernamental tiene necesidad de libertad, el nuevo arte gubernamental *consume libertad*. Consume libertad: es decir que está obligado a producirla. El nuevo arte gubernamental se presentará entonces como administrador de la libertad" (Foucault, 2007: 83-84, el resaltado es mío).

El neoliberalismo, como veremos en el próximo capítulo, propondrá la existencia de sujetos que buscan "realizarse a sí mismos" y que tienen la capacidad racional de elegir los medios adecuados para hacerlo. Sujetos capaces de gestionar sus propios riesgos, de calcular las consecuencias futuras de sus acciones y de forjar el destino personal con sus propias manos. La regulación de la conducta deja de ser un asunto de control policial y pasa a ser un tema de *autorregulación*. Los individuos deben convertirse en "expertos de sí mismos" y establecer consigo mismos una relación de "autocuidado", en tanto que agentes de su propia existencia. Deberán, por tanto, devenir empresarios de sí mismos y aprender a jugar con sus propias "competencias".

CAPÍTULO V
EMPRESARIOS DE SÍ MISMOS

La fobia al Estado

La tecnología liberal de gobierno sufrió significativas transformaciones durante el siglo XIX. La más importante de ellas tiene que ver con la emergencia de la llamada "cuestión social", que obligó a un replanteamiento de la función que debe cumplir el Estado en el arte liberal de gobernar. Hacia finales del siglo XIX, difuminada ya esa frontera que prohibía la intervención del Estado sobre la "naturalidad" de ámbitos como el mercado, la población y la sociedad civil, aparece triunfante la institución del *Estado social*. Las artes liberales implementaron un tipo de "gubernamentalidad social" con el objetivo de contener la expansión del pauperismo, la proletarización de la plebe y el aumento de la población urbana como subproductos de la industrialización. La "cuestión social" obligó entonces a una modificación de las técnicas liberales de gobierno que abarcaron un espectro amplio: el Estado bismarkiano alemán, el *New Deal* estadounidense, el *welfare* británico de la postguerra, los populismos desarrollistas latinoamericanos, asiáticos y africanos, etc.[1] Foucault mismo no

---

[1] En efecto, la "cuestión social" hizo que el horizonte de inteligibilidad del li-

investigó esta "gran transformación" de las tecnologías liberales, pero se interesó mucho por ella.[2] Paralelamente a sus cursos en el Collège de France en 1979, organizó un seminario en el que algunos de sus discípulos se ocuparon de abordar problemas tales como la seguridad social, el gobierno de la pobreza y el Estado providencia en el siglo XIX. En ese seminario tuvieron su origen los trabajos de Jacques Donzelot, François Ewald, Daniel Defert y Giovanna Procacci, de los que me ocuparé al final de este libro.

No habló, pues, Foucault del Estado social durante el siglo XIX, pero al final de su clase del 24 de enero de 1979 hizo referencia a la política del *welfare* implementada por Roosevelt en los Estados Unidos como consecuencia de la crisis económica de los años treinta. Foucault se refiere a una transformación de la racionalidad liberal según la cual las libertades democráticas sólo podrán ser garantizadas mediante la intervención del Estado en ámbitos que el liberalismo clásico había considerado como "intocables". Se trata de mecanismos de control de la economía como los introducidos por Keynes, pero también mecanismos de intervención estatal en vastos ámbitos de la vida social, que garantizarían el mantenimiento de una libertad amenazada en Estados Unidos por la gran depresión y en Europa por el socialismo y el fascismo. Es *contra* esta gran transformación de la racionalidad liberal que surgiría el neoliberalismo:

> Puede decirse que alrededor de Keynes, alrededor de la política económica intervencionista que se perfeccionó entre 1930 y 1960, inmediatamente antes e inmediatamente después de la guerra, to-

---

beralismo clásico se rompiera. La pobreza era vista por el liberalismo clásico como una consecuencia del "mal cálculo" individual, que puede remediarse mediante la educación y el trabajo. Pero la "cuestión social" hizo de la pobreza un fenómeno ya no individual sino colectivo, que amenazaba peligrosamente la estabilidad del Estado (levantamientos obreros, revueltas campesinas, etc.). La pobreza devino pauperización, y esto como *consecuencia* de la industrialización, y no por falta de ella.

[2] Sabemos que antes de su muerte planeaba dictar un seminario en Berkeley que tenía como tema el Estado benefactor y su gubernamentalidad particular (ejemplificado en las teorías de Keynes).

das esas intervenciones indujeron algo que podemos llamar crisis del liberalismo, y es esa crisis del liberalismo la que se manifiesta en una serie de nuevas evaluaciones, nuevas estimaciones, nuevos proyectos en el arte de gobernar, formulados en Alemania antes de la guerra e inmediatamente después de ésta, y formulados en Norteamérica en nuestros días. (Foucault, 2007: 91-92)

Foucault se refiere a dos escuelas de pensamiento económico (la *Freiburger Schule* y la *Chicago School of Economics*) que vieron con espanto el modo en que el Estado intervenía constantemente sobre la libertad de los individuos en nombre, precisamente, de esa libertad. Por eso en la clase del 31 de enero de 1979 mostró que la característica principal de ambas escuelas puede sintetizarse bajo una sola fórmula: la "fobia al Estado", que se opone directamente a las políticas del *welfare* implementadas tanto en Europa como en los Estados Unidos. ¿Cuál es el demonio ante el cual reacciona con tanta "fobia" el pensamiento económico de estas dos escuelas? Diríamos, primero, que se trata de un demonio que hace del *poder pastoral* una de las funciones centrales del Estado. Con el objetivo de garantizar la libertad de los ciudadanos, en el curso del siglo XX surge una tecnología de gobierno que utiliza todos los recursos financieros y jurídicos del Estado para "proteger" a los individuos de todas aquellas vicisitudes que puedan amenazar su libertad y su felicidad. El Estado toma bajo su cargo el fortalecimiento de los vínculos sociales mediante políticas como el pleno empleo, la vivienda y seguridad social, la educación gratuita, el cuidado de la familia, los beneficios a sindicatos y cooperativas, etc. El manto estatal de la *seguridad* debía cubrir a todos los ciudadanos, y para ello se crean redes de solidaridad —bajo el tutelaje de expertos— en todos los ámbitos de la vida social (Rose, 1996: 49). Todas estas medidas, a los ojos de los economistas neoliberales, no hacen otra cosa que generar una "cultura de mutuas dependencias" en la que los individuos hipotecan su libertad al Estado y éste asume la función de pastor de las almas.

La "fobia al Estado" de los economistas neoliberales es en realidad un principio compartido con el liberalismo clásico, pues como ya vimos en el capítulo anterior, el establecimiento de unos "límites internos" a la acción gubernamental del Estado fue justo el mecanismo que, a partir de los fisiócratas, disparó la emergencia de la racionalidad liberal de gobierno hacia finales del siglo XVIII. Los economistas de la *Freiburger Schule* y de la *Chicago School* señalarían que el abandono de los principios liberales en nombre del intervencionismo estatal conlleva un peligroso retorno de la "razón de Estado", que era, precisamente, lo que el liberalismo clásico había tratado de superar. En nombre de la defensa de la libertad, el *welfare* introduce toda una serie de prácticas de intervención que son el caldo de cultivo para el comunismo, el socialismo y el fascismo. Es decir, el dirigismo estatal no hace sino llamar aquellos mismos fantasmas que el liberalismo había querido exorcizar. No obstante, como veremos más adelante, la crítica neoliberal del intervencionismo no es un intento de restituir los derechos del liberalismo clásico, sino que se trata de un "nuevo liberalismo", de una racionalidad liberal completamente renovada.

Algo parecido tendremos que decir respecto a la crítica que hace Foucault del neoliberalismo. La crítica de esa racionalidad neoliberal que surge como consecuencia de los excesos del *welfare* no debe entenderse como un intento de restituir los derechos del Estado frente a los imperativos del mercado. Foucault deja muy claro a sus estudiantes que él quiere ahorrarse una teoría del Estado, como quien evita comer "una comida indigesta" (Foucault, 2007: 95). Esto quiere decir que el foco de atención de la crítica ya no se pone en el Estado —como si éste fuese un "universal político"—, sino en las tecnologías de gobierno. En lugar de ver el Estado como un objeto-real del cual se *deducen* determinadas prácticas políticas, el camino genealógico es justamente el contrario: examinar primero la emergencia histórica de diferentes racionalidades de gobierno (el poder pastoral, la razón de Estado, el liberalismo, el neoliberalismo), para luego, a partir de ellas, analizar el modo en que se ha constituido el Estado.[3] En lugar, por tanto, de estudiar las prácticas políticas a partir del Estado, se propone estudiar el Estado a partir de las prácticas políticas. El Estado no es visto como fuente autónoma de su propio poder, como un "universal" que ha existido desde siempre, como un objeto que puede ser estudiado con independencia de las prácticas que lo constituyen, sino como *correlato* de esas prácticas.

No se critica, pues, la racionalidad neoliberal en nombre del Estado intervencionista, pues Foucault mismo se distancia de aquellas posiciones marxistas que hacen del Estado el objetivo mismo de las luchas políticas. A diferencia, pues, de la teoría marxista que mira al Estado como un "universal político" y como un objeto de deseo, Foucault expresa una "fobia al Estado". Al no tomar como punto de referencia (teórico y normativo) al Estado, su crítica evita caer en lugares comunes como, por ejemplo, definir el neoliberalismo como la "retirada del Estado". Para Foucault el neoliberalismo no se hace inteligible a través de su contraposición al Estado, como si se tratara de un fenómeno que se define por *carencia* (hay neoliberalismo allí donde no hay Estado). El neoliberalismo es, ante todo, una *racionalidad de gobierno*, lo cual significa que no se trata de un "capitalismo desorganizado" (Lash & Urry, 1994)[4] ni de una "modernidad líquida" (Bauman, 2000).[5] El neoliberalismo no es el caos y la irracionalidad que

---

[3] Lo cual en ningún caso significa afirmar que el Estado es tan sólo una "ficción ideológica". No se trata de afirmar que el Estado "no existe", sino que, al igual que otros campos de acción, como la sexualidad, la locura, la población y la sociedad civil, se trata de una "realidad transaccional" (Lemke, 2007b: 52). El Estado no preexiste a la heterogeneidad de prácticas políticas que lo constituyen.

[4] Foucault no identifica el neoliberalismo con el capitalismo. En la clase de 24 de enero de 1979 afirma que la crisis de gubernamentalidad de la cual emerge el neoliberalismo no equivale a una "crisis del capitalismo" (Foucault, 2007: 92). Ni el liberalismo ni el neoliberalismo son simples proyecciones de la "lógica del capital". Por el contrario, podríamos decir que el capitalismo no existe con independencia de las prácticas económicas y políticas que lo producen. El capitalismo, al igual que el Estado, es el *correlato* de un conjunto de prácticas; es, como mostrábamos en el capítulo anterior, una "realidad transaccional".

[5] Bauman, en particular, equipara el neoliberalismo con un proceso de "desregulación global" que genera un repertorio de "incertidumbres" en todos los nive-

quedan después de la desaparición del Estado, sino que conlleva toda una reorganización de la racionalidad política que abarca no sólo el gobierno de la vida económica, sino también, como veremos, el gobierno de la vida social e individual. Una racionalidad que, valga decirlo, *no elimina al Estado*, sino que lo convierte en instrumento para crear la autonomía del mercado. Si se puede hablar de algo así como la "retirada del Estado", ésta deberá verse como el efecto de una tecnología *racional* de gobierno y no como un fenómeno irracional.

EL ORDOLIBERALISMO ALEMÁN

La genealogía trazada por Foucault establece que la *emergencia* de esta nueva racionalidad de gobierno se produce en el país y en la época menos imaginados: la Alemania nazi de la década de 1930.[6] ¿Por qué Alemania? Justamente porque la presencia del nacionalsocialismo había hecho más acuciante el problema de la estatización de la vida y la desaparición de las libertades individuales. Pero también porque en la década de los veinte, durante la República de Weimar, se había dado en Alemania el famoso *Methodenstreit*, un importante debate epistemológico en torno al

---

les de la vida cotidiana ("vida líquida"). De este modo, el neoliberalismo, para Bauman, es un fenómeno desprovisto de racionalidad que, como un virus sin control, crece y prolifera en el vacío ontológico dejado por la desaparición del Estado. El neoliberalismo equivale a orfandad, a desprotección, *Unsicherheit* (Bauman, 2002: 33 ss). Nada más lejos de la visión de Foucault, para quien el neoliberalismo es una racionalidad de gobierno.

[6] El ordoliberalismo alemán no ocupa ningún lugar en las historias que se narran hoy en día del neoliberalismo. Considérese, por ejemplo, *A Brief History of Neoliberalism* de David Harvey (2007), para sólo mencionar un caso prominente. Harvey inicia su historia con la fundación en 1947 de la *Mont Pelerin Society* por parte de Friedrich von Hayek (evento al que Foucault resta importancia), en la que también participaron figuras como Karl Popper, Milton Friedman y Ludwig von Mises. De ahí pasa a la fundación del *Institute of Economic Affairs* en Londres y la *Heritage Foundation* en Washington, instituciones que resultaron claves para los gobiernos de Margaret Thatcher y Ronald Reagan, respectivamente. Silencio absoluto, por tanto, frente al ordoliberalismo alemán, cuya importancia genealógica es resaltada por Foucault.

estatuto de las "ciencias del espíritu" que resultaría decisivo para la configuración de la nueva ciencia económica. Según Foucault, el neokantismo de pensadores alemanes como Hermann Cohen, Paul Natorp, Heinrich Rickert y, sobre todo, Max Weber, generó el "suelo epistémico" sobre el cual se levantaría la economía política neoliberal.

En su consideración del ordoliberalismo alemán, Foucault pone juntas una gran cantidad de figuras heterogéneas que recorrían un amplio espectro político: Walter Eucken, Franz Böhm, Alfred Müller-Armack, Ludwig Erhardt, Wilhelm Röpke, Alexander Rüstow y Ludwig von Mises.[7] Pero el principal de todos fue sin duda Walter Eucken, hijo del filósofo neokantiano Rudolf Eucken, profesor en la universidad de Freiburg durante la época en que fue rector Heidegger,[8] fundador de la revista *Ordo-Jahrbuch* —de la que toma su nombre la escuela— y discípulo directo de Husserl. Aunque los primeros escritos del grupo —como por ejemplo el libro *Ordnung der Wirtschaft* (1936)— resultaron de una colaboración entre Franz Böhm, Hans Grossmann-Doerth y Walter Eucken, fue alrededor de este último que se agruparon todos los demás miembros de la escuela (Gertenbach, 2008: 54). Pero los años treinta no eran todavía el momento para que las tesis económicas de este grupo se abrieran camino.[9]

---

[7] Este punto ha sido señalado por Jan-Ottmar Hesse, quien critica el modo arbitrario en que Foucault agrupa todas estas figuras como si se tratara de una sola "escuela". A contrapelo de Foucault, Hesse distingue tres tendencias: la *Freiburger Schule* en sentido estricto, a la que pertenecerían Walter Eucken y Franz Böhm; los economistas *influenciados* por la Escuela de Friburgo, entre los que se cuentan Ludwig Erhardt y Alfred Müller-Armack, y, finalmente, los exiliados ordoliberales, cuyas figuras más prominentes fueron Alexander Rüstow y Wilhelm Röpke (Hesse, 2007: 215).

[8] Eucken fue uno de los más fuertes críticos de la gestión rectoral de Heidegger, quien con la imposición del *Führerprinzip* quiso desmantelar todos los órganos de concertación interna de la universidad y sustituirlos por un principio de autoridad vertical en el que el rector nombraba a los decanos, a los cancilleres y al senado (que se convierte en un órgano meramente consultivo).

[9] Aún hoy no es claro su grado de colaboración con el nazismo. Sabemos que Alfred Müller-Armack, por ejemplo, era miembro oficial del Partido Nacionalsocialista.

En efecto, en la clase del 31 de enero de 1979 Foucault dice que la verdadera influencia del neoliberalismo debe rastrearse genealógicamente hasta el momento en que el Estado nazi desaparece y Alemania se encuentra ocupada por los aliados. Se trata de una situación en la que no hay Estado y en que algunos miembros de la escuela —como Ludwig Erhardt— plantean públicamente la necesidad de una *fundación económica del Estado*.[10] Se trataba de un experimento real, posible únicamente en aquella especial coyuntura: fundar el Estado a partir de la institución económica. Los argumentos de Erhardt apuntaban a la necesidad de crear un espacio de libertad económica que sirviese como base para la construcción del Estado, con el fin de evitar la "recaída" de los alemanes en el autoritarismo al que estuvieron acostumbrados por tanto tiempo. Si se quiere que las futuras instituciones políticas de Alemania sean democráticas, entonces es preciso cimentar esa libertad sobre un piso económico. Reorganizar primero la economía y luego, sobre esa base, crear el Estado (Foucault, 2007: 105). Situación, por lo tanto, *sui generis*, inversa de la que afrontaron los liberales del siglo XVIII, ya que en ese momento el problema era limitar el poder absoluto del Estado. Los neoliberales, en cambio, se enfrentaban a una situación radicalmente distinta: dado un Estado inexistente, ¿cómo hacerlo existir a partir de la economía? ¿Cómo hacer del mercado la condición de posibilidad de la existencia del Estado? Su objetivo era crear unas condiciones económicas tales que los alemanes se vieran "obligados a ser libres" —por así decirlo— y no tuviesen nostalgia alguna por las viejas estructuras estatales fascistas:

> La historia había dicho "no" al Estado alemán. De ahora en más será la economía la que le permita afirmarse. El crecimiento económico sigue ocupando el lugar de una historia débil. La ruptura de la historia, entonces, podrá vivirse y aceptarse como ruptura de la

---

[10] Foucault se refiere específicamente a un famoso discurso pronunciado por Erhardt el 21 de abril de 1948 (*Rede von der 14. Vollversammlung des Wirtschaftsrates des Vereinigten Wirtschaftsgebietes*).

memoria, en la medida en que se instaure en Alemania una nueva dimensión de la temporalidad que ya no será la de la historia, sino la del crecimiento económico. Inversión del eje del tiempo, permiso de olvido, crecimiento económico: todo esto está, creo, en el corazón mismo del funcionamiento del sistema económico político alemán. La libertad económica coproducida por el crecimiento del bienestar, del Estado y del olvido de la historia. (Foucault, 2007: 108)

De ahora en adelante, la historia alemana será orientada hacia el futuro, hacia el crecimiento económico indefinido. En este proyecto del "milagro alemán" agenciado por los ordoliberales van a converger las principales fuerzas políticas del país: por un lado la socialdemocracia (SPD), que se separa de sus orígenes marxistas para empezar a hablar de "socialismo y competencia",[11] y por otro la democracia cristiana (CDU), que se separa de sus orígenes antisocialistas para empezar a hablar de una "economía social cristiana" (Foucault, 2007: 111-112).[12] Con la creación de la República Federal de Alemania, en 1949, Ludwig Erhardt se convirtió en ministro de Economía del gobierno de Konrad Adenauer, puesto que desempeñaría hasta el año 1963. La hora del ordoliberalismo había llegado por fin y Alemania tenía permiso para olvidar su pasado nazi en nombre de un horizonte de prosperidad económica. Foucault hace mucho énfasis en la increíble transformación sufrida por el Partido Socialdemócrata Alemán (SPD), que a partir del Congreso de Bad Godesberg, en 1959, afirmó que la justicia social se lograría únicamente mediante el estímulo de la propiedad privada y la implementación de una economía libre de mercado. Desde una perspectiva marxista, es-

---

[11] Es el título de un libro publicado en 1955 por el dirigente socialdemócrata Karl Schiller (*Socialismus und Wettbewerb*), quien era profesor de economía en la universidad de Hamburgo y sucedió a Ludwig Erhardt como ministro de Economía, cargo que ocupó hasta 1972.

[12] Foucault resalta el importante papel que jugó aquí el sacerdote jesuita Oswald Nell-Breuning, quien fue nombrado por Erhardt como miembro del Consejo Científico del Ministerio de Economía entre 1948 y 1965, autor de varias obras en las que hace énfasis en la justicia salarial, la necesidad de elevar el nivel de vida del proletariado, etc. (Foucault, 2007: 110-111).

ta transformación fue vista como herejía, abdicación, abandono y traición a los "principios fundamentales" del socialismo. Pero Foucault piensa que se trató, en realidad, del momento en que se hizo evidente que el socialismo carecía de un arte de gobierno propio.[13] Los socialistas alemanes vieron que la única manera de llevar el socialismo "a la práctica" —en lugar de seguir enunciándolo como "doctrina"— era conectándolo con la gubernamentalidad liberal.[14]

---

[13] Al final de la clase del 31 de enero de 1979 Foucault dice que "lo que le falta al socialismo no es tanto una teoría del Estado sino una racionalidad gubernamental" (Foucault, 2007: 117). Foucault no está hablando del socialismo como "ideología política", sino como práctica de gobierno, y en su opinión, el socialismo nunca desarrolló una *ratio* propia, unas "técnicas socialistas de gobierno". Nunca hubo una "racionalidad socialista" (a pesar de que los filósofos marxistas siempre dijeron que el socialismo es una alternativa al liberalismo). Para Foucault, eso que llamamos *socialismo* (el socialismo "realmente existente") no es otra cosa que un préstamo, un ensamblaje compuesto de diferentes racionalidades no-socialistas. La tesis de Foucault es tajante: el socialismo no es otra cosa que liberalismo social (*welfare*) más razón de Estado, a veces más razón de Estado que liberalismo social, como fue el caso del estalinismo. El socialismo nunca tuvo una técnica autónoma de gobierno. No existe un "arte socialista de gobernar" (*ibid.*: 119).

[14] Estas críticas de Foucault se van a profundizar algunos años después, cuando el socialista François Mitterrand gane las elecciones a Valéry Giscard d'Estaing, en el año 1981. Al comienzo Foucault celebró el triunfo socialista y albergó alguna esperanza de cambio. En una entrevista con el diario *Libération* afirmó lo siguiente: "Me da la impresión de que esta victoria representa para muchos una especie de acontecimiento-victoria, es decir, un cambio en la relación entre gobernantes y gobernados" (citado por Eribon, 1992: 367). Es decir, Foucault esperaba, al igual que un número considerable de intelectuales franceses, que con el socialismo se instalara en Francia no sólo un cambio de gobierno, sino, ante todo, un *cambio de gubernamentalidad*. Pero esas esperanzas fueron defraudadas muy pronto, cuando a raíz de la violenta represión ejercida por el general Jaruzelski sobre el sindicato Solidaridad, en Polonia, el gobierno socialista francés manifestó que se trataba de un "asunto interno" de los polacos y que no se manifestaría al respecto. Tal reacción generó la protesta inmediata de Foucault, quien junto con su colega Pierre Bourdieu encabezó un movimiento intelectual de protesta que tuvo mucha resonancia. Desde entonces, las relaciones de Foucault con el Partido Socialista se tornaron distantes, a pesar de que recibió la propuesta de ser nombrado embajador cultural de Francia en Nueva York e incluso director de la Biblioteca Nacional. Como resultado de este episodio, Foucault hizo planes de escribir un libro contra el socialismo en el que mostraría su incapacidad de

Triunfo, pues, de una racionalidad neoliberal en Alemania, que no obedece a la simple resurrección de la vieja tecnología liberal de gobierno. El ordoliberalismo alemán no es un "regreso" al liberalismo clásico del siglo XVIII, sino una tecnología completamente diferente. Foucault muestra que la principal diferencia con el liberalismo clásico es su concepción antinaturalista del mercado. La gubernamentalidad liberal se basaba en el *laissez-faire*, pues suponía que el mercado tiene sus "leyes internas", de carácter natural, sobre las que no hay que intervenir. Los ordoliberales alemanes plantean, en cambio, una economía de mercado sin *laissez-faire*. El mercado, para ellos, no es una "realidad natural", sino que requiere de la intervención política. Tampoco la competencia de intereses es un "dato natural" (como decían los empiristas ingleses), sino que debe ser consecuencia de una intervención. El problema para los ordoliberales ya no es intervenir o no intervenir (agenda o non agenda), como para el liberalismo clásico, sino saber *cómo intervenir* (Foucault, 2007: 163).

Para ilustrar la tesis ordoliberal de una economía de mercado sin *laissez-faire*, Foucault acude curiosamente a las actas de un coloquio realizado en Francia en el año 1939, poco antes de comenzar la guerra, conocido ampliamente como Coloquio Walter Lippmann. Digo *curiosamente* porque, como Foucault mismo lo reconoce, el coloquio estuvo casi enteramente dominado por intelectuales franceses (entre ellos el economista Louis Rougier y filósofo Raymond Aron), que se reunieron para comentar el libro *An Inquiry into the Principles of the Good Society*, publicado en 1937 por el economista norteamericano Walter Lippmann. Esa obra rechazaba ya la identificación entre liberalismo y *laissez-faire*, al tiempo que planteaba que la economía de mercado no era el resultado espontáneo de un orden natural, como afirmaron Smith y los economistas clásicos, sino la *consecuencia* de un orden socio-jurídico implementado por el Estado. Contra la reducción del liberalismo a ejercer una simple función de vigilancia económica,

---

desarrollar unas "artes de gobierno". Pero su muerte impediría la consumación de este proyecto.

Lippmann propone un liberalismo que va más allá de la esfera de la economía para intervenir activamente en la vida social. A esto se refieren, precisamente, los dos *únicos* ordoliberales alemanes que participaron en el coloquio: Wilhelm Röpke hablaría de un *soziologischen Liberalismus*, y Alexander Rüstow de una *Vitalpolitik*. En ambos casos se hace referencia a un tipo de liberalismo capaz de crear unas condiciones en las que los hombres puedan sentirse libres para ejercer su libertad económica. Al contrario del liberalismo clásico, la libertad no es un dato primero del que se desprende la competencia, sino que la libertad *depende* del establecimiento artificial de unas "condiciones de competencia". Nótese entonces cómo funciona la gubernamentalidad neoliberal: se interviene no directamente sobre los jugadores, sino sobre las "reglas del juego". Ya lo había dicho Foucault en *Seguridad, territorio, población*: el gobierno radica en conducir la conducta de otros ya no directamente, sino por medio de la "acción a distancia" y la producción de un "medio ambiente" (*milieu*).

Es aquí donde se muestra la diferencia entre el intervencionismo neoliberal y el dirigismo keynesiano. No se trata de dirigir estatalmente la economía (como hizo el keynesianismo, y también el estalinismo y el nazismo), sino de crear una "estructura competitiva" (*Wettbewerbungsordnung*) que garantice la regulación económica sin dirigismo. Y aquí Foucault hace referencia explícita a las tesis de Walter Eucken:

> Como buen kantiano, Eucken dice: ¿cómo debe intervenir el gobierno? Por medio de acciones reguladoras, es decir que debe intervenir efectivamente en los procesos económicos cuando, por razones de coyuntura, esa intervención se impone [...] Es preciso entonces, señala, no intervenir sobe los mecanismos de la economía de mercado, sino sobre las condiciones de este último. La intervención sobre las condiciones del mercado quiere decir, según el rigor mismo de la idea kantiana de regulación, señalar, admitir y dejar actuar —pero para favorecerlas y, de algún modo, llevarlas al límite y a la plenitud de su realidad— a las tendencias que son características y fundamentales en ese mercado. (Foucault, 2007: 170)

La racionalidad neoliberal contempla, entonces, la intervención, pero no por medio de acciones directas sobre la economía (como hizo el *welfare*), sino mediante "acciones reguladoras", cuya función es crear unas condiciones trascendentales (*a priori*) que garanticen el buen funcionamiento del mercado. No son acciones reguladoras sobre todos los ámbitos, sino únicamente sobre los más estructurales, sobre aquellos que funcionan como "condición de posibilidad" para una economía de libre mercado: la vida de la población, los conocimientos científicos y tecnológicos, la organización jurídico-política de la sociedad, la estructura psicológica de los individuos, etc. En este sentido, los ordoliberales hablarían de una "política de marco" (Foucault, 2007: 172). El Estado no interviene sobre el mercado sino sobre el "marco" del mercado. Es decir, procura generar unas "condiciones formales" para el libre desenvolvimiento de la vida económica, pero sin tocar la vida económica misma, como quiso el keynesianismo. Crear, pues, el marco a través del cual ámbitos que no fueron vistos antes como estrictamente "laborales" (tales como la agricultura, la ciencia, la cultura, la salud y la educación), puedan *funcionar como mercados* y vincularse al mecanismo de la competencia.

Ahora bien, crear una "estructura de competencia" significa que la función del Estado no es ya proteger al ciudadano (por ejemplo, mediante políticas de pleno empleo, seguridad social, control sobre los precios, etc.), sino crear las condiciones para que el ciudadano mismo se convierta en un *actor económico*, que pueda moverse con independencia del Estado. Esto es lo que los ordoliberales llaman una *Sozialpolitik*: no "igualar" a todos mediante la cobija protectora del Estado, sino generar condiciones para que las desigualdades puedan entrar en el mecanismo de la competencia. No es fijarse la igualdad como objetivo del gobierno, sino, todo lo contrario, "dejar actuar la desigualdad" (Foucault, 2007: 176). No hay transferencia de ingresos de unos a otros (distribución de la riqueza), sino estímulos laborales para que cada uno vea por sí mismo. El Estado simplemente velará por que la mayor cantidad de individuos puedan "autorregularse" y gestionar sus propios riesgos.

En la clase del 7 de marzo de 1979 Foucault analiza el modo en que la política social en Francia se pliega al modelo alemán de la *Sozialpolitik*. Muestra primero que la gubernamentalidad neoliberal supone el desmonte del tipo de "seguridad social" vigente hasta la década de los setenta, cuyo peso recaía sobre todo el conjunto de la población (*ibid*.: 234). Los economistas políticos neoliberales argumentan que ese tipo de seguridad social afecta negativamente la economía, pues la gente se acostumbra a recibir prebendas del Estado, lo cual estimula un aumento de la desocupación. La nueva política social, que reemplaza a la vieja política del *welfare*, debe jugar con las mismas reglas del mercado, en lugar de ser un obstáculo para el crecimiento del mercado (*ibid*.: 238). Debe hacer desaparecer la contraposición entre *economía* y *sociedad* para convertir la sociedad en un conjunto de jugadores económicos. La sociedad entera debe ser atravesada por el juego económico de la competencia (*Sozialemarktwirtschaft*) y la función del Estado debe limitarse a definir las reglas de juego y garantizar su correcta aplicación:

> Simplemente se pedirá a la sociedad, o mejor, a la economía, que procure que cada individuo tenga ingresos lo bastante altos para poder, ya sea directamente y a título individual o por el medio colectivo de las mutuales, autoasegurarse, sobre la base de su propia reserva privada, contra los riesgos existentes e incluso contra los riesgos de la existencia, así como contra esas fatalidades de la vida que son la vejez y la muerte [...] Es lo que los alemanes llaman "política social individual", opuesta a la política social socialista. Se trata de una individualización de la política social en vez de ser esa colectivización y socialización por y en la política social. No se trata, en suma, de asegurar a los individuos una cobertura social de los riesgos, sino de otorgar a cada uno una suerte de espacio económico dentro del cual pueda asumir y afrontar dichos riesgos. (Foucault, 2007: 177-178)

No se le pide a la sociedad entera que proteja a las personas contra los riegos de la vida mediante subsidios del Estado, como ocurre en el *welfare* y en el socialismo, sino que esta función se les deja enteramente a los actores económicos. Lo que se busca es que la mayor cantidad de individuos puedan gozar de ingresos lo suficientemente altos como para tener acceso a seguros médicos, pensiones, etc., de modo que sean ellos mismos quienes asuman la gestión de sus propios riesgos. Privatización, entonces, de la seguridad social, en donde son los ciudadanos mismos quienes, gracias al conjunto de sus reservas económicas (inversiones, ahorros, cesantías), deben protegerse a sí mismos frente a los riesgos. Pero para lograr esto el Estado no puede limitarse a ser un gendarme, sino que tiene que intervenir activamente en el diseño y protección de unas reglas de juego que hagan posible la competencia. A diferencia, entonces, del *gobierno económico* del liberalismo clásico, que se limita a reconocer y observar la naturalidad de los procesos, el neoliberalismo plantea un *gobierno social*. Alfred Müller-Armack habló, en este sentido, de un "gobierno sociológico", de una acción gubernamental sobre el "medio ambiente social" (*soziale Umwelt*). Intervenir sobre la sociedad para que los mecanismos económicos puedan cumplir su papel de reguladores (Foucault, 2007: 181).

¿Pero es todo esto una simple manifestación de irracionalidad? Foucault quiere mostrar que el neoliberalismo no puede ser etiquetado pura y llanamente como un "enemigo de lo social", pues ello equivale a menospreciar el inmenso poder de su racionalidad.[15] Cuando el presidente Valéry Giscard d'Estaing implementó el modelo alemán de la *Sozialpolitik* en Francia, durante la década de los setenta, la izquierda local equiparó inme-

---

[15] Es en *este* sentido que debe leerse la afirmación de Foucault de "no emitir ningún juicio de valor" con respecto al neoliberalismo: "Al hablar de gubernamentalidad liberal no quiero, mediante la utilización misma del término 'liberal', sacralizar o valorizar desde el comienzo ese tipo de gubernamentalidad" (Foucault, 2007: 225) No es que sus análisis sean "acríticos" y políticamente neutros, sino que tales análisis buscan examinar y entender a fondo en qué consiste la *racionalidad* del neoliberalismo. Y recordemos que para Foucault mostrar cómo funciona una racionalidad de gobierno equivale a mostrar los vacíos a partir de los cuales emergen las subjetividades desobedientes, aquellas que no quieren ser "gobernadas de *ese* modo".

diatamente el neoliberalismo con la "fascistización del Estado", es decir con la irracionalidad estatal. Pero Foucault dice que este diagnóstico conduce a graves errores de apreciación política. El gran problema de este tipo de análisis (centrado en la figura del Estado y en su aparente "pérdida de racionalidad"), es "pagar el precio de lo real" (Foucault, 2007: 220). Pues lo que estaba ocurriendo en ese momento (1979) era justamente todo lo contrario: las funciones del Estado francés estaban siendo articuladas por una gubernamentalidad *exterior* al Estado. No se trata, entonces, de una pérdida de racionalidad del Estado, sino de la articulación del Estado con una racionalidad externa que opera con unos objetivos, unos medios técnicos y unas estrategias de gobierno distintos de los utilizados por el *welfare*. Foucault piensa que la denuncia permanente de una "violencia estatal" y de la "fascistización del Estado" no es otra cosa que una "crítica inflacionaria", un análisis ideologizado incapaz de ver lo que está ocurriendo en Francia: el paso lento pero seguro hacia una economía neoliberal en la que el Estado no deviene totalitario e irracional sino, todo lo contrario, pierde gubernamentalidad y se articula a una racionalidad enteramente diferente.

Foucault ejemplifica la racionalidad de la *Sozialpolitik* en Francia mediante una consideración del "impuesto negativo". La política del impuesto negativo empezó a ser diseñada a comienzos de la década del setenta, cuando Giscard d'Estaing era todavía ministro de Finanzas. Foucault toma como referencia un documento oficial titulado *Économie et société humaine* de 1972, prologado por Giscard, en el que se postula que, siendo la economía un "juego", la función del Estado es empujar a los ciudadanos para que se conviertan en jugadores. Y para ello es necesario definir un "umbral de pobreza" (teniendo en cuenta variables tales como el ingreso anual, la edad, el tamaño de la familia, etc.) y entregar a las familias situadas por debajo de ese umbral un subsidio que les permita tener un ingreso, una especie de "capital semilla" que les permita empezar a "jugar" (léase: buscar empleo, trabajar y adquirir en el mercado sus propias seguridades sociales). ¿Qué significa esto en términos prácticos? En primer lugar, abandonar la idea de que en la sociedad no deben existir jerarquías de pobres y ricos. Abandonar tanto el romanticismo (de raíz cristiana) que busca eliminar la pobreza del mundo, como también la utopía manchesteriana que pretende que todos sean prósperos y ricos. Es decir, se reconoce pragmáticamente que la pobreza y la riqueza son *hechos sociales*, y se busca la mejor forma de *gobernar* esos hechos, evitando que la brecha entre ambos fenómenos sea cada vez más grande. Para que todos puedan ser jugadores, hay que evitar que los pobres se hagan más pobres, y por ello se implementa una tecnología que traza la frontera entre la pobreza "relativa" y la pobreza "absoluta" (Foucault, 2007: 246). Quienes caen debajo del "umbral" son considerados ciudadanos que viven en "pobreza absoluta", y a ellos hay que destinar subsidios estatales que les permitan salir de la parte baja del umbral e integrarse a la sociedad como jugadores económicos. Darles un subsidio *temporal* que les sirva de renta a partir de la cual podrán "capitalizarse".

Nótese que el objetivo de esta tecnología de gobierno no es eliminar la pobreza relativa, sino tan sólo la pobreza absoluta. Lo que se busca es evitar que la pobreza relativa se convierta en pobreza absoluta. De hecho, la pobreza relativa no es objetivo de esta tecnología de gobierno. Foucault lo ve con claridad cuando dice que mientras que una "política socialista" intenta mitigar los efectos de la pobreza relativa mediante una redistribución de los ingresos, el impuesto negativo "es exactamente lo contrario de una política socialista" (Foucault, 2007: 246). Lo importante aquí no es la pobreza relativa, sino evitar el aumento de la pobreza absoluta, mediante el establecimiento de un "umbral de subsistencia", es decir, mediante la distinción entre "ciudadanos-empresa" (situados por encima del umbral) y ciudadanos "empresariables" (situados por debajo del umbral, pero que saldrán de él mediante los subsidios). El "umbral" funciona entonces como un "piso de seguridad" (*ibid*.: 247). Si un ciudadano está por encima del umbral, entonces no requiere ayuda de ningún tipo: debe jugar conforme a las reglas de juego válidas para toda la sociedad y garantizadas por el Estado. La política social del neoliberalismo no se fija como meta el "pleno empleo", sino evitar que la "población flotante" caiga por debajo del umbral. Su objetivo no es entonces la igualdad, sino la *equidad*, entendida como la garantía de que todos los ciudadanos tienen derecho a jugar desde un "punto de partida mínimo". La desigualdad no es algo que las tecnologías neoliberales de gobierno se propongan combatir o eliminar. Por el contrario: las desigualdades son vistas como "funcionales" a la economía, pues ellas disparan la creatividad y animan la competencia.

La Escuela de Freiburg y la Escuela de Frankfurt

En la clase del 7 de febrero de 1979 Foucault establece un interesante paralelismo entre la Escuela de Freiburg y la Escuela de Frankfurt. Ambas escuelas parten de una misma problemática: el modo en que Max Weber replantea los análisis de Marx en torno a la racionalidad del capitalismo. Mientras que Marx había hecho una crítica de la sociedad capitalista sobre la base de la "lógica contradictoria del capital", Weber afirma que el problema debería ser examinado no desde una lógica abstracta, sino a partir de unos hábitos mentales y morales concretos, vale decir, a partir de un *ethos* histórico. Con otras palabras, Weber no se interesa por la "lógica del capital", sino por el "espíritu del capitalismo". Su tesis es que mientras que en un primer momento (la época de sus orígenes protestantes) el *ethos* capitalista expresaba unos valores de carácter ascético que se oponían a cualquier actitud hedonista y utilitarista, con el tiempo se convirtió en una racionalidad esencialmente pragmática. Es decir que en la medida en que el *ethos* capitalista se "desancla" de sus orígenes religiosos y empieza a institucionalizarse, también abandona la ética calvinista del deber profesional para transformarse en una ética utilitaria. Así las cosas, la *acción económica* no es valiosa con independencia de sus resultados y pasa a ser valorada de acuerdo a criterios puramente utilitarios. Atrás queda el ascetismo vocacional de los primeros burgueses (calvinistas) y se abre paso una racionalidad basada únicamente en la *calculabilidad* de la acción. Según

Weber, la sociedad se ha "racionalizado" empujada por la institucionalización del *ethos* capitalista, pero esto ha provocado su *irracionalidad generalizada*, pues los individuos ya no pueden echar mano de valores sustanciales, sino que se ven abocados a actuar conforme a una razón vacía de contenidos que se limita a medir, calcular y producir:

> El problema de Max Weber y lo que introdujo, a la vez en la reflexión sociológica, la reflexión económica y la reflexión política alemana, no es tanto el problema de la lógica contradictoria del capital como el de la racionalidad irracional de la sociedad capitalista. Ese paso del capital al capitalismo, de la lógica de la contradicción a la división de lo racional y lo irracional, es a mi juicio —y vuelvo a ser muy esquemático— lo que caracteriza el problema de Max Weber. Y puede decirse en términos generales que tanto la Escuela de Fráncfort como la Escuela de Friburgo, tanto Horkheimer como Eucken, retomaron ese problema simplemente en dos sentidos diferentes. (Foucault, 2007: 134)

El "diagnóstico trágico" de Weber es entonces el punto de partida común de ambas escuelas, la de Freiburg y la de Frankfurt. Bajo la influencia del marxismo, la Escuela de Frankfurt buscaría una nueva racionalidad social capaz de anular la irracionalidad de la sociedad capitalista descrita por Weber. La creación de una "sociedad racional" no capitalista sería el programa impulsado por Horkheimer, Adorno y Marcuse antes de la Segunda Guerra Mundial. Por el contrario, la Escuela de Freiburg no buscaría ir más allá del capitalismo, sino domesticar su irracionalidad mediante una nueva tecnología económica de gobierno. En la clase del 21 de febrero de 1979 Foucault insiste en que, siguiendo los pasos de Max Weber, los ordoliberales afirman que el capitalismo no es algo que se presente en "estado puro", sino que es una realidad histórica que se da siempre dentro de un marco institucional específico. Es decir, el problema de la irracionalidad del capitalismo no se debe a las "contradicciones del capital" (Marx), sino al tipo de instituciones en las que ese capitalismo ha existido históricamente. Corregir tal irracionalidad significa que el Estado debe intervenir activamente sobre esas instituciones (Foucault, 2007: 199). Crear, entonces, un *marco institucional adecuado* para el funcionamiento de la economía capitalista —en lugar de buscar alternativas al capitalismo— es el proyecto de la Escuela de Freiburg.

Pero renovar el capitalismo, poniendo en cintura sus efectos indeseables, significa una sola cosa: intervenir no sobre el mercado, sino sobre el "marco del mercado". El objeto de la economía política no es tanto el mercado mismo, sino las *instituciones* que sirven de "marco" al mercado, como por ejemplo el derecho. De ahí que la Escuela de Freiburg promueva una intervención estatal sobre el marco jurídico de la economía, que sirva para *ajustar* ese marco a las necesidades del mercado. Por eso, el *Rechtstaat* del que hablan los ordoliberales nada tiene que ver con el *Polizeistaat* del mercantilismo (Foucault, 2007: 211). Lo que hace el Estado de derecho es definir jurídicamente unas reglas de juego para que todos los actores económicos tomen sus propias decisiones y jueguen "equitativamente". ¿Y qué se espera lograr con todo esto? Contener aquella situación de irracionalidad señalada por Weber en la que los individuos se ven despojados de la seguridad ontológica que les ofrecían las "imágenes del mundo" (*Weltbilder*). Corregir, por tanto, los efectos de esa racionalidad desencantada de la competencia mediante una intervención del Estado. No se trata, sin embargo, de que el Estado "asegure" a los individuos (cobertura social de los riesgos), sino que su función es diseñar unas reglas de juego en las que cada individuo encuentre su propio lugar con el fin de asegurarse a sí mismo. El desencantamiento del mundo no se *revierte*, sino que se *domestica*.

En suma, lo que propone la Escuela de Freiburg para escapar del "diagnóstico trágico" de Weber es convertir la economía de mercado en el principio mismo del arte de gobernar. Éste es el mejor medio para evitar la "escisión" del individuo, atrapado —según Weber— en medio del politeísmo de los valores, en donde cada "esfera de valor" (la economía, la política, el derecho, etc.) reclama sus propios criterios de legitimación. Tal escisión se superará cuando la racionalidad económica domine en todas y cada una de las esferas de valor, lo cual garantizará que los ciudadanos tengan un nivel de ingresos suficiente para acceder a los seguros, al consumo, a la capitalización y a la propiedad. No es un "gobierno económico" (*welfare*) lo que se propone, sino un "gobierno sociológico" que hará de "la sociedad" el blanco y el objetivo de la política gubernamental (Foucault, 2007: 181). Se trata, pues, de una acción gubernamental que busca crear una sociedad sometida enteramente a la dinámica competitiva.

¿Pero no implica esto una "colonización del mundo de la vida" por la racionalidad económica, como alguna vez lo sugiriera Habermas? En la clase del 14 de febrero de 1979 Foucault mismo discute esta interpretación, pero a propósito de una lectura muy anterior a la de Habermas: aquella formulada por Werner Sombart en su ya clásica y monumental obra *Der moderne Kapitalismus* (1916). Allí Sombart argumenta que el capitalismo y el Estado burgués han generado el desarraigo total de los individuos, que han sido "arrancados" de sus esferas primarias de acción (comunidades locales) para ser lanzados a una vida de competencia anónima y salvaje. El resultado es la sociedad de masas, la sociedad mercantilizada, la sociedad dominada enteramente por la industria cultural (Foucault, 2007: 144). Una crítica que hizo escuela durante todo el siglo XX: de la *Dialéctica de la Ilustración* de Horkheimer y Adorno, pasando por *El hombre unidimensional* de Herbert Marcuse, hasta *La sociedad del espectáculo* de Guy Debort y *El sistema de los objetos* de Jean Baudrillard. La pregunta es, entonces, si lo que propone la Escuela de Freiburg puede ser interpretado bajo el lente de la crítica que luego haría suya la Escuela de Frankfurt, a lo que Foucault responde negativamente:

> ¿La cuestión, en ese arte neoliberal de gobierno, pasa por la normalización y el disciplinamiento de la sociedad a partir del valor y de la forma mercantiles? ¿No se vuelve con ello al modelo de la sociedad de masas, la sociedad de consumo, la sociedad de mercancías, la sociedad del espectáculo, la sociedad de los simulacros, la sociedad de la velocidad que Sombart definió por primera vez en 1903? No

creo, en verdad. No es la sociedad mercantil la que está en juego en ese nuevo arte de gobernar. No es eso lo que se trata de reconstituir. La sociedad regulada según el mercado en la que piensan los neoliberales es una sociedad en la cual el principio regulador no debe ser tanto el intercambio de mercancías como los mecanismos de competencia. Estos mecanismos deben tener la mayor superficie y espesor posibles y también ocupar el mayor volumen posible en la sociedad. Es decir que lo que se procura obtener no es una sociedad sometida al efecto mercancía, sino una sociedad sometida a la dinámica competitiva. (Foucault, 2007: 181-182)

Aquí radica, pues, la mayor diferencia entre la Escuela de Freiburg y la Escuela de Frankfurt. A pesar de que ambas parten de un punto común (la obra de Max Weber), su diagnóstico de la sociedad capitalista es completamente diferente. Mientras que los teóricos de Frankfurt leen el capitalismo en clave de una totalización del *Homo economicus* ("colonización del mundo de la vida"), los de Freiburg piensan que es precisamente ese *Homo economicus* del intercambio lo que ha fallado y debe corregirse. Lo que tenemos no es una "sociedad de masas", sino, por el contrario, una sociedad de individuos confundidos y desarticulados ("átomos errantes"), que ya no tienen una ética de la convicción (*Gesinnungsethik*). Para la Escuela de Freiburg, la economía de mercado no se ha totalizado, sino que se ha desdibujado, por lo cual es necesario darle nueva vida. Hay que recuperar ese momento inicial del que hablaba Weber, cuando el *ethos* capitalista estaba vinculado a una ética del deber profesional. Para ello es preciso construir una trama social en la que todas sus unidades básicas (la familia, las instituciones de la sociedad civil, el Estado, los individuos) adquieran la "forma-empresa". Hacer que cada cual conduzca su vida conforme a las exigencias del trabajo abnegado (*methodische Lebensführung*), sabiendo que su "salvación" en este mundo depende de sí mismo. El proyecto de la Escuela de Freiburg busca crear las condiciones formales ("política de marco") para el resurgimiento de la ética del trabajo en la sociedad entera, a fin de que cada uno pueda "capitalizarse" y acceder a los beneficios del mercado. Rüstow habla en este sentido de una *Vitalpolitik* que busca la *multiplicación de la forma-empresa* en todo el cuerpo social. El mercado (y no los competidores) debe ser protegido por una *Vitalpolitik* con el fin de crear las condiciones para que los jugadores se *gobiernen a sí mismos* de manera responsable y gestionen sus propios riesgos. ¿Qué es entonces la *Vitalpolitik*? Rodear al individuo de la forma-empresa, "abrigarlo" con ella, crear un "ambiente competitivo" que pueda compensar los efectos irracionales de la "fría" competencia entre individuos planteada por los liberales clásicos (Foucault, 2007: 186).

Se equivocan, por tanto, quienes al oponerse al neoliberalismo creen estar criticando la "sociedad de masas" de la que hablaban los teóricos de Frankfurt. En opinión de Foucault, ese tipo de sociedad *es cosa del pasado*: "Critican algo que, sin lugar a dudas, ha estado en el horizonte explícito o implícito, querido o no, de las artes de gobernar de los años veinte a los años sesenta. Pero hemos superado esa etapa. Ya no estamos en ella" (Foucault, 2007: 186). La tesis de Foucault es que con la emergencia de la racionalidad neoliberal no estamos ya en el proyecto de una sociedad normalizada —como la referida en su libro *Vigilar y castigar*—, sino en algo completamente diferente, que Deleuze llamaría las "sociedades de control". Sobre esto volveré más adelante.

Por lo pronto valga decir que existe otra diferencia de diagnóstico entre la Escuela de Freiburg y la Escuela de Frankfurt, referida esta vez a su valoración del nacionalsocialismo en Alemania. Los filósofos de Frankfurt afirmaron en su momento que el triunfo del nazismo corrió paralelo con el triunfo de la racionalidad instrumental. No es la "falta" de una racionalidad capitalista lo que explica el surgimiento de la barbarie nazi, sino que ésta es efecto del despliegue de tal racionalidad. Auschwitz no es efecto de una ausencia de modernización capitalista, sino producto de ella. Para los miembros de Freiburg, en cambio, la "catástrofe alemana" no es el resultado del triunfo del capitalismo, sino del fracaso en la implementación de una economía de mercado. El nazismo es resultado lógico de la implementación de monopolios, regulaciones e intervenciones proteccionistas que se venían dando ya desde Bismark y durante toda la República de Weimar. Este dirigismo estatal tuvo como efecto inmediato la destrucción de la responsabilidad individual, la erosión de la ética del trabajo y la atomización de la sociedad, factores sobre los cuales pudo Hitler cimentar su poder. Por lo tanto, el nazismo nada tiene que ver con el capitalismo, sino con el dirigismo estatal y el crecimiento indefinido del poder del Estado; en una palabra, con el antiliberalismo (Foucault, 2007: 146). Aquello que condujo al nazismo no fue, pues, el "desarrollo de las fuerzas productivas", sino, todo lo contrario, la falta de desarrollo del mercado.

Con todo, digamos que aun en este diagnóstico divergente existe un punto común entre las dos escuelas alemanas. Al igual que los de Frankfurt, los teóricos de Freiburg atribuyen la catástrofe nazi a la aplicación indiscriminada de la racionalidad tecno-científica en el ámbito de la "gestión social". Foucault lo explica de este modo:

> La tecnificación de la gestión estatal, el control de la economía y la tecnificación también en el análisis mismo de los fenómenos económicos: eso es lo que los ordoliberales llaman "eterno saint-simonismo", y atribuyen a Saint Simon el origen de esa suerte de vértigo [...] que lo lleva a buscar en la aplicación a la sociedad del esquema de racionalidad propio de las ciencias de la naturaleza [...] un principio de organización que en definitiva condujo al nazismo. (Foucault, 2007: 147)

El neoliberalismo norteamericano

Cuando Michel Foucault dictó su curso *Nacimiento de la biopolítica*, en 1979, el neoliberalismo había ganado ya legitimidad en amplios círculos de la política y la economía, tanto en Europa como en los Estados Unidos. Margaret Thatcher fue elegida primer ministro de Inglaterra en mayo de 1979, apenas un mes después de que Foucault terminara sus lecciones, y dos años más tarde Ronald Reagan fue elegido presidente de los Estados Unidos. En el año 1974 el Premio Nobel de Economía fue ganado por Friedrich

August von Hayek, en 1976 por Milton Friedman y en 1979 por Theodore Schultz, tres figuras centrales del pensamiento económico neoliberal. Y no debemos olvidar la gran importancia que tuvo este pensamiento económico en Chile durante la dictadura de Pinochet, en la década de los setenta. Todos estos eventos que acabo de nombrar remiten a la influencia de la Chicago School of Economics, cuyos orígenes en los Estados Unidos pueden ser rastreados hasta la misma época en que nació la Freiburger Schule en Alemania, es decir, la década de los treinta.[16]

A la hora de examinar los vínculos entre la Freiburger Schule y la Chicago School, tendremos que llegar necesariamente hasta la figura de Friedrich August von Hayek, el único pensador que sirvió de bisagra entre ambas escuelas. En efecto, Hayek participó en los seminarios de Ludwig von Mises en Viena durante los años veinte (donde conoció a Wilhelm Röpke), estudió en la London School of Economics en la década de los treinta, fue profesor de economía en la Universidad de Chicago en los años cincuenta y finalmente regresó a Europa como profesor en la Universidad de Freiburg hacia comienzos de la década de los sesenta. En la clase del 21 de febrero de 1979 Foucault dice que

> [...] gente como Mises y von Hayek van a ser los intermediarios entre ese ordoliberalismo y el neoliberalismo norteamericano que desembocará en el anarcoliberalismo de la Escuela de Chicago, Milton Friedman, etc. (Foucault, 2007: 190-191)

---

[16] Ya en aquellos días la Universidad de Chicago era conocida no sólo por ser el centro del pragmatismo filosófico americano, alrededor de la figura de John Dewey, sino también por las nuevas teorías económicas de Henry Calvert Simons, Frank Knight y Jacob Viner, que causaban revuelo en los círculos liberales. Al respecto afirma Foucault: "El neoliberalismo norteamericano se desarrolló en un contexto que no es muy diferente del contexto en el que se desplegó el neoliberalismo alemán [...], la existencia del *New Deal* y la crítica del *New Deal* y de la política que en términos generales puede calificarse de keynesiana, implementada a partir de 1933-1934 por Roosevelt. Y el primer texto fundamental de ese neoliberalismo norteamericano, escrito en 1934 por Simons, que fue el padre de la Escuela de Chicago, es un artículo que se titula 'Un programa positivo para el *laissez-faire*'" (Foucault, 2007: 250).

Aquí Foucault se está refiriendo en particular al *Coloquio Walter Lippmann* de 1938, acontecimiento fundacional del neoliberalismo, en el que Hayek cumplió un papel importante como "agente de transmisión" (*ibid.*). Pero a esto debe agregarse un hecho que Foucault ni siquiera menciona: diez años después Hayek fundó la Mont Pelerin Society, primer "tanque de pensamiento" neoliberal, en el que participaron miembros de ambas escuelas junto con otras figuras prominentes: Ludwig von Mises, Walter Eucken, Milton Friedman y el filósofo Karl Popper. Los objetivos de la fundación de este grupo se reflejan claramente en su "Declaración de principios":

> Los valores centrales de la civilización están en peligro. En amplios espacios de la superficie de la Tierra han desaparecido las condiciones esenciales para la libertad y la dignidad humana. En otras están bajo constante amenaza por el desarrollo actual de los Estados de policía. La posición del individuo y de los grupos voluntarios ha sido progresivamente minada por la extensión de poderes arbitrarios. Aun la más preciosa posesión del hombre occidental, la libertad de pensamiento y expresión, es actualmente amenazada por la expansión de credos que, mientras hablaban en nombre de la tolerancia cuando estaban en posición de minoría, buscan solamente establecer una posición de poder desde la que puedan suprimir y obliterar todas las opiniones distintas de la suya. El Grupo sostiene que todos estos desarrollos han sido impulsados por el crecimiento de una visión de la historia que niega los estándares morales y por el crecimiento de teorías que cuestionan la deseabilidad del imperio de la ley. Sostiene además que han sido impulsados por el declive de la fe en la propiedad privada y el mercado competitivo; pues sin el poder e iniciativa asociados a estas instituciones, es difícil imaginar una sociedad en la que la libertad pueda ser eficazmente preservada.[17]

Esta Declaración, redactada apenas finalizó la Segunda Guerra Mundial, nos sirve como entrada para examinar cuáles son

---

[17] http://www.montpelerin.org/mpsGoals.cfm. La traducción es mía.

los puntos de encuentro entre la Escuela de Freiburg y la Chicago School of Economics. La Sociedad Mont Pellerin identifica tres graves amenazas para la civilización: el "crecimiento de una visión de la historia que niega la existencia de criterios morales absolutos", las "teorías que cuestionan la deseabilidad de la ley" y "el declive de la creencia en la propiedad privada y el mercado competitivo". Sin estas cuatro instituciones (la moral, la ley, la propiedad privada y el mercado) será imposible preservar "el valor más precioso del hombre occidental": la "libertad de pensamiento y expresión". El problema es que estas instituciones no trabajaban juntas en el liberalismo clásico del siglo XVIII. Para pensadores como Adam Smith, la ley y la moral no deben mezclarse con la propiedad privada y el mercado, debido a que este último es visto como un ámbito "natural" sobre el que no debe haber intervención alguna. Cualquier injerencia legal o moral sobre el mercado terminará desnaturalizándolo, perjudicando además el funcionamiento de la propiedad privada. El *laissez-faire* del liberalismo clásico aparecía, entonces, como un obstáculo para el logro de los objetivos propuestos por la Mont Pellerin Society, tema que ya había sido abordado por Hayek en su reciente libro *Der Weg zur Knechtschaft* (1944).

Si algo tienen en común entonces las dos escuelas, la alemana y la estadounidense, es su rechazo tanto del dirigismo estatal como del liberalismo clásico, lo cual las lleva a buscar un "punto medio" entre los dos extremos. Ni regulación estatal de la economía ni desregulación absoluta del mercado, pues ambos extremos conducen a posiciones igualmente peligrosas para la libertad: el absolutismo moral, por un lado, el anarquismo moral, por otro. Para contrarrestar estos efectos perversos, las dos escuelas neoliberales proponen un modelo de gobierno que permita la "interacción" entre el mercado y el Estado con el fin de asegurar unas reglas de juego que abran campo a la responsabilidad y el compromiso moral de los jugadores. Un modelo que ya no apunta a la autorregulación del mercado ni hacia la planificación del Estado, sino a una "intervención indirecta" que permita crear unas condiciones formales (*Rahmenbedingungen*) para el juego entre individuos libres. Se trata, dice Foucault, de la aplicación del principio estatal (*rule of law*) en el orden económico, tal como lo vio Friedrich August von Hayek:[18] medidas jurídicas "ciegas", de carácter puramente *formal*, cuyo fin no es dirigir la economía ni favorecer determinados intereses económicos, sino crear un "marco de acción":

> Tanto para el Estado como para los individuos la economía debe ser un juego: un conjunto de actividades reguladas, pero en las cuales las reglas no son decisiones que alguien [el Estado] toma por los demás. Se trata de un conjunto de reglas que determina de qué manera cada uno debe jugar un juego cuyo desenlace, en última instancia, es desconocido por todos. La economía es un juego y la institución jurídica que la enmarca debe pensarse como regla del juego. El *rule of law* y el Estado de derecho formalizan la acción del gobierno como un prestador de reglas para un juego económico cuyos únicos participantes, y cuyos únicos agentes reales, tienen que ser los individuos o, digamos, si lo prefieren, las empresas. Un juego regulado de empresas dentro de un marco jurídico institucional garantizado por el Estado: ésa es la forma general de lo que debe ser el marco institucional en un capitalismo renovado. (Foucault, 2007: 208-209)

Hayek, entonces, opera como la bisagra entre dos escuelas que se identifican en un mismo objetivo: la creación de unas condiciones formales para la competencia entre empresas. De este modo, la Freiburger Schule y la Chicago School pueden ser vistas como "las dos caras de una misma moneda neoliberal" (Gertenbach, 2008: 82), pues ambas pretenden un *gobierno de lo social* que extienda la forma-empresa hacia *todos* los ámbitos de la vida. Sólo de este modo la responsabilidad y credibilidad moral que debe regir en el mundo de los negocios se extenderá hacia otros ámbi-

---

[18] "Me parece que es Hayek quien en su libro *Los fundamentos de la libertad*, mejor define lo que habría que entender por esa aplicación de los principios del Estado de derecho o el *rule of law* en el orden económico" (Foucault, 2007: 206).

tos, como la familia, la educación, la política, el trabajo, etc. Éste es el camino para la emergencia de una "sociedad abierta", capaz de conjurar el peligro de todos sus "enemigos" (comunismo, socialismo, estalinismo), tal como lo dijera Popper.[19] La economía como paradigma de una libertad que debe permear todas las esferas de la vida cotidiana.

Pero aquí, en este intento de extender la racionalidad económica hacia esferas tradicionalmente no vistas como parte de la economía, radica justamente la diferencia entre las dos escuelas.[20] No se trata, insistimos, de una diferencia de objetivos, sino tan sólo de método. Veíamos antes que la "política social" de los economistas alemanes consistía en organizar una sociedad conforme a los mecanismos del mercado. Favorecer la competencia empresarial, multiplicar la "forma-empresa" y extenderla hacia todo el tejido social. La sociedad entendida como un conjunto de empresas que compiten entre sí, y ya no como un objeto de intervención del Estado a través de los "dispositivos de seguridad". La *Vitalpolitik* de la que hablaba Rüstow haría énfasis no tanto en el individuo como en los conjuntos empresariales. La función del Estado será, entonces, proteger ese entorno competitivo, pero no para "compensar" al individuo por las desigualdades sociales y

---

[19] No sobra señalar en este lugar que tanto Hayek como Popper comparten una desconfianza epistémica frente al proyecto de una "ingeniería social", es decir frente a la capacidad de la razón humana para darle forma a la vida social en su conjunto. Aquí radica su rechazo visceral de la economía planificada y del socialismo: la "justicia social" no es algo que pueda planificarse o lograrse mediante la implementación de "medidas racionales", pues la razón humana no está en la capacidad de conocer de antemano sus propios efectos. Debe operar, como dice Popper, por el principio de falsabilidad. Hayek desarrolló sus ideas epistemológicas en el libro *The Counter-Revolution of Science: Studies in the Abuse of Reason*, publicado en 1952 (véase Hayek, 2004. Para un estudio sobre la obra de Hayek véase Gamble, 1996).

[20] En la clase del 14 de marzo de 1979 Foucault señala una serie de diferencias *históricas* entre el neoliberalismo alemán y el norteamericano. Éstas tienen que ver, sobre todo, con la larga tradición que tiene el liberalismo en los Estados Unidos, en donde, según Foucault, "es toda una manera de ser y pensar", a diferencia de lo que ha ocurrido en Europa (Foucault, 2007: 252-253). A continuación prefiero enfatizar las diferencias *metodológicas* entre las dos escuelas.

servirle de contrapeso (como había hecho el *welfare*), sino para que el individuo mismo logre "autoasegurarse" y tener acceso a un salario que le permita gestionar sus propios riesgos. Pues bien, los neoliberales de la Chicago School van a *radicalizar* esta idea de sus colegas alemanes. Foucault muestra que los economistas de Chicago rompen definitivamente con la dicotomía (aún presente en los ordoliberales) entre lo económico y lo social. No se trata ya de movilizar lo social *mediante* la economía, sino de hacer de lo social una economía, es decir, de convertir la vida social misma en un mercado. El programa del neoliberalismo norteamericano radica, pues, en la *molecularización de la forma-empresa*.

Biopolítica y capital humano

Foucault ilustra el programa de "gobierno social" del neoliberalismo norteamericano mediante la *teoría del capital humano*. Aquí sigue, sobre todo, los trabajos de los economistas Theodore W. Schultz y Gary S. Becker, profesores ambos de la universidad de Chicago y premios Nobel de Economía en los años 1979 y 1992, respectivamente.[21] Schultz destacó por su libro *Investment in Human Capital*, de 1971, pero fue Becker quien comenzó a desarrollar el concepto en una obra que data de 1964, titulada, precisamente, *The Human Capital*.[22] En este y en otros textos, Becker defiende la tesis de que cuando las personas compran en el mercado servicios de salud, educación, información, etc., o simplemente gastan tiempo buscando empleo o divirtiéndose, estas acciones deben ser consideradas como gastos de *inversión* y no simplemente como gastos de *consumo*. ¿Por qué? Sencillamente porque estos bienes no son únicamente materiales, sino que tie-

---

[21] Lars Gertenbach anota, sin embargo, que aunque ciertamente fueron Becker y Schultz quienes desarrollaron teóricamente el concepto de *capital humano*, el precursor de este concepto fue el economista Jacob Mincer, quien en 1958 escribió un artículo titulado "Investment in Human Capital and Personal Income Distribution" (Gertenbach, 2008: 114).

[22] Un dato que no es menor: Becker fue vicepresidente de la Mont Pellerin Society en 1989.

nen que ver con factores "inmateriales" tales como el placer sensual, la felicidad y el bienestar corporal, que *también son factores económicos*. Son *inversiones* que los sujetos hacen en sí mismos, "competencias" que luego podrán capitalizar. Becker asume, entonces, que los agentes toman siempre decisiones racionales (*rational choices*) cuando hacen intercambios económicos, bien sea que esos intercambios se refieran a bienes materiales o inmateriales, o bien que tales decisiones sean tomadas por personas ricas o pobres, adultos o niños, hombres o mujeres, etc.

Foucault se concentra primero en uno de los aspectos abordados por la obra de Becker y Schultz: su crítica a la concepción clásica del trabajo. En su opinión, los teóricos del liberalismo clásico (Smith y Ricardo) redujeron el trabajo a una variable situada en el interior de procesos económicos (Foucault, 2007: 256). Analizaron el trabajo en términos cuantitativos (número de horas trabajadas, gasto de fuerza de trabajo, transferencia de valor, etc.), pero no analizaron lo que es el trabajo *en sí mismo*, con independencia de los procesos en los que está inscrito. Paradójicamente, fue Marx quien más reflexionó sobre este tema, convirtiendo al trabajo en el centro de sus análisis. Pero, ¿qué es el trabajo para Marx? Es algo que se "vende" en el mercado: el obrero vende su fuerza de trabajo a cambio de un salario y "la lógica del capital" transforma esa operación en "trabajo abstracto", amputado de toda realidad humana (*ibid.*: 258). De este modo, Marx cae en el mismo problema de los economistas clásicos: reduce el trabajo a una variable cuantitativa ("fuerza de trabajo") y además culpa a la "lógica del capital" de abstraer el trabajo del tiempo socialmente empleado en la producción de una mercancía. Por el contrario, los economistas neoliberales se apartarían de esta metafísica del trabajo desarrollada por Marx, para restituir el trabajo al dominio de análisis puramente económico. ¿Y cómo lo hacen? Mirando la fuerza de trabajo desde el punto de vista de quien trabaja, es decir, ya no como algo "externo" a la *persona* del trabajador, como planteaba Marx, sino como un elemento constitutivo de su racionalidad. De este modo el trabajo no es algo que el trabajador "vende" en el mercado (como "fuerza de trabajo"), sino que es el capital inicial (o "capital semilla") que el trabajador *invierte* en una transacción económica. Lo cual significa, de paso, que el salario no es el pago injusto por la sobreexplotación del trabajo, sino que es un *ingreso* (*ibid*.: 262). La fuerza de trabajo es concebida como capital y el salario como ingreso que puede ser reutilizado para reinvertir y aumentar el capital inicial: en esto consiste la "mutación epistemológica" que los economistas neoliberales introducen en la ciencia económica.

No es, por tanto, que el capitalista aumente sus ganancias a expensas del obrero y de una forma inversamente proporcional a su pauperización (la tesis marxiana de la plusvalía), sino que, en la concepción neoliberal, *el obrero mismo es un capitalista*. El obrero no está "por fuera" del capital, no es una víctima de su lógica perversa, sino que es un inversionista. Pero, ¿qué tiene el obrero para invertir? Sus aptitudes, sus "competencias", su "idoneidad":

> Se darán cuenta de que el capital definido como lo que hace posible una renta futura —renta que es el salario— es un capital prácticamente indisociable de su poseedor. Y en esta medida no es un capital como los demás. La aptitud de trabajar, la idoneidad, el poder hacer algo: todo esto no puede separarse de quien es idóneo y puede hacer ese algo. En otras palabras: la idoneidad del trabajador es en verdad una máquina, pero una máquina que no se puede separar del trabajador mismo, lo cual no quiere decir exactamente, como lo decía por tradición la crítica económica, sociológica o psicológica, que el capitalismo transforme al trabajador en máquina y, por consiguiente, lo aliene. Es menester considerar que la idoneidad que se hace carne con el trabajador es, de alguna manera, el aspecto en que éste es una máquina, pero una máquina entendida en el sentido positivo, pues va a producir flujos de ingresos. (Foucault, 2007: 263)

El trabajo opera entonces como una "máquina" que produce flujos de capital, pero es una máquina que no puede ser disociada de la persona del trabajador. Un trabajador que, a diferencia de como lo concibe Marx, no es visto como despojado, como carente, como falto de medios de subsistencia, sino como dotado de *competencias* que le son propias y que nadie más tiene. Lo que está en juego es la idea del individuo activo, calculador, responsable, capaz de sacar un provecho máximo de sus competencias, es decir, de su *capital humano*. Con lo cual nos encontramos frente a un cambio significativo del concepto de *capital*, que ya no puede pensarse bajo las categorías de análisis marxianas, pero tampoco bajo los términos de la teoría clásica del "sujeto de interés" a la que nos referimos en el capítulo anterior. Nos encontramos, más bien, frente una nueva teoría del sujeto como *empresario de sí mismo* (Foucault, 2007: 264). No tenemos aquí al *Homo economicus* entendido como socio del intercambio, como en el liberalismo clásico, sino a un sujeto que se comporta como *máquina empresarial*. El sujeto como singularidad maquínica que produce los medios para su propia satisfacción.[23] Por eso, todas las acciones de este sujeto (en términos de asegurar su salud, su educación, su bienestar, etc.) son vistas como *inversiones* que buscan el aumento del propio capital humano.[24]

Foucault dice que el capital humano tiene dos elementos: uno heredado y el otro adquirido.[25] El capital humano innato o heredado es el que viene ligado a las potencialidades *genéticas* de un individuo,[26] mientras que el adquirido tiene que ver con acciones estratégicas emprendidas por un sujeto para potenciar ese capital heredado y/o para transmitir nuevo capital. Es el caso de las *in-*

---

[23] Cabe recordar que Foucault toma el concepto de *máquina/flujo* de *El anti-Edipo: capitalismo y esquizofrenia* de Deleuze & Guattari, y que, para estos autores, las máquinas son productoras de sí mismas, no intervienen sobre algo "exterior" a ellas. El único objetivo de las máquinas es incrementar su propia potencia de producción. Nunca desean algo de lo cual "carecen".

[24] Aquí Foucault hace referencia directa al libro de Gary Becker *The Economic Approach to Human Behaviour* (1976).

[25] En este caso se hace referencia al libro de Theodor Schultz *Investments in Human Capital: The Role of Education and of Research* (1971) y al artículo "La théorie du capital humaine" (1978) de Michelle Riboud y Feliciano Hernández Iglesias.

[26] Foucault reconoce el "gran peligro" de esta idea: la genética permitirá diferenciar entre individuos *aptos* y *no aptos*, individuos de *alto riesgo* y de *bajo riesgo* (Foucault, 2007: 267), lo cual podría conducir a una reactualización del racismo en nuevos términos: el imperativo será la "mejora" y "optimización" del "capital humano" de los individuos (*ibid.*: 269). Sobre esto volveré en el último capítulo.

versiones afectivas, entendidas como estrategias de capitalización transmitidas de generación en generación. "Inversión afectiva" es, por ejemplo, el cuidado que prestan los padres a sus hijos, el tiempo de lactancia y el número de horas que pasa la madre junto a su cuna, el tiempo que los padres deducen de sus propias actividades para jugar con sus hijos, la vigilancia sobre sus progresos escolares y físicos, el tipo de escolaridad y formación cultural de esos padres, etc. Los economistas neoliberales pueden *calcular* cuánto vale esta inversión en términos de formación de capital humano para el futuro:

> Se llegará de tal modo a un completo análisis ambiental, como dicen los norteamericanos, de la vida del niño, que podrá calcularse y hasta cierto punto ponerse en cifras; en todo caso podrá medirse en términos de posibilidades de inversión en capital humano. (Foucault, 2007: 270)

En la lección del 21 de marzo Foucault agrega que desde la analítica neoliberal, la relación madre-hijo pertenece a un mercado, es decir, no es algo "privado" ni extraeconómico. El afecto y el cuidado de la madre no es otra cosa que una "inversión mensurable en el tiempo" (*ibid.*: 280). La madre está transmitiendo un capital humano a sus hijos, y cuando éstos sean adultos, ese capital humano heredado será precisamente el "capital semilla" que ellos podrán invertir para generar una renta. Pero el análisis económico no se detiene allí. Cuando la madre ofrece cuidados al hijo, en realidad se está comportando como una máquina/flujo que genera su propia satisfacción, es decir, está invirtiendo en ella misma. Su pago por esta inversión es una especie de "renta psíquica" que la hace sentir autorrealizada como madre. Es decir que su actividad "económica" (a saber, cuidar de los hijos) la subjetiva moralmente, la produce como "sujeto moral". La ganancia económica es, a su vez, ganancia moral (*ibid.*: 281). Elementos inmateriales como la satisfacción personal, el afecto y el cuidado de otros pueden ser vistos como *variables económicas* que, como tales, pueden ser cuantificadas y planificadas.

Este escalofriante ejemplo nos muestra en qué consiste la radicalización que los neoliberales norteamericanos hicieron de la *Sozialpolitik* ideada por sus colegas alemanes. Mientras que éstos buscaban la mercantilización de ámbitos que el Estado benefactor había reservado para sí mismo, tales como la salud, la educación y el trabajo, los neoliberales norteamericanos van todavía más lejos: la mercantilización debe afectar no sólo el ámbito de lo "social", sino que debe instalarse en la vida personal de todos los agentes para que cada uno se haga responsable, se convierta en *sujeto moral*. Cuando crezca el niño que recibe los cuidados de su madre, será responsable único de invertir adecuadamente ese capital humano heredado. No podrá esperar que el Estado cubra sus necesidades y lo proteja de las consecuencias de sus malas inversiones. Si alguien está desempleado, ello no debe achacarse a la incompetencia y corrupción del Estado o a las "contradicciones" del capitalismo, sino a la propia incapacidad de incrementar su capital humano, es decir, a su falta de aptitudes autogerenciales. Hay que "devenir empleable", y para ello es necesario *invertir en sí mismo*, por ejemplo mediante capacitación técnica, el aumento de competencias intelectuales por medio de la educación media o superior, etc. Este esfuerzo personal hará que los sujetos tengan orgullo de sí mismos, se "superen", cultiven sus potencias, gestionen sus propios riesgos y se conviertan en *ciudadanos libres*.

Podríamos decir, entonces, que las estrategias de formación de capital humano funcionan en la racionalidad neoliberal como *estrategias biopolíticas*. Pero aquí es necesario recordar lo dicho en capítulos anteriores: Foucault subordina el análisis de la biopolítica a un análisis de la racionalidad liberal (y neoliberal), lo cual hace que, paradójicamente, en sus lecciones tituladas *Nacimiento de la biopolítica* nunca se hable en realidad de biopolítica. Pareciera, a primera vista, que la crítica neoliberal al intervencionismo del Estado y su desplazamiento analítico hacia el eje del emprendimiento individual volviera superflua cualquier consideración de orden biopolítico. Sin embargo, el problema radica en que la pregunta por la biopolítica del neoliberalismo exige ampliar el concepto utilizado por Foucault en sus análisis de la razón de Estado y el liberalismo hacia finales del siglo XVIII. Sostendremos, entonces, que la biopolítica neoliberal no se limita al juego de variables *biológicas* tales como el nacimiento, la muerte y la enfermedad, sino que se trata de una intervención mucho más molecular. Tiene que ver con el gobierno de la *vida íntima* de las personas, con decisiones cotidianas como las referentes, por ejemplo, al cuidado del cuerpo (selección de la comida, ritmos de vida adecuados, rechazo de hábitos nocivos como el cigarrillo, etc.), cómo educar a los hijos, con quién relacionarse amorosamente, cómo llevar la vida sexual, qué tipo de intereses culturales o espirituales es necesario desarrollar, cómo potenciar el emprendimiento personal, etc. Decisiones cotidianas que se convierten en estrategias económicas orientadas a la *optimización de sí mismo como máquina productora de capital*. Hablamos, pues, de una biopolítica que, mediante la multiplicación de la forma-empresa hacia ámbitos no económicos, tiene como objetivo el *gobierno de la intimidad*.

Para lograr que el emprendimiento individual tenga repercusiones a nivel molar, es decir a nivel del gobierno sobre las *poblaciones*, la racionalidad neoliberal necesita crear un "medio ambiente" (*milieu*) que favorezca la multiplicación de los mercados. Los ordoliberales alemanes hablaban, en este sentido, de una intervención indirecta del Estado mediante la creación de reglas de juego jurídicamente garantizadas, pero los neoliberales norteamericanos van mucho más allá, y en esto radica, me parece, la diferencia entre la *Vitalpolitik* y la *Biopolitik*: la creación de un "medio ambiente competitivo" sólo podrá lograrse mediante el *desmonte sistemático de las seguridades ontológicas* por medio de la privatización de lo público. Esto quiere decir que la mejor forma de hacer que los sujetos sean "empresarios de sí mismos" es la creación de un ambiente de inseguridad generalizada. ¿Por qué razón? Sencillamente porque el emprendimiento implica necesariamente la *innovación*, y ésta puede desarrollarse con mayor facilidad en un ambiente de inseguridad que en uno lleno de seguridades. Quien actúa "emprendedoramente" debe entender que vive en el mundo de Heráclito: no puede cruzar dos veces el mismo río. Y este tipo de "vida líquida" —como diría Bauman— le obliga a desarrollar estrategias de riesgo e innovación que le permitan competir con éxito en un mercado siempre cambiante. La generación del riesgo permanente aparece entonces como uno de los objetivos centrales de la racionalidad neoliberal propuesta por la Escuela de Chicago. La *Risikogesellschaft* no es una consecuencia "indeseada" de la industrialización, como pretende Ulrich Beck, sino que es efecto de una racionalidad de gobierno. Una racionalidad que busca producir un ambiente de riesgo en el que las personas se vean *obligadas* a vérselas por sí mismas, pues la inseguridad es el mejor ambiente para estimular la competitividad y el autogobierno.

El gobierno sobre la intimidad, la biopolítica de la que estamos hablando, supone considerar la vida íntima como un mercado que puede y debe ser *autogestionado*. No es que los valores capitalistas "penetren" o "colonicen" la esfera de la intimidad, sino que la *vida misma* de los sujetos es gobernada conforme a unas técnicas específicas. En este sentido, y aún sin haberlos conocido, Foucault se distancia de aquellos teóricos que hablan hoy de la mercantilización de la vida íntima como una *extensión* de la "racionalidad capitalista".[27] El gobierno de la vida íntima no es *efecto* de un proceso de racionalización como el descrito por We-

---

[27] Me refiero, sobre todo, a autores vinculados a la tradición de la Escuela de Frankfurt, como la socióloga marroquí Eva Illouz. A partir del postulado de la "racionalización" de Max Weber, según el cual la racionalización de la esfera económica (acción orientada hacia el cálculo, la previsión, el logro de fines planificados, etc.) se ha *extendido* a otras esferas de la vida social (el derecho, la ciencia, la burocracia estatal), Illouz dice que esta racionalización ha "invadido" ya el ámbito de la vida íntima: el amor, las relaciones afectivas y la relación con uno mismo. El diagnóstico de Illouz es el siguiente: el amor se ha racionalizado, los repertorios emocionales obedecen a la *misma lógica* mercantil de la economía (Illouz, 2007). No es éste el procedimiento analítico y metodológico empleado por Foucault. En su texto *El sujeto y el poder* afirmaba: "Pienso que la palabra *racionalización* es peligrosa. Lo que tenemos que hacer es analizar racionalidades específicas, antes que invocar siempre el proceso de la racionalización en general" (Foucault, 2001: 243). La propuesta metodológica de Foucault no es, entonces, hablar de *la racionalización* como una totalidad, sino analizar diversas técnicas de gobierno y sus racionalidades particulares.

ber, pero tampoco se *deriva* de la "lógica del capital" a la que se refería Marx. Se trata, más bien, de la articulación de una serie de técnicas de gobierno sobre la conducta que deben ser estudiadas en su *singularidad*. Para ilustrar este punto, Foucault acude a un artículo de Jean-Luc Mingué en el que reflexiona sobre la economía del matrimonio.[28] Las relaciones interpersonales (madre/hijo, marido/mujer) son vistas por Mingué en términos económicos: son *transacciones* en las cuales hay una "inversión emocional" y un "beneficio psicológico". El matrimonio funciona entonces como una empresa en la que cada uno es un "socio" que realiza "trabajo en equipo" (*Teamwork*). Desaparece aquí la concepción del matrimonio como un nexo romántico (alianza y fusión de dos almas) y se abre paso una concepción puramente empresarial, en la que la pareja funciona como una unidad de producción en el mismo sentido de la empresa clásica (Foucault, 2007: 282). El matrimonio, pues, como estrategia para el aumento de capital humano y como posibilidad de proyectar a nivel molecular los mismos valores que se requieren para obtener éxito en los negocios: independencia emocional, seguridad, dinamismo y carácter.

No hay aquí una "colonización" de la esfera del amor por parte de la "lógica del capital", sino que se trata de una tecnología de gobierno sobre la conducta. Lo que muestra el texto de Mingué es que el análisis económico puede aplicarse al *comportamiento* de las personas,[29] pues cuando la economía se convierte en una "ciencia del comportamiento humano", entonces la *vida misma* de los sujetos —y ya no sólo las variables que tienen que ver con su vida biológica— empieza a ser objeto de planificación y gobierno. No se trata, por tanto, de un análisis que toma como dominio propio de la economía los "procesos económicos" (el capital, las máquinas, la mercancía, el trabajo alienado, la producción, etc.), como habían sugerido tanto Marx como los economistas

---

[28] "Méthodologie économique et économie non marchande" (1977).
[29] Foucault hace referencia al libro *Essay on the Nature and Significance of Economic Science*, escrito en 1932 por el economista inglés Lionel Robbins, en el que por primera vez se afirma que la economía es una "ciencia del comportamiento humano" (Foucault, 2007: 260).

clásicos, sino de uno que estudia el comportamiento *real* de la gente, el modo en que producen, consumen, desean, piensan, sienten y trabajan. De este modo, la *entrepreneurship* se libera de las constricciones que la ataban a procesos de orden *molar* y pasa a convertirse en un *modo de existencia individual* que, sin embargo, genera consecuencias inmediatas para el conjunto de la población. Así, la biopolítica del neoliberalismo aparece en el momento en que las técnicas de autoconducción empresarial son capaces de generar una "cultura del emprendimiento".

Existe, sin embargo, un segundo modo en el que podemos hablar de biopolítica en el neoliberalismo, pero para ello tendremos que remitirnos al modo en que Foucault utilizó este concepto en sus lecciones del año de 1976, *Defender la sociedad*. Aún trabajando heurísticamente con el modelo bélico, Foucault decía que la biopolítica puede ser vista como el conjunto de técnicas mediante las cuales un sector de la población es "hecho morir" para que otro viva. No se trata, entonces, de un simple "hacer vivir" a toda la población mediante intervenciones sanitarias, médicas, alimenticias, laborales, etc., sino de hacer vivir a un sector de la población por medio de la muerte biológica de otro. La biopolítica deviene *tanatopolítica*, como bien diría Agamben. Pero este ejemplo de Foucault, pertinente para el caso de tecnologías estatales de gobierno social como el nazismo y el estalinismo, ¿podría ser trasladado para analizar el caso de las tecnologías neoliberales? Algunos autores piensan que sí, sobre todo en aquellos casos en que las tecnologías neoliberales son utilizadas por gobiernos *neoconservadores* (Dean, 2008: 138-148). Y no les falta razón, si tenemos en cuenta que el postulado de la "formación de capital humano" pudiera ser visto como un mecanismo para "hacer morir" a aquellos que son incapaces de autogobernarse, de asumir responsabilidades, de ser sujetos morales. El mercado puede hacer vivir a unos, pero, del mismo modo, puede hacer morir a otros, concretamente a aquellos que no pueden o no quieren ser "empresarios de sí mismos". Hablamos, entonces, de una especie de darwinismo social en el que aquellos que son capaces de adaptarse a un medio ambiente de inseguridad (mediante "acciones innovadoras") sobreviven, mientras que aquellos que no se adaptan y se aferran tozudamente a las seguridades ontológicas (el Estado, la familia, el sindicato, etc.), tendrán que perecer. Muera todo lo sólido, viva todo lo que carece de memoria y se deja llevar por el fluido permanente de la innovación y el consumo. Limpieza social "políticamente correcta", en tanto que se realiza a través del mercado y no del Estado, pero no por ello menos dramática e inquietante.

LAS SOCIEDADES DE CONTROL

En un muy citado texto de 1990, Gilles Deleuze afirma que las sociedades disciplinarias teorizadas por Foucault han entrado en crisis y están siendo sustituidas por las "sociedades de control".[30] Esto significa que hoy en día las relaciones de dominio no se asientan sobre instituciones de poder como la fábrica, el hospital, la escuela y el cuartel general, sino que tienen un *modus operandi* completamente diferente. Los dispositivos hegemónicos de poder no funcionan ya de manera seriada y cuadricular, delimitando tareas y funciones para producir subjetividades normalizadas. La crisis generalizada de las instituciones de encierro ha mostrado que en la actualidad no es suficiente, y ni siquiera necesario, encerrar los cuerpos para neutralizar su multiplicidad, sino que tal neutralización ocurre "al aire libre" (Deleuze, 2006b: 278). La dominación ya no opera normalizando la subjetividad mediante el confinamiento de los individuos, sino modulando sus deseos en espacios abiertos. El hombre-topo de la sociedad disciplinaria ha dado lugar al hombre-serpiente de las sociedades de control. Según Deleuze, "hemos pasado de un animal a otro, del topo a la serpiente, tanto en el régimen que vivimos como en nuestra manera de vivir y en nuestras relaciones con los demás" (*ibid*.: 282).

---

[30] "'Control' es el nombre propuesto por Burroughs para designar al nuevo monstruo que Foucault reconoció como nuestro futuro inmediato" (Deleuze, 2006b: 278).

Deleuze deja claro que este paso de la sociedad disciplinaria a la sociedad de control está relacionado con una "profunda mutación del capitalismo".[31] En este contexto, el elemento central del capitalismo ya no es tanto la producción de objetos fabriles sino la venta de servicios mediante el *marketing*, instrumento básico para las nuevas estrategias empresariales. Por eso Deleuze realiza una distinción conceptual tácita entre *fábrica* y *empresa*. No es lo mismo un *régimen fabril* que un *régimen empresarial*, porque mientras aquél opera sobre los cuerpos repartiendo su multiplicidad en espacios cerrados para extraer de ellos un trabajo útil, éste actúa en cambio sobre la *motivación* de los sujetos, abocados a un proceso de "formación permanente" conforme a estrategias de marketing. Es decir que, a diferencia de lo que ocurre en las sociedades disciplinarias, donde los sujetos son como topos que pasan de un encierro a otro (de la escuela al ejército, del ejército a la fábrica) de forma lineal y progresiva, en las sociedades de control nadie termina de adiestrarse. Los sujetos son como serpientes que "surfean" todo el tiempo para adquirir competencias, pero sus movimientos, aunque libres en apariencia, se hallan controlados por los servicios que compran en el mercado y por sus hábitos de consumo. "El hombre ya no está encerrado sino endeudado", afirma Deleuze, para reforzar su tesis de que "las sociedades disciplinarias son nuestro pasado inmediato, lo que estamos dejando de ser" (Deleuze, 2006b: 284).

Este diagnóstico de Deleuze —y su lectura de Foucault— arroja toda una serie de preguntas que merecen atención. La primera de ellas quizás deba ser la siguiente: ¿se refirió alguna vez Foucault a las *sociedades de control*? Deleuze dice que sí. En

---

[31] "El capitalismo del siglo XIX es un capitalismo de concentración, tanto en la producción como en cuanto a la propiedad [...] Pero en la actual situación, el capitalismo ya no se concentra en la producción, a menudo relegada a la periferia tercermundista, [sino que es] un capitalismo de superproducción. Ya no compra materias primas ni vende productos terminados o procede al montaje de piezas sueltas. Lo que intenta vender son servicios [...] No es un capitalismo de producción sino de productos, es decir, de ventas o de mercados. Por eso es especialmente disperso, por eso la empresa ha ocupado el lugar de la fábrica" (Deleuze, 2006b: 282-283).

una conferencia de 1978 titulada "¿Qué es el acto de creación?" afirmó que Foucault sentía una viva admiración por Burroughs (el primero que habló de *sociedades de control*) y que era perfectamente consciente de que "estamos entrando en unas sociedades de control, que se definen de un modo completamente distinto a las sociedades de disciplina" (Deleuze, 2007b: 287). Aquí parece referirse a una intervención pública de Foucault que tuvo lugar en la Universidad de Vincennes (donde Deleuze trabajaba) en aquel mismo año, y en la que se refirió al "control social" después de la crisis del Estado-providencia. Foucault dijo en esa ocasión que el Estado benefactor del siglo XX creció en medio de una economía "disciplinaria" del poder, pero que actualmente asistimos a un cambio radical de esta economía:

> La puntillosidad policíaca, los controles cotidianos —bastante torpes— van a relajarse puesto que, finalmente, es mucho más fácil dejar en la sociedad un cierto porcentaje de delincuencia, de ilegalidad, de irregularidad: estos márgenes de tolerancia adquieren así, un carácter regulador […] Es necesario un sistema de información que no tenga fundamentalmente como objetivo la vigilancia de cada individuo, sino, más bien, la posibilidad de intervenir en cualquier momento justamente allí donde haya creación o constitución de un peligro. Esto […] va a significar una cierta regulación espontánea que va a hacer que el orden social se autoengendre, se perpetúe, se autocontrole a través de sus propios agentes, de forma tal que el poder, ante una situación regularizada por sí misma, tendrá la posibilidad de intervenir lo menos posible y de la forma más discreta, incumbiendo a los propios interlocutores económicos y sociales el resolver los conflictos y las contradicciones, las hostilidades y las luchas que la situación económica provoque, bajo el control de un Estado que aparecerá, a la vez, desentendido y condescendiente. (Foucault, 1991g: 165-166)

La situación aquí descrita (control sin vigilancia) corresponde, ciertamente, al diagnóstico avanzado por Deleuze, pero también —y éste es nuestro punto— al modo en que Foucault abordaría el tema del neoliberalismo en sus lecciones del año siguiente (1979). Recordemos, por ejemplo, la clase del 14 de febrero, donde dice que el ordoliberalismo de los economistas alemanes no puede ser asimilado, sin más, a un tipo de "sociedad sombartiana", es decir, a la sociedad del hombre-masa, la sociedad disciplinaria. Afirma Foucault que este tipo de sociedad *ha quedado atrás*: "hemos superado esta etapa, ya no estamos en ella", pues el arte de gobernar descubierto por los ordoliberales no busca en absoluto la masificación y la uniformidad, sino la diversidad de los mecanismos competitivos y la multiplicación de la forma-empresa.[32] Y en la clase del 21 de marzo, hablando esta vez de los neoliberales norteamericanos, dice que en su horizonte de gobierno no aparece "el proyecto de una sociedad exclusivamente disciplinaria", sino, por el contrario,

> [...] el tema-programa de una sociedad en la que haya una optimización de los sistemas de diferencia, en la que se deje el campo libre a los procesos oscilatorios, en la que se conceda tolerancia a los individuos y las prácticas minoritarias, en las que haya una acción no sobre los participantes del juego, sino sobre las reglas del juego, y, para terminar, en la que haya una intervención que no sea del tipo de la sujeción interna de los individuos, sino de tipo ambiental. (Foucault, 2007: 302-303)

---

[32] "Simplemente, se equivocan los críticos que se imaginan, que creen, al denunciar una sociedad digamos 'sombartiana' entre comillas —y me refiero a esa sociedad uniformadora, de masas, de consumo, del espectáculo, etc.— estar criticando el objetivo actual de la política gubernamental. Critican otra cosa. Critican algo que, sin lugar a dudas, ha estado en el horizonte explícito o implícito, querido o no, de las artes de gobernar de los años veinte a los años sesenta. Pero hemos superado esa etapa. Ya no estamos en ella. El arte de gobernar programado hacia la década de 1930 por los ordoliberales y que hoy se ha convertido en la programación de la mayoría de los gobiernos en los países capitalistas [...] no busca en absoluto la constitución de este tipo de sociedad. Se trata, al contrario, de alcanzar una sociedad ajustada no a la mercancía y su uniformidad, sino a la multiplicidad y la diferenciación de las empresas" (Foucault, 2007: 186-187).

Parece claro que Foucault sí hizo referencia a lo que Deleuze denominó luego *sociedades de control*, aunque sin utilizar esta denominación específica. Muchas de las características que Deleuze atribuye a las sociedades de control en su texto de 1990 fueron abordadas por Foucault en sus reflexiones sobre las tecnologías neoliberales de gobierno. Estas tecnologías ya no operan por reglamentación estatal, sino por regulación sobre un "medio ambiente". Estimulan la iniciativa de los gobernados y buscan *dejar hacer*, en lugar de legislar sobre *qué hacer*. No buscan "asegurar" a la población mediante intervenciones estatales, sino promover la libertad de movimientos para que cada uno se asegure a sí mismo y encuentre su propio espacio en la economía de mercado. Paso del hombre-topo de la razón de Estado y del *welfare* al hombre-serpiente del liberalismo y el neoliberalismo. El individuo tendrá que aprender a "vivir peligrosamente" y convertirse en un "empresario de sí", capaz de reinventarse constantemente y de gestionar su propio capital humano. A esto se refiere Deleuze cuando dice que en las sociedades de control los sujetos nunca terminan de adiestrarse, sino que están lanzados a un proceso de "formación permanente". Quien quiera sobrevivir en un medio ambiente plagado de inseguridades, tendrá que aprender a "conquistar un mercado", y para ello deberá incrementar todo el tiempo sus "activos intelectuales". El desempleado no es un "parado" y mucho menos un "necesitado", sino un "gestor de sí mismo", alguien que debe ser lo suficientemente flexible como para no requerir del asistencialismo estatal ni tampoco del trabajo asalariado. Alguien, en suma, que ha incorporado el "régimen empresarial" (del que habla Deleuze), aunque no tenga trabajo fijo ni subsidios de ningún tipo. La empresa (y ya no la fábrica) se convierte así en el modelo de todas las relaciones sociales.

Desde luego, esta situación no significa que hayamos entrado en un tipo de "sociedad abierta" o "libertaria", como quieren los apologetas del neoliberalismo, sino en una sociedad donde, paradójicamente, *el control se realiza a través de la libertad*. El relajamiento de los mecanismos disciplinarios y punitivos en las sociedades democráticas contemporáneas no obedece al triunfo del humanitarismo libertario, sino que es producto de una tecnología de gobierno ambiental sobre la conducta. Foucault ilustra este punto con el problema de la criminalidad, abordado ya por la Chicago School, y en especial por Gary Becker.[33] Estos análisis ya no se centran en la necesidad de combatir a los criminales para evitar así los efectos negativos sobre la economía, sino en la intervención sobre un "medio ambiente" que busca afectar el juego de la oferta y la demanda en el "mercado del crimen".[34] Tomemos y desarrollemos el caso del combate a las drogas, señalado por el propio Foucault (2007: 299).[35] Una tecnología neoliberal de gobierno buscará hacer menos "rentable" para el consumidor de drogas su conducta, haciendo más cara la droga en las calles. ¿Y cómo se logra esto? No llenando las cárceles con drogadictos (esto resultaría demasiado caro para el Estado), sino implementando políticas de persecución a los narcotraficantes, lo cual redundará en un aumento del costo de la droga. Ésta, sin duda, ha sido la política del gobierno de los Estados Unidos desde la creación de la DEA: fiscalizar la producción de droga en los países productores, colaborar en el desmantelamiento de cultivos y laboratorios clandestinos (el "Plan Colombia"), etc.

¿Cuál es el resultado esperado por esta tecnología de gobierno? Al hacer más difícil el trabajo de los productores, la droga será más cara en las calles de los Estados Unidos, lo cual hará que el drogadicto calcule mejor los *costos* de su acción y ejerza un control sobre su propia conducta. Hablamos, pues, de una "tecnología ambiental" que actúa sobre el mercado del crimen (en este caso, la oferta y demanda de drogas) bajo la presuposición de que el criminal actuará conforme a un "cálculo racional" del costo de su

---

[33] Foucault cita un artículo de Gary Becker publicado en el año de 1964 con el curioso título "Crimen y castigo" (Foucault, 2007: 290).

[34] "Ahora, por el contrario, la política penal debe renunciar de manera absoluta, a título de objetivo, a esa supresión, esa anulación exhaustiva del crimen. La política penal tiene como principio regulador una mera intervención en el mercado del crimen y con respecto a la oferta del crimen" (Foucault, 2007: 297).

[35] Aquí la referencia será el artículo de Isaac Ehrlich "The Deterrent Effect of Capital Punishment: A Question of Life and Death", publicado en 1975.

acción.[36] Quien, a pesar de todo, ha calculado mal los costos de su acción y reincide en su comportamiento delictivo, tendrá que pagar las consecuencias de no "gobernarse a sí mismo". Pero ello no significa un retorno de la cárcel como institución disciplinaria, tal como fue ideada en los siglos XVIII y XIX, pues quien consume drogas no es visto ahora como un "criminal" (*Homo criminalis*, tal como lo postulaba la criminología lombrosiana), sino como alguien que ha *invertido mal su capital humano*. El drogadicto es alguien que ha usado mal sus competencias, que no ha sabido ser "empresario de sí mismo" y ha emprendido un "riesgo" no calculado racionalmente. Optó por correr un riesgo para obtener un beneficio, pero utilizó mal sus propios recursos. Por eso, en lugar de enviar esta persona a la cárcel, las tecnologías neoliberales de gobierno contemplan la instalación de una serie de instituciones no disciplinarias en las que el drogadicto tendrá que aprender el "cuidado de sí". Para descomprimir la sobrepoblación carcelaria, se despenaliza el "consumo mínimo" y/o se declara al consumidor como una persona que requiere tratamiento psicológico y no tratamiento penal.[37] Hay multiplicación, entonces, de las *instituciones terapéuticas* que intentan hacer que el infractor de la ley se "autosupere", tenga un mejor conocimiento de sí mismo y aprenda por sus propios medios a gestionar mejor su "capital humano". Sobre este tema volveré al final el libro.

Este ejemplo de la drogadicción ilustra por lo menos cuatro puntos abordados por Foucault en sus reflexiones sobre el neoliberalismo y recogidos luego por Deleuze en su "Post-scriptum". Primero, que las sociedades de control ya no operan mediante la proliferación de instituciones disciplinarias, sino por medio de

---

[36] "El criminal es cualquier hijo de vecino. Es una persona cualquiera o, en fin, se lo trata como a cualquier persona que invierte en una acción, espera de ella una ganancia y acepta el riesgo de una pérdida" (Foucault, 2007: 293).

[37] Esto significa que la pena aumenta para los fabricantes y productores de drogas (a través de mecanismos jurídicos como la extradición), pero disminuye para los consumidores, que ahora recibirán tratamiento psicológico o cumplirán penas alternativas. Intervención, pues, sobre el mercado, sobre el mecanismo de la oferta y la demanda. Hay gestión de la "tasa de criminalidad" y ya no se combate el crimen.

la *modulación de la conducta de los sujetos*. No se interviene sobre sus cuerpos directamente, sino sobre un "medio ambiente" (acción a distancia) que favorece la autorregulación de la conducta. Segundo, que en las sociedades de control la libertad de los sujetos aparece como la condición misma de posibilidad de su sometimiento. Se parte de que todos los individuos, aun los que se encuentran en las márgenes de la sociedad (como los criminales), tienen la capacidad de incrementar su capital humano mediante la creación, la innovación y el emprendimiento. Incluso aquellos que no han hecho buen uso de sus "recursos" tienen la posibilidad de adquirir nuevas competencias y deslizarse tan flexiblemente como las serpientes. Tercero, que en las sociedades de control no hay nada que se encuentre fuera del mercado. El crimen, por ejemplo, es un mercado como cualquier otro, en el que los individuos se comportan "económicamente". Y en la medida en que la sociedad entera es vista como una multiplicidad de mercados, el control se desterritorializa y se moleculariza. Todos los espacios sociales son "abiertos" y devienen lugares de control. Cuarto y último punto, en las sociedades de control lo "inmaterial" tiene tanta o mayor importancia para la economía que lo material. Lo que más interesa en las tecnologías neoliberales no es tanto que los sujetos trabajen para satisfacer necesidades básicas (comer, dormir, abrigarse, descansar) y adquirir objetos materiales (cosificados como propiedad), sino que se "capitalicen a sí mismos", esto es, que logren "invertir" en ámbitos inmateriales como la belleza, el amor, la sexualidad, el conocimiento, la espiritualidad, las buenas maneras, etc., pues tales inversiones contribuyen a aumentar sus posibilidades de movilidad en una economía cambiante y despiadada. Por ello dice Deleuze que la empresa, a diferencia de la fábrica, no tiene materialidad concreta: "es un alma, es etérea" (2006b: 280).

Existen, sin embargo, algunos puntos tematizados por Deleuze en su análisis de las sociedades de control que no son, sin embargo, abordados por Foucault. El principal de ellos tiene que ver con su tesis de que las sociedades de control surgen como consecuencia de una "profunda mutación" del sistema capitalista a partir de la Segunda Guerra Mundial. Éste, ciertamente, es un diagnóstico lejano a los análisis de Foucault, pero que ha sido retomado por autores marxistas contemporáneos como Michael Hardt, Antonio Negri, Paolo Virno y Maurizio Lazzarato. Según estos y otros autores, hacia los años setenta del siglo XX se produce una "mutación histórica" del capitalismo: el paso del fordismo al posfordismo.[38] El sector hegemónico de la economía ya no será el secundario sino el terciario, es decir, el sector de los servicios, comandado por las empresas de telecomunicaciones bajo el impulso de la revolución digital. Asistiríamos aquí al nacimiento de lo que Deleuze llamó *sociedades de control*, en donde la producción de informaciones, conocimientos y símbolos se convierte en la columna vertebral de la acumulación de capital global (Hardt y Negri, 2002: 290). Desde este punto de vista, la producción se torna "inmaterial", no porque carezca de materialidad alguna, sino porque lo que se vende como mercancía ya no son simplemente objetos materiales transformados y producidos en fábricas, sino informaciones, símbolos, imágenes y estilos de vida que circulan por los medios de comunicación y que son producidos con nuevas tecnologías de investigación, diseño y "marketing". En el posfordismo la fuerza de trabajo hegemónica ya no es la del obrero que sólo tiene su cuerpo para vincularse al sistema de producción,

---

[38] Según Hardt y Negri (2002: 249-251), el capitalismo habría pasado por tres "mutaciones históricas", tres modos de producción desplegados a lo largo de su historia: durante la primera fase (siglos XVII-XVIII) dominaba el sector primario de la economía, es decir la tierra y los metales. La fuerza de trabajo era básicamente mano de obra esclava: indios y negros en las colonias americanas, peones y campesinos en el interior de Europa. Pero hacia finales del XVIII se produce una nueva mutación en el modo de producción capitalista, de tal modo que el sector hegemónico de la producción ya no sería el primario, sino el secundario, es decir, la industria. La fuerza de trabajo que se reclutaba ya no era sólo esclava, sino asalariada, obreros que trabajan en fábricas. La fábrica se convierte en el lugar de la producción y la mercancía toma la forma de objetos materiales transformados industrialmente con la ayuda de máquinas. De aquí pasaríamos, a partir de la segunda mitad del siglo XX, a una economía tercerizada en la que las "máquinas informáticas" (de las que habla Deleuze) juegan como factores clave de la producción. Es el paso hacia un modo "posfordista" de producción en el que nos encontraríamos actualmente y en el que son operativas las "sociedades de control".

sino que es mano de obra altamente calificada, que ya no vende su cuerpo sino su *cerebro*. Esta fuerza se recluta básicamente en el sector de los intermitentes, los trabajadores *free-lance* que no tienen contratos fijos sino que trabajan por proyectos. El lugar de la producción ya no es la fábrica —y esto es parte fundamental del diagnóstico de estos autores—, sino que la producción se extiende por todo el tejido social, o sea que ya no sólo se produce en las fábricas sino que se produce en todos lados. La sociedad entera se "factoriza", se convierte en *fabrica diffusa*. Además, la producción ya no es estandarizada, como ocurre en el fordismo, donde las piezas estaban listas de antemano para ser ensambladas y ofrecidas como mercancía, sino que en el posfordismo las empresas, sobre todo las multinacionales, nunca saben de antemano qué es lo que van a producir, sino que incorporan la *investigación* como un elemento central en el proceso de producción. Producción flexible que depende cada vez más de la capacidad de innovación y creatividad de los trabajadores.

La sociedad de control irrumpe entonces como *resultado* de una mutación del sistema capitalista en el que la economía se ha tercerizado y globalizado. Sin entrar a discutir ahora la plausibilidad de este diagnóstico,[39] digamos, por lo pronto, que éste de ningún modo puede *atribuirse* a Foucault, por varias razones. Primero, porque se trata de un diagnóstico *totalizante*. La sociedad de control a la que se refieren Hardt y Negri corresponde a un nuevo tipo de relaciones de poder que abarcan el planeta entero (no hay "afuera" del Imperio). Foucault, en cambio, advierte que no hay, ni ha habido nunca, una racionalización que englobe a toda una sociedad en su conjunto (¡y mucho menos el planeta entero!), sino que las tecnologías de gobierno son siempre racionalizaciones parciales que se articulan con otras racionalizaciones. En segundo lugar, porque se trata de una *sustancialización del capitalismo*. Los autores mencionados tienden a considerar el capitalismo con independencia de las prácticas que lo hacen

---

[39] Me he ocupado de este tema en otros lugares (véase Castro-Gómez, 2005; 2006; 2009b).

posible, convirtiéndolo en un "universal" que opera con arreglo a dinámicas propias (la "lógica del capital") y esto es, precisamente, lo que Foucault busca evitar en sus análisis. No se trata de *derivar* la sociedad de control, la posmodernidad o el neoliberalismo, *del* capitalismo, como si fuesen emanaciones de un universal abstracto, sino de mostrar que éste, el capitalismo, no es otra cosa que el *correlato* de una serie de prácticas históricas que deben ser estudiadas en su *singularidad*. En tercer lugar, y en concordancia con lo que acabo de señalar, porque la historia de las mutaciones del capitalismo que proponen estos autores marxistas funciona, en realidad, como una *filosofía de la historia*.[40] Es un contrasentido hablar de "mutaciones" que siguen una lógica económica (de la hegemonía del sector primario al secundario y luego al terciario, del fordismo al posfordismo, de la modernidad a la posmodernidad, etc.). Foucault muestra, por el contrario, que lo que cambia históricamente no es "la economía" (como si fuese un ámbito "real", "infraestructural", que soporta los cambios de la sociedad entera), sino las técnicas de gobierno económico. Y estos cambios nunca siguen una "lógica" específica, sino que son intempestivos. No existe ninguna lógica interna o externa que vincule, por ejemplo, el mercantilismo a la fisiocracia, o la fisiocracia al liberalismo, y tampoco el liberalismo al neoliberalismo. Son tecnologías diferentes, singulares, que operan conforme a objetivos y estrategias distintas pero que, sin embargo, tal como se ha mostrado ampliamente en este estudio, son perfectamente articulables.

Ahora bien, todo esto no significa que en algunos puntos muy específicos el diagnóstico de estos autores marxistas pueda coincidir con las reflexiones de Foucault.[41] Es el caso, por ejemplo, de la categoría "trabajo inmaterial", que hace referencia a las transformaciones en la calidad y naturaleza del trabajo en las

---

[40] Esta crítica vale, igualmente, para la teoría de las tres máquinas sociales propuesta por Deleuze & Guattari en el capítulo tercero de *El anti-Edipo*.

[41] El excelente estudio de Sven Opitz, *Gouvernamentalität im Postfordismus* (2004), es un buen ejemplo de esto.

sociedades de control. Hardt y Negri distinguen tres tipos de trabajo inmaterial: el primero tiene que ver con el modo en que las tecnologías de la comunicación y la información han transformado la producción material; el segundo hace referencia a las labores de producción y utilización práctica del conocimiento, y el tercero implica la producción y manipulación de afectos (2002: 260). Pudiéramos decir que los análisis de Foucault "resuenan" con esta idea de que el trabajo ha cambiado su estatuto (tradicionalmente ligado a las faenas corporales), ya que el objetivo de las tecnologías neoliberales de gobierno no es que los sujetos trabajen para otros sino que trabajen para sí mismos, esto es, que procuren incrementar sus "activos inmateriales" como medio para maximizar su propio capital humano. Desde Foucault es posible entender por qué razón el *trabajo afectivo* resulta clave en el sector de los servicios, pero también en las industrias culturales, el mercadeo y la publicidad, áreas especializadas en la "movilización de afectos". Lo central aquí no es la materialidad de los objetos, sino el modo en que las *sensaciones* devienen variables económicas: placer, satisfacción, excitación, pasión, temor, bienestar, etc. (Lazzarato, 2006). Hasta aquí todo va bien. Pero muy lejos de Foucault está la idea de conceptualizar este tipo de trabajo en términos *antropológicos*. Para el filósofo italiano Paolo Virno, el capitalismo "pone a trabajar" competencias propias de la especie humana: el lenguaje, la sociabilidad, la comunicación (Virno, 2003). Es decir, aquello que el capitalismo posfordista "captura" es la *potencia* de hablar, de pensar y de generar símbolos; en suma: la *potencia de trabajar*. Y estas potencias son "genéricas", es decir, no pertenecen al individuo como tal sino a la especie.[42] Según Virno, la "inmaterialidad" del trabajo hace referencia a la *potencia* (aún no materializada en un producto) de trabajo que es capturada por la empresa posfordista.

---

[42] Virno acude a los trabajos de Gilbert Simondon para argumentar que las nociones de *multitud* y *general intellect* se diferencian radicalmente del pensamiento liberal porque la individualidad es el fruto final de una *individuación* que proviene de lo universal, de lo genérico, de lo preindividual (Virno, 2003).

No es necesario recurrir a las ya conocidas críticas de Foucault al concepto de *hombre* y de *naturaleza humana* para mostrar que este tipo de análisis antropológicos (que remiten, sin duda, al Marx de los *Manuscritos*) son incapaces de conceptualizar el *modus operandi* de las tecnologías neoliberales de gobierno. Ya vimos cómo para Foucault el problema de los economistas neoliberales no es en absoluto la "potencia de trabajar" (que se vende y se compra en el mercado, que se captura y se explota, etc.) sino el trabajo *en acto*, es decir, lo que la gente *realmente hace* cuando trabaja. O sea que el trabajo no es algo que pueda separarse de los *actos de trabajo*.[43] Ahora bien, Paolo Virno reconoce que el trabajo no puede pensarse como algo independiente de la *vida* del trabajador, pero inmediatamente le da a ese concepto de *vida* el carácter (antropológico) de *bios*. Lo que es "puesto a trabajar" en las sociedades de control es la vida misma del trabajador, entendida como el conjunto de sus aptitudes *genéricas* de orden físico y lingüístico que lo capacitan para *hacer algo*. Pero, como lo mostramos en su momento, la "vida" que movilizan las tecnologías neoliberales de gobierno no tiene carácter biológico sino *ético*. Foucault muestra que el objetivo de las tecnologías neoliberales de gobierno es la *autorregulación* de los sujetos. Hacer que cada uno pueda gobernarse a sí mismo, asumir plena responsabilidad por sus propias decisiones, tomar control de su propia vida. En este sentido, las estrategias biopolíticas del neoliberalismo nada tienen que ver con la biología y conllevan lo que Foucault denomina una "borradura antropológica", pues el comportamiento que se busca dirigir ya no se ve como anclado en invariantes biológicas de la especie sino como obedeciendo a razones puramente *prag-*

---

[43] Es cierto que una cosa es trabajar y otra muy distinta es la capacidad de trabajo, así como una cosa es hablar y otra es la capacidad de habla. Pero el nominalismo metodológico de Foucault le impide separar una cosa de otra. No es posible analizar el lenguaje sino sólo a través de los "actos del habla", es decir, de las prácticas discursivas, de los *enunciados*, sin necesidad de recurrir a ninguna teoría de la naturaleza humana. Recuérdese aquí la polémica con Chomsky. Igual ocurre con el tema del trabajo. Foucault rechaza cualquier intento de separar la *fuerza de trabajo* de los *actos de trabajo*, como pretenden los teóricos marxistas.

máticas (Foucault, 2007: 301). Biopolítica, en *este* caso, significa gobierno de sí mismo conforme a criterios económicos.

Todo esto nos lleva a una última consideración, centrada en la relación que Hardt y Negri establecen entre biopolítica y sociedades de control en su famoso libro *Imperio*. Para estos autores existe una diferencia categorial entre biopolítica y biopoder:[44] el *biopoder* haría referencia al modo en que la vida de los trabajadores queda vinculada a las tecnologías estatales de dominación, al servicio del capital global, mientras que la *biopolítica* se refiere, más bien, a la formación de tejidos sociales constituyentes que establecen líneas de fuga frente a esa dominación (Hardt y Negri, 2002: 36-42).[45] Por un lado tendríamos una economía política de la vida en general, orquestada por el Estado capitalista, y por otro la multiplicidad de luchas sociales que propugnan por el *trabajo vivo y colectivo*. El biopoder y la biopolítica aparecen entonces, para Hardt y Negri, como categorías que sirven para conceptualizar de nuevo la lucha de clases en tiempos del Imperio. Y para apoyar estos argumentos acuden al pensamiento del "último Foucault".[46] Negri en particular afirma que, de la mano

---

[44] Sabemos que Foucault nunca estableció diferencia entre estos dos términos.

[45] Negri lo dice de este modo: "Se habla de biopoder cuando el Estado ejerce su dominio sobre la vida por medio de sus tecnologías y dispositivos; se habla de biopolítica, en cambio, cuando el análisis crítico del dominio se hace desde el punto de vista de las experiencias de subjetivación y de libertad, en resumidas cuentas, desde abajo [...] Se habla de biopoder identificando las grandes estructuras y funciones del poder; se alude al contexto biopolítico o a la biopolítica, en cambio, cuando se hace referencia a los espacios donde se desarrollan relaciones, luchas y producciones de poder. Se habla de biopoder pensando en los orígenes o fuentes del poder estatal y en las tecnologías específicas que el Estado produce, por ejemplo, desde el punto de vista del control de las poblaciones; se hace referencia a la biopolítica o al contexto biopolítico con respecto al complejo de las resistencias y a las ocasiones y medidas de choque entre dispositivos sociales de poder" (Negri, 2004: 86-87).

[46] "Lo que Foucault se propuso fue entonces volver a situar el problema de la reproducción social y todos los elementos de la llamada *superestructura* dentro de la estructura material fundamental y definir este terreno no sólo en términos económicos, sino también en términos culturales, corporales y subjetivos. Podemos comprender pues hasta qué punto Foucault perfeccionó e hizo realidad *su concepción del todo social* cuando, en una fase ulterior de su obra, descubrió

de sus lecturas de *Mil Mesetas*, el Foucault de los años ochenta reintroduce la producción de subjetividad en el terreno de la ontología social que había quedado suspendida en su obra temprana (Negri, 2008: 121).[47] Foucault, entonces, aparece como teórico de la resistencia social anticapitalista, justo en el momento en que, gracias a la tercerización y mundialización de la economía, los obreros pueden *reapropiarse* de su "fuerza de trabajo".

Hay que decir que Hardt y Negri tienen razón cuando afirman que Foucault introduce el tema de la producción de subjetividad como medio para entender las "prácticas de libertad" en el contexto político contemporáneo. Eso lo vimos ampliamente en el capítulo primero. Pero se equivocan al querer vincular esta reflexión con su metafísica del Imperio. En primer lugar, porque Foucault nunca tuvo una concepción del "todo social", como alegan Hardt y Negri, e incluso llegó a considerar esta idea como "peligrosa" (Foucault, 1991b: 97).[48] Ya se dijo antes: para Foucault no existe algo así como una racionalización del conjunto de la sociedad, de modo que la idea de una "subsunción real" del trabajo por el capital, como sostienen Hardt y Negri, le resultaría por completo

---

los lineamientos emergentes de la sociedad de control como una figura de poder que actuaba en la *totalidad biopolítica de la sociedad*" (Hardt y Negri, 2002: 39. El resaltado es mío).

[47] Afirma Negri: "Foucault había frecuentado durante mucho tiempo el estructuralismo. Había sido una suerte de teórico parisino de la Escuela de Frankfurt. Pero es entonces cuando las cosas cambian. De pronto, siente, hacia finales de la década de 1960 y por razones que sería demasiado largo analizar aquí, la urgencia por subjetivar las líneas de fuga que abren los márgenes resistentes […] Precisamente sobre esa cuestión pasamos de un primer Foucault a un segundo […] La producción de subjetividad es una reinvención de la libertad dentro mismo de las condiciones posmodernas de la dominación y el sometimiento. Una libertad ciertamente diferente: no formal, y sin embargo capaz de actuar en la totalidad de un espacio biopolítico del que es, al mismo tiempo, su condición de posibilidad y su efecto" (Negri, 2008: 120).

[48] De hecho, uno de los errores de interpretación que comete Antonio Negri al intentar vincular sin más el pensamiento de Foucault con el de Deleuze & Guattari, es ignorar que, a diferencia de éstos, Foucault nunca consideró la existencia real de un "socius". Lo que existen son *prácticas sociales* que deben ser entendidas en su singularidad. Pero hablar de *sociedad* con independencia de las tecnologías de gobierno que la producen, es tan sólo un *flatus vocis*.

ajena. Por ello, las *prácticas de libertad* de las que habla "el último Foucault", aunque hacen referencia a la producción autónoma de la vida, nada tienen que ver con movilizaciones anticapitalistas de gran escala, como quisieran nuestros dos teóricos marxistas. De hecho, Foucault distinguió muy bien entre "prácticas de libertad" y "procesos de liberación" (1999d: 395). No descartó que la libertad y la liberación pudiesen marchar juntas, pero sí dejó claro que las prácticas de libertad *no se subordinan* a cuestiones de orden *molar* como la lucha de clases, los movimientos sociales, la reapropiación de la fuerza de trabajo, etc. Las prácticas de libertad tienen que ver con el modo en que los sujetos son capaces de "des-sujetarse" del poder que los subordina en un nivel *molecular*. A este tema dedicó Foucault sus últimos años de investigación. Pero cuál pudiera ser el vínculo *ético-político* entre lo molar y lo molecular, entre la libertad y la liberación, es algo que él mismo no alcanzó a delinear con claridad, y queda, por tanto, abierto a nuevos estudios.

La pregunta sería la siguiente: ¿ofrece Foucault herramientas analíticas que permitan discernir la posibilidad de resistencia a las tecnologías neoliberales de gobierno? ¿Es posible rastrear en Foucault una biopolítica capaz de oponerse a los imperativos gubernamentales del biopoder, para ponerlo en los términos de Hardt y Negri? Para responder a esto, quizás valga la pena recordar que el concepto *tecnologías de gobierno* puede apuntar en dos direcciones: puede referirse a técnicas de conducción de la conducta de otros, como es el caso de la razón de Estado, el liberalismo y el neoliberalismo, o bien puede referirse a técnicas que permiten que los sujetos mismos conduzcan su propia vida con independencia de poderes externos, como es el caso de la *parrhesia* y la *epimeleia*, que Foucault explora en el mundo grecorromano. Estas últimas no son puros "ejercicios individuales", como piensan equivocadamente algunos, sino técnicas de relacionamiento de sí mismo con otros, que tienen, por tanto, una clara dimensión política (Perea Acevedo, 2009). Pero si la *tekhne tou bios*, en tanto que arte de vivir, es una *práctica de multitud* y conforma o no una multiplicidad de "tejidos sociales" en el mundo contemporáneo, como quisieran Hardt y Negri, es algo que un futuro estudio sobre la *ratio gubernatoria* tendría que explorar.

ANEXO
HISTORIA DE LA GUBERNAMENTALIDAD DESPUÉS DE FOUCAULT

En la clase del 31 de enero de 1979, correspondiente al curso *Nacimiento de la biopolítica*, Foucault advirtió a sus estudiantes que daría "un salto de dos siglos" para pasar del liberalismo clásico de finales del siglo XVIII al ordoliberalismo alemán de comienzos del siglo XX. Terminados estos dos cursos, Foucault no volvió a ocuparse del tema y orientó sus últimos trabajos al esclarecimiento ya no de las técnicas de gobierno sobre los otros, sino de las técnicas de gobierno sobre uno mismo. La genealogía de las tecnologías liberales de gobierno quedó entonces sin terminar. No obstante, poco después de la muerte del filósofo, algunos de sus discípulos[1] asumieron la tarea de llenar este espacio vacío de casi dos siglos y empezaron a reflexionar sobre las tecnologías liberales de gobierno en el siglo XIX. Algunos de esos trabajos se remontan a los seminarios que el propio Foucault coordinaba de forma paralela a sus cursos en el Collège de France,[2] pero la

---

[1] Me refiero concretamente a François Ewald, Daniel Defert, Jacques Donzelot, Pásquele Pasquino y Giovanna Procacci.

[2] Citaremos aquí el modo en que Didier Eribon describe estos seminarios: "En 1977-1978, el seminario analiza 'todo lo que tiende a incrementar el poder del

mayoría de ellos fueron publicados a finales de la década de los ochenta y comienzos de los noventa.

Entre los trabajos más destacados de este grupo cabe destacar inicialmente los libros *L'État-providence* (1986) de François Ewald, saludado en su momento por Deleuze como una obra de "enorme originalidad",[3] y *L'invention du social: essai sur le déclin des passions politiques* (1984) de Jacques Donzelot. Ambos textos examinan el funcionamiento de las leyes sociales aprobadas entre finales del siglo XIX y principios del siglo XX en Francia concernientes al desempleo, las enfermedades y los accidentes del trabajo, enfocándose (sobre todo el texto de Ewald) en el *modus operandi* de las compañías de seguros. Pero es el libro *Governare la povertà: la società liberale e la nascita della questione sociale* (1998)[4] de Giovanna Procacci el texto que, a mi juicio, traza con mayor precisión una genealogía de las tecnologías liberales de gobierno con relación a las transformaciones de la economía política y la "cuestión social" en el siglo XIX. El denominador común de estos tres libros es el examen de las transformaciones sufridas por

---

Estado' y 'principalmente el mantenimiento del orden, la disciplina y los reglamentos'. Pasquale Pasquino, Anne-Marie Moulin, François Delaporte y François Ewald fueron los ponentes de las conferencias. El año 1978-1979 transcurre en el estudio del pensamiento jurídico a finales del siglo XIX. François Ewald, Catherine Mevel, Eliane Allo, Nathalie Coppinger, Pasquale Pasquino, François Delaporte y Anne-Marie Moulin fueron los ponentes. En 1979-1980, el seminario está dedicado a determinados aspectos del pensamiento liberal en el siglo XIX. Ponentes: Nathalie Coppinger, Didier Deleule, Pierre Rosanvallon, François Ewald, Pasquale Pasquino, A. Schutz y Catherine Mevel (Eribon, 1992: 317-318).

[3] Véase Deleuze, 2006a: 137. Ewald es el más famoso y controvertido de los discípulos de Foucault, más conocido como asistente suyo en el Collège de France, animador permanente del "Centro Foucault" en París y editor de algunas de sus obras póstumas. Recientemente Ewald ha sido señalado por algunos como culpable de llevar a cabo una recuperación reaccionaria y neoliberal de Foucault, sobre todo a partir de los años noventa, cuando empezó a trabajar como asesor de instituciones como el MEDEF (Movimiento Empresarial Francés) y el proyecto PARE (Plan de Reingreso al Mercado Laboral). El filósofo argentino Tomás Abraham le ha llamado incluso "el foucaultiano maldito".

[4] El libro fue publicado inicialmente en el año de 1993 en Francia con el título *Gouverner la misère*.

la racionalidad del liberalismo clásico en el momento en que la industrialización hizo que la pobreza se convirtiera en un asunto que debía ser gobernado con urgencia. Si lo que se buscaba era impedir los levantamientos de la clase obrera y domesticar su peligrosidad, entonces había que producir e intervenir sobre un nuevo medio ambiente (*milieu*) llamado *sociedad*.

El gobierno de la pobreza

François Ewald muestra en su libro *L'État-providence* que el gobierno de la pobreza no fue una pregunta clave y ni siquiera un problema que buscó resolver el modelo gubernamental del liberalismo clásico. La economía política clásica no reflexionó sobre la pobreza como un objeto propio; no era algo que entrara en su "grilla de inteligibilidad". ¿Por qué razón? En primer lugar, porque las desigualdades sociales son vistas como naturales, inevitables e irreducibles. El arte liberal de gobierno no puede ni debe tratar de evitar las desigualdades, ya que ellas son el motor mismo que anima la competencia (Ewald, 1993: 89). En segundo lugar, porque la pobreza es vista como responsabilidad del individuo, o mejor, como resultado de una *falta de voluntad* individual para el trabajo. Para los economistas clásicos, el trabajo es la llave mágica que abre las puertas de la prosperidad, de modo que la solución al problema de la pobreza no puede consistir en ofrecer asistencia estatal a las clases más necesitadas, sino en fomentar el trabajo. La asistencia estatal a los pobres es tenida por el liberalismo clásico como un acto inmoral, ya que ello significa condenar a las personas a vivir en un sistema de mutuas dependencias que les incapacita para ser competidores activos en el mercado. En suma: para la tecnología liberal de gobierno que emerge hacia finales del siglo XVIII, el trabajo y la riqueza son las dos caras de una misma moneda. Quien trabaja puede salir de la pobreza y prosperar, quien no trabaja será enteramente responsable de su pobreza.

Pero la revolución industrial mostró que el trabajo no sólo podía generar riqueza, como pensaban los economistas clásicos, sino también pauperismo. El objetivo central de la tecnología liberal de gobierno, superar la pobreza a través del trabajo, nunca se alcanzó. Por el contrario, la economía industrial-capitalista no pudo absorber las viejas formas laborales (peones, artesanos, campesinos) y la creación de fábricas generó una alta concentración de mano de obra que tampoco pudo ser absorbida por el mercado de trabajo. Es decir, la economía de mercado no sólo no superó la pobreza sino que creó nuevas formas de pobreza desconocidas anteriormente: cinturones de miseria en las ciudades, desempleo estructural y focos potenciales de revueltas. El pauperismo de masas reemplazó a la pobreza individual y empezó a ser visto como un factor que genera "desorden" y que debe ser *gobernado*. Pero, ¿cómo hacerlo? No era posible apelar ya más a las estrategias sugeridas por la economía clásica: la recuperación de ámbitos improductivos mediante su inserción en el ciclo productivo y fabril. Ahora se debía acudir a una nueva estrategia de gobierno que operara fuera de la fábrica y evitara la pauperización masiva. Con el correr del siglo XIX, el "gobierno de la pobreza" empieza a convertirse en un tema ligado al gobierno del riesgo y al nacimiento de una serie de tecnologías orientadas a *gestionar la pobreza* y ofrecer a los trabajadores una serie de garantías sociales.

François Ewald muestra que para poder lidiar con la "cuestión social", las tecnologías liberales de gobierno tuvieron que reajustarse, siendo quizás el relajamiento de la relación entre derecho y moral el más importante de estos ajustes internos. Ya Foucault había mostrado en su curso de 1978 que el liberalismo surge como una crítica al ejercicio del poder soberano y proclama la libertad del individuo como algo que no puede ser "tocado" por el Estado, es decir, como un ámbito que debe ser "dejado-actuar" en su naturalidad. Es por eso que el liberalismo clásico no se fija como meta "corregir" las desigualdades naturales entre los hombres por medio de una intervención jurídica (que, por ejemplo, otorgue a los pobres el "derecho" de recibir asistencia social), sino únicamente coordinar la coexistencia siempre desigual de las libertades. En la perspectiva del liberalismo clásico, el derecho no opera como un correctivo, pues su función no es *obligar* a alguien a hacer algo (como hacía el poder soberano), sino *evitar* que haga algo. Como ya vimos en este libro, las tecnologías liberales de gobierno no buscan regular las relaciones sociales mediante el derecho, sino por medio del gobierno de la conducta. Por tanto, la estricta separación entre *derecho* y *moral* fue una de las estrategias más importantes del liberalismo clásico. Pues bien, Ewald muestra que con el transcurrir del siglo XIX, esta separación entre derecho y moral se fue relajando progresivamente. El derecho se hará cada vez más *normativo*, es decir, ya no sólo sanciona una prohibición sino que prescribe una obligación. No se limita a servir como paraguas que protege las libertades individuales, sino que, por lo menos en Francia, empieza a devenir *derecho social*. Esto quiere decir que los individuos adquieren responsabilidades jurídicas no sólo frente a sí mismos, sino frente a todo el conjunto social, lo cual, como veremos, abre la puerta a la creación de una serie de instituciones intermedias entre el individuo y el Estado, encargadas de generar solidaridades orgánicas que pudieran evitar la pauperización de las masas. Una de estas instituciones era la seguridad contra accidentes de trabajo, operada inicialmente por compañías privadas.

Ewald comienza el análisis de esta institución diciendo que el riesgo no es algo que tenga existencia "real". La noción de *riesgo* no describe algo que ocurre en la realidad, sino algo que *puede* ocurrir. Las tecnologías del riesgo, implementadas por las compañías de seguros, buscan intervenir sobre una serie de acontecimientos *probables* (eventualidades, daños, accidentes, perjuicios) vinculados al mundo laboral. Uno no se asegura por lo que ya ocurrió sino por lo que pudiera ocurrir en el futuro. Hablamos, pues, de cierto tipo de racionalidad que nace del cálculo de probabilidades:

> Los seguros no son inicialmente una práctica de compensación o reparación. Son la práctica de cierto tipo de racionalidad: una formalizada por el cálculo de probabilidades. Ésta es la razón por la cual uno nunca se asegura, excepto en caso de riesgos, que pueden incluir diferentes cosas, tales como muerte, accidentes, granizadas,

enfermedad, reclutamiento, bancarrota y litigio [...] La actividad del asegurador no consiste en registrar pasivamente la existencia de riesgos y luego ofrecer garantías en su contra. El asegurador produce riesgos, hace que los riesgos aparezcan allí donde antes las personas creían estar obligadas a someterse resignadamente a los caprichos del destino. Los seguros constituyen un tipo de objetividad y otorgan a una serie de eventos un carácter de realidad y familiaridad que alteran su naturaleza. Al objetivar ciertos eventos como riesgos, los seguros pueden invertir su significado: pueden convertir lo que antes era un obstáculo en una oportunidad. Los seguros asignan un nuevo modo de existencia a eventos anteriormente tenidos como pavorosos. (Ewald, 1991: 199-200)[5]

Las compañías de seguros que empiezan a emerger en el siglo XIX en toda Europa no operan con una visión moral del mundo, sino con una visión *matemática*. Trabajan sobre la base del cálculo de probabilidades para determinar el grado de frecuencia de cierto tipo de accidente, para luego, y con base en las estadísticas, poner en cifras cuánto puede valer ese accidente, sin ocuparse de quién es el "culpable" de su ocurrencia (Ewald, 1991: 202). Toda acción puede ser un factor de riesgo, con independencia absoluta de si tal acción es realizada con intención y voluntad. Los riesgos no pertenecen al mundo subjetivo de la moral, sino al mundo objetivo de la realidad social y, como tales, pueden ser estudiados "científicamente". Independientemente del tamaño de una fábrica o del número de sus trabajadores, las compañías de seguros pueden calcular el porcentaje de accidentes o muertes en un año específico; pueden predecir, por ejemplo, qué tipo de accidentes pueden ocurrir en ese período de tiempo, dependiendo del tipo de trabajo que realiza un obrero, de las condiciones en que labora, de su grado de capacitación, de la calidad de la maquinaria que debe operar, etc. Los accidentes van a ocurrir; lo único que no se sabe es *quién* va a padecerlos, pero *para eso* justamente existen las compañías de seguros. Cualquiera puede

---

[5] La traducción es mía.

tener un accidente, y tanto el empleado como el empleador deben estar suficientemente preparados.

En este sentido, las tecnologías de gobierno de las que nos habla Ewald no sólo fabrican riesgos y los objetivan, sino que hacen que las personas se comporten de cierto modo frente a ellos. Son *tecnologías de subjetivación*, pues producen un tipo de sujeto que previene su futuro, que ahorra, que se gobierna a sí mismo en la medida en que se protege frente a posibles eventualidades. Es el sujeto que calcula, que evalúa los acontecimientos, que cuida de sí mismo y de los otros (sus hijos, su familia), que no deja su futuro en manos del destino, sino que lo toma bajo su propio control. De este modo, la vida misma de los obreros —y no sólo de los dueños de las fábricas— se "capitaliza", adquiere un precio. Al ser insertados en el sistema de seguridad social, los obreros devienen piezas de una máquina de subjetivación que despotencia sus energías revolucionarias, pues desde ahora todo su *cuerpo* adquiere valor monetario: las manos, las piernas, el brazo izquierdo o el derecho, todo es objeto de un cálculo de costos en caso de accidente (Ewald, 1991: 204). Tal como muestra Daniel Defert, otro de los participantes en el seminario de 1978-1980 coordinado por Foucault, los mecanismos de la seguridad social del siglo XIX marginalizaron el territorio (potencialmente subversivo) de las mutualidades y solidaridades obreras.[6] Cada trabajador es visto como responsable de evitar su propia miseria por medio del aseguramiento. Ya no es una cuestión de "lucha social", sino de autogobierno. La pobreza no debe achacarse, por tanto, al capitalismo y a las inequidades sociales que genera, sino a la negligencia y la imprevisión del obrero. Empleador y empleado adquieren así una relación contractual fundada en el cálculo de "riesgos profesionales". El régimen de seguridad social implementado por el Estado francés en siglo XIX no vincula a un trabajador con otros trabajadores, sino a cada uno de ellos con una compañía de seguros. Se trata de una ligazón jurídica basada

---

[6] Defert investigó los archivos de la más antigua compañía de seguros de Francia, la Compagnie d'Assurances sur la Vie des Hommes, creada en el año 1814.

en la oferta y la demanda, y no de una ligazón de solidaridad. No hay aquí "contradicción" alguna entre trabajo y capital, como dijera Marx, sino conciliación entre ambas variables. Los seguros no se orientan hacia la "clase social", sino hacia una población abstracta definida estadísticamente en variables de edad, sexo, profesión, tipo de trabajo, etc. (Defert, 1991: 231).

Pero sería un error pensar que los seguros operaban como simples mecanismos de individuación en manos de compañías privadas. Ewald y Defert muestran que, en manos del derecho social del siglo XIX en Francia, las tecnologías del riesgo funcionaban como estrategias de gobierno de la población, es decir, como *estrategias biopolíticas*. El riesgo era visto no sólo como individual sino, ante todo, como un riesgo social, como un evento que afecta el bienestar de toda la población. Y es aquí donde las tecnologías del riesgo funcionan como un mecanismo para el gobierno de la pobreza. El sistema de seguridad social implementado por el Estado francés en el siglo XIX aparece como una solución al problema de la inseguridad de las clases trabajadoras. Al compensar al trabajador por posibles accidentes laborales, la seguridad social promueve una justa distribución de los riesgos, evitando así la pauperización de la clase obrera. Se realiza un cálculo de cuál puede haber sido la responsabilidad del empleado en las circunstancias del caso, pero el empleador tendrá que asumir un porcentaje del cubrimiento. Mediante los regímenes de seguridad social, cada ciudadano acepta compartir la carga que supone el "riesgo" para toda la colectividad. El empleador acepta su responsabilidad por el riesgo de su negocio, y el empleado acepta su responsabilidad por el riesgo de su trabajo. La *socialización del riesgo* evita que el empleador tenga pérdidas sustantivas en caso de accidente de sus trabajadores, y que éstos gasten sus propios ingresos en el tratamiento de su salud física (Ewald, 1991: 206). Se combate el pauperismo mediante el gobierno de los riesgos, evitando, al mismo tiempo, el peligro de revolución social.

Tenemos, entonces, que los regímenes de seguridad social implementados en Francia durante la Tercera República funcionaron como estrategias para gobernar un nuevo ámbito llamado *sociedad*. Ésta no es vista por Ewald y Defert como una realidad *preexistente*, sino como el correlato de unas tecnologías capaces de generar responsabilidades sociales mediante el gobierno del riesgo. En esto radica justamente la transformación sufrida por el liberalismo clásico. Ya no se trata sólo de evitar que el Estado intervenga sobre la naturalidad de unos procesos en los que sólo el individuo puede hacerse responsable de gobernar su propia conducta (el concepto de *Homo economicus*). Ahora, con la creciente pauperización de las masas, se trata de hacer que el Estado gobierne efectivamente la "cuestión social", pero sin intervenir directamente sobre ella, sino delegando este trabajo en organizaciones privadas (como las compañías de seguros), encargadas de generar unas *tecnologías de solidaridad* que luego serán legitimadas por el "derecho social". Se impone así una mutualidad centrada en la reparación y compensación por perjuicios laborales en manos del Estado, que sirve en últimas para limar las contradicciones entre trabajo y capital.

El trabajo ya citado de Giovanna Procacci profundiza en estas transformaciones de la racionalidad liberal clásica, pero atendiendo a los cambios experimentados por la economía política del siglo XIX. En particular, Procacci elabora una genealogía de la "economía social", una rama disidente de la economía política[7] que se desarrolló principalmente en Francia y que buscaba desmarcarse de la ciencia económica clásica centrada en el concepto de *Homo economicus*. Este grupo de economistas franceses propone un enfoque completamente distinto al del liberalismo clásico de Smith y Ricardo. El análisis de los procesos económicos ya no se centra en el favorecimiento de la competencia entre individuos, sino en los problemas *sociales* de la industrialización y en la formulación de propuestas para solucionarlos. Se acusa a los economistas clásicos de haber realizado una separación abstracta entre economía y moral, lo cual ha generado una ciencia valorativamente neutra, cuyo foco de análisis es únicamente el

---

[7] La historia del pensamiento económico ha relegado esta vertiente de la economía política a no ser otra cosa que una "economía vulgar" (Procacci, 1998: 137-140).

intercambio. Procacci identifica la obra de Malthus en Inglaterra y de Sismondi en Francia como verdaderas "rupturas" con el modelo de la economía política clásica. Se interesa en particular en el libro *Nouveaux principes d'économie politique* (1819) de Jean-Charles-Leonard Simonde de Sismondi, que anuncia ya un cambio en el régimen de verdad de la economía. En efecto, Sismondi afirma que el propósito de la ciencia económica es el logro de la "felicidad pública", pero se aparta decididamente de la fórmula que Bentham había dado a esta felicidad: *The greatest happiness of the greatest number*. Por el contrario, Sismondi piensa que la felicidad que ha de buscar la ciencia económica no es la del "máximo número" de individuos, sino la del *cuerpo social* en su conjunto. No se trata, pues, de la suma de las felicidades individuales, sino de la "felicidad de la nación" (Procacci, 1998: 113).

En el análisis de Procacci, las reflexiones de Sismondi se ubican en un contexto epistémico y gubernamental muy diferente del que caracterizó los escritos de los fisiócratas y los economistas clásicos. No se trata ya de trazar una frontera interna al poder absoluto del soberano —como bien mostró Foucault en su curso de 1978—, sino de evitar el desequilibrio del "cuerpo social", amenazado por la creciente división del trabajo y la concentración en pocas manos de la propiedad privada. Sismondi niega entonces el presupuesto fundamental de la economía clásica: la armonía y coincidencia entre el interés individual y el interés colectivo. Y también niega que el trabajo sea la clave mágica para la superación de la pobreza, como suponían Smith y Ricardo. Por eso considera que el objetivo de la economía política no es el estudio de las formas de aumentar la riqueza, sino el de las formas de mejorar su distribución y aumentar el bienestar para todos. Convencido de que la pauperización de los trabajadores franceses es una prueba del fracaso de la economía política clásica, el modelo elaborado por Sismondi integra el problema del equilibrio económico en una cuestión más general: el equilibrio social (Procacci, 1998: 124). El pauperismo empieza a ser visto como un peligroso enemigo de la civilización, como un factor que genera "desorden", es decir, como un peligro que es necesario *gobernar*.

Así, para Sismondi la pobreza es un fenómeno *positivo*, es decir, adquiere el estatuto de "objeto" de análisis que nunca tuvo en la economía clásica.

Pero fue la escuela *liberal* de economía social la que se ubicó ya plenamente en el nuevo "suelo epistémico" anunciado por Sismondi.[8] En la *Società di economía sociale*, fundada en París en 1856, se concentraban médicos, higienistas, administradores, ingenieros, filántropos y profesores que impulsaban un proyecto de "reforma social" en el que se establecía una diferencia entre *pauperismo* y *pobreza*. No se combate la pobreza, no se quiere evitar que exista; se busca simplemente *gestionarla* mediante el combate al pauperismo. El "peligro" no es la pobreza —pues ésta es vista como un fenómeno "natural"—, sino el pauperismo, que es percibido como una "disfunción" del orden social. No se busca hacer que la pobreza desaparezca, pues esto paralizaría el "instinto natural" que tienen los hombres a mejorar su condición de vida. Aquí se revela claramente que el liberalismo no es "ciego" frente al tema de la pobreza, sino que le otorga un estatuto muy especial: sin pobreza no existirían desigualdades sociales y, en ausencia de éstas, no habría estímulo alguno para la competencia. Por eso, el liberalismo no ve la pobreza como el resultado de un mal funcionamiento de la economía, sino como parte integral de ese funcionamiento. El problema no es, por tanto, la pobreza sino la *indigencia*, pues ésta sí es el caldo de cultivo para el desequilibrio económico (Procacci, 1998: 167-173).[9] Pero tampoco se trata de volver a las prácticas de socorro y limosna vigentes antes de la Revolución Francesa, sino de avanzar hacia un programa integral que combata la causa básica del pauperismo: la *inmoralidad*.

---

[8] Procacci dice que la economía social aparece como una formación discursiva compuesta, que toma elementos de la filantropía, de la filosofía del derecho natural y de las tradiciones de gobierno policial propios de la razón de Estado (Procacci, 1998: 141).

[9] Nótese que ésta es prácticamente la misma estrategia de gobierno que señaló Foucault en sus reflexiones sobre el neoliberalismo francés en la clase del 7 de marzo de 1979.

En el lenguaje de la economía social, la miseria es ante todo una cuestión de inmoralidad; simétricamente, la moral representa un conjunto de comportamientos sociales que son condición indispensable para el funcionamiento del proyecto industrial [...] El verdadero objetivo de esta política de la miseria no es tanto generalizar el ordenamiento del trabajo, cuanto dotarse de los instrumentos para intervenir sobre cierta zona de sombra del cuerpo social. La mala conducta que se les atribuye a los pobres tiene, en realidad, un fuerte contenido social; los pobres son a la vez prueba viviente de una degeneración moral del cuerpo social, y aquellos a través de los cuales se moraliza la sociedad entera. Las modalidades de intervención que se deducen de la observación de los pobres apuntan a dar forma a una socialidad orgánica, capaz de coordinar los intereses individuales con el interés general, mejor que en la incierta armonía sobre la cual confiaba la economía política clásica. La moral del trabajo, por sí sola, ya no basta. Es preciso elaborar un nuevo sistema de vínculos sociales y anclarlos en las costumbres. En síntesis, una inmensa tarea de socialización les espera a los reformadores, dirigida a otro sujeto que no es el productivo: al sujeto consciente de sus deberes sociales, al sujeto cívico. Para esto no se precisa tanto considerar la pobreza como signo de injusticia y desigualdad social, cuanto al pauperismo como conjunto de comportamientos que conllevan diferencias incompatibles con el proyecto liberal. (Procacci, 1998: 183-184)[10]

El combate al pauperismo sólo puede darse como un conjunto de *intervenciones moralizantes* sobre el "medio ambiente", capaces de transformar las condiciones que promueven la degradación de las costumbres. Se trata, pues, de movilizar un tipo de racionalidad cuyo objetivo no es intervenir directamente sobre la pobreza sino sobre *el medio ambiente de la pobreza*. En este sentido, Giovanna Procacci dice que la "prospettiva ambientalista degli economista sociali" se dirige hacia tres áreas específicas: la asistencia a los pobres, el trabajo y la educación (1998:

---

[10] La traducción es mía.

198). Y el objetivo de estas intervenciones medioambientales no es otro que el de crear cierta disposición moral que permita a los sujetos *hacerse responsables* de sus acciones económicas. No se parte, entonces, de la responsabilidad del individuo como un dato primario y natural, como en el liberalismo clásico, sino de la constatación de que la responsabilidad tiene condicionamientos medioambientales que la favorecen u obstaculizan.

La asistencia, primer campo de intervención medioambiental señalado por Procacci, no debe centrarse en la limosna y la caridad cristiana, sino en la creación de instituciones de "trabajo social" que funcionen como una vía intermedia entre el Estado y los individuos (Procacci, 1998: 187). Creación de mecanismos descentralizados de "socorro a domicilio" que ofrezcan asistencia gratuita a los más pobres, buscando ejercer sobre ellos una influencia benéfica. El punto no es, por tanto, llevar comida a los pobres o darles dinero, sino cambiar sus hábitos inmorales mediante visitas periódicas que busquen conocerlos de cerca y estudiarlos en su "ambiente natural". El trabajador social opera, entonces, como un instrumento de control y vigilancia *in situ*, que asume funciones de tutela médica, higiénica y moral (*ibid.*: 188). Por otro lado, se buscaba inculcar en los pobres el hábito del trabajo productivo, valorado ahora como fundamento de una nueva "ética social". Casi en el mismo tono de Max Weber, los economistas sociales afirman que el trabajo regenera y moraliza las costumbres, por lo que adquiere para ellos una "dimensión espiritual". Se trata de fundar, pues, una nueva ética del trabajo, lo cual exige el emplazamiento de unos micropanópticos que organicen el trabajo en torno a la moral. Hablamos de una especie de "policía laboral" que vigila de forma estricta desde la higiene en los sitios de trabajo hasta la obligatoriedad del ahorro individual, la vestimenta y el comportamiento apropiado de los obreros. En cuanto a la educación de los pobres, ésta es vista por los economistas sociales como el medio más eficaz para combatir la ignorancia, madre de todos los vicios. Se trata no sólo de fortalecer la educación ofrecida en las escuelas, sino de colocar a la *familia* como centro de gravitación pedagógica.[11] Tanto la familia como la escuela deben funcionar como máquinas de moralización que puedan transmitir a los niños el significado de valores como la mutualidad, el respecto a la autoridad y la disciplina (*ibid.*: 199).

El objetivo no es, pues, la creación de un sujeto móvil sino de un *sujeto tutelado*, capaz de encontrarse a sí mismo en una red de mutuas dependencias. Esto no sólo evitaría la pauperización de las masas, sino también, y concomitantemente, el peligro de la revolución socialista. Instituciones privadas como las compañías de seguros, medidas estatales como el derecho social y regímenes de verdad como la economía política, promueven un proyecto de integración social sobre la base de la fidelidad al tutelaje y el control sobre las mutualidades obreras. La desigualdad ya no surge, como en el liberalismo clásico, de un uso diferente de las libertades por parte de los actores, sino de una diferencia en su grado de *socialidad*. Por eso es necesario reforzar la práctica del patronato, a fin de evitar la pauperización de los pobres. Asistimos, pues, al nacimiento de una "lógica tutelar" que prepara el camino para el nacimiento del Estado benefactor del siglo XX. De este modo, los trabajos de Ewald, Defert, Donzelot y Procacci sirven como "puente" que une los dos momentos estudiados por Foucault en sus cursos de 1978 y 1979: por un lado el liberalismo clásico de finales del siglo XVIII, por otro, el neoliberalismo alemán y norteamericano del siglo XX.

Governmentality Studies

La creación en Londres de la red "Historia del Presente", en noviembre de 1989, constituye el evento fundacional de lo que hoy se ha convertido ya en un campo emergente con identidad propia: los *estudios de la gubernamentalidad*. Se trata de una serie de investigaciones sobre las tecnologías neoliberales de gobierno

---

[11] Esto también lo mostró Jacques Donzelot en su libro *La policía de las familias* (1979), libro que en su primera edición francesa apareció con un posfacio de Gilles Deleuze y que después de su traducción al inglés recibió elogiosas reseñas de autores como Christopher Lash y Richard Sennet.

llevadas a cabo sobre todo en el mundo anglosajón (Inglaterra, Canadá, Estados Unidos, Australia), pero últimamente también en Alemania,[12] Francia y España.[13] Entre sus representantes más conocidos se cuentan Peter Miller, Nikolas Rose, Colin Gordon, Graham Burchell y Mitchel Dean. Ninguno de ellos, con excepción de Colin Gordon, participó en los seminarios coordinados por Foucault en el Collège de France, pero todos se apropiaron de su legado filosófico, en particular de sus reflexiones sobre las tecnologías de gobierno plasmadas en los cursos de 1978 y 1979. Además, son ellos mismos quienes produjeron el vínculo con los tempranos discípulos de Foucault gracias a la publicación del volumen *The Foucault Effect: Studies in Governmentality*, libro que dio a conocer mundialmente su trabajo.[14] Quizás sea Mitchel Dean quien mejor ha caracterizado el trabajo de esta red internacional de investigadores:

> El trabajo producido puede ser visto como si formara una nueva subdisciplina de las ciencias sociales y humanas, preocupada por la forma en que el gobierno es llevado a cabo, por el "cómo" del gobierno. Hace preguntas concernientes al modo como gobernamos y somos gobernados, y a la relación entre el gobierno de nosotros mismos, el gobierno de otros y el gobierno del Estado. Recoge, por tanto, un significado amplio sobre las formas de gobierno que no necesariamente se hallan atadas al Estado-nación y que, en algunas ocasiones, han permanecido ocultas por las tradiciones que

---

[12] En Alemania es importante resaltar el trabajo del sociólogo Thomas Lemke, investigador vinculado al célebre *Institut für Sozialforschung* de la Universidad de Frankfurt (véase Lemke, 1997).

[13] En España se destaca el filósofo Francisco Vásquez García con sus excelentes trabajos sobre la biopolítica en la historia de España (véase Vásquez García, 2009).

[14] El libro incluye textos de Giovanna Procacci, Jacques Donzelot, Daniel Defert, Pasquale Pasquino y François Ewald, acompañados de una excelente introducción de Colin Gordon y artículos adicionales de Graham Burchel y Robert Castel. También hay que mencionar un segundo volumen misceláneo titulado *Foucault and Political Reason* (1996), que incluye textos de Graham Burchell, Nikolas Rose, Mitchell Dean y Colin Gordon.

identifican al Estado con *el* gobierno, esto es, con el cuerpo que reclama autoridad suprema sobre un territorio dado y sus diferentes aparatos. Hace particular énfasis en asuntos concernientes al gobierno de la conducta humana en todos sus contextos por medio de diversas instituciones y agencias, invocando formas particulares de verdad y utilizando diferentes recursos, medios y técnicas. (Dean, 2008: 2-3)[15]

Fueron los británicos Peter Miller y Nikolas Rose quienes hacia finales de la década de los ochenta empezaron a hacer suyo este proyecto de analizar las formas gobierno prescindiendo del Estado. Su primer artículo, de carácter programático, llevó como título "Cutting off the King's Head",[16] que hacía referencia a la conocida fórmula de Foucault para pensar el poder sin acudir a la instancia jurídica del Estado. Utilizaré la versión revisada de este importante artículo titulada "Political Power beyond the State" (2008) para ejemplificar el modo en que Miller y Rose delinean un *programa de investigación* que luego se convertiría en la marca de identidad de los estudios gubernamentales durante los años noventa.

El artículo comienza invocando el pasaje de Nietzsche donde habla del Estado como "el más frío de los monstruos fríos", para mostrar cómo el vocabulario de la política ha estado dominado hasta el momento por la figura omnipresente del Estado. Pero ninguno de los binarismos tradicionales de análisis que toman al Estado como centro (sociedad civil *vs.* Estado, autonomía *vs.* soberanía, privado *vs.* público, consenso *vs.* coerción, etc.) logran entender el *modus operandi* del gobierno en las "sociedades liberales avanzadas" (Miller y Rose, 2009: 53). Por esta razón, los dos autores proponen, muy en la línea de Foucault, un tipo de analítica que en lugar de ver el Estado como un objeto monolítico y constituido de antemano ("monstruo frío"), lo entienda como

---

[15] La traducción es mía.
[16] El artículo fue publicado algunos años después en la prestigiosa revista *British Journal of Sociology* (1992) y gozó de amplia difusión y comentarios en Inglaterra.

resultado inestable de una multiplicidad de prácticas históricas que deben ser estudiadas en su singularidad. Se trata, en primer lugar, de un *análisis nominalista*, pues su foco se dirige al funcionamiento específico de las diversas racionalidades que atraviesan las prácticas de gobierno, evitando caer en generalizaciones metaempíricas que hacen de los Estados unidades autónomas que persiguen sus propios intereses en el escenario mundial mediante la guerra y la diplomacia (*ibid.*: 56).[17] En segundo lugar, la analítica de la gubernamentalidad propuesta por Miller y Rose es nominalista pero *antirrealista*. La mayor parte de los análisis que se practican en sociología y ciencia política buscan caracterizar las prácticas gubernamentales con base en la *acción* de instituciones y personas en un período histórico específico. Lo que proponen Miller y Rose, por el contrario, es concentrarse no tanto en lo que las personas o instituciones hacen, en las intenciones que tienen, en los motivos "reales" de su acción, sino en *el modo como hacen lo que hacen*, esto es, en el tipo de *racionalidad* que anima sus prácticas. La analítica de la gubernamentalidad toma como objeto de estudio las *reglas de juego* que subyacen a la acción gubernamental y no los *sujetos* de esa acción. En este sentido, su propósito no es explicar el modo en que la vida social es "realmente" gobernada, sino el tipo de tácticas, técnicas y formas de conocimiento que son puestos en marcha para ejecutar ese gobierno (Miller y Rose, 2008: 57).[18]

Tal perspectiva de análisis, nominalista y antirrealista al mismo tiempo, conduce a una consideración del gobierno que no

---

[17] El problema de este tipo de análisis es doble: primero, el Estado es visto como si actuase movido por *una sola* racionalidad histórica; segundo, el Estado es considerado con total independencia de las prácticas que lo constituyen. Hay mitificación, pues, del Estado, que invoca siempre algún tipo de unidad analítica, de continuidad histórica o de invariable antropológica que invisibiliza la singularidad y multiplicidad de las líneas que lo atraviesan.

[18] Hay que anotar aquí que el antirrealismo de la analítica de la gubernamentalidad no significa de modo alguno la renuncia a un trabajo de orden *empírico*. Miller y Rose son claros en que la pregunta por la racionalidad *específica* de las prácticas es una pregunta fundamentalmente empírica. Es, pues, el nominalismo del análisis lo que garantiza su empiricidad.

se centra en los actores (personas o instituciones), sino en las *racionalidades políticas*. Para Miller y Rose hablar de *racionalidad política* nada tiene que ver con la "ideología", sino con el tipo de *tecnologías* y *programas* a través de los cuales el gobierno es realizado. No obstante, decir que una acción de gobierno es "tecnológica" pudiera causar espanto a ciertas sensibilidades humanistas y llevarlas a confundir esta propuesta con el "control social" y la tecnocracia. Pero lo que Miller y Rose quieren decir es que cualquier *acción* de gobierno (en tanto que "acción") demanda necesariamente la puesta en marcha de una *techne*, esto es, de ciertas formas de hacer (*know how*) y de disponer materialmente las cosas. Hablamos entonces del modo en que una acción gubernamental es realmente operable, de su *pragmática*. Para entender la *operatividad* del gobierno en las sociedades contemporáneas es necesario bajar del cielo metafísico del Estado, de los partidos, de la geopolítica o de las intenciones del gobernante, para concentrarse en pequeños detalles, como las técnicas de calculación y registro, el aprendizaje de hábitos de trabajo y competencias profesionales, el diseño de espacios, la interacción con las máquinas, el manejo de lenguajes abstractos, los mecanismos de selección de personal, etc. (Miller y Rose, 2008: 63),[19] pues son estos pequeños "modos de hacer", estas *redes tecnológicas*, las que permiten la elaboración de *programas* de gobierno. Éstos no son la simple formulación escrita de intenciones y deseos, sino que son *prácticas discursivas* que expresan cierta forma de *hacer*

---

[19] Particular atención prestan Miller y Rose al tema de la "experticia": "En nuestro argumento, la emergencia de la experticia está ligada con la transformación de las racionalidades y tecnologías de gobierno [...] Los vínculos vitales entre los objetivos socio-políticos y la minuciosidad de la existencia cotidiana en el hogar y en la fábrica son establecidos por expertos [...] La complejidad de actores, poderes, instituciones y cuerpos de conocimiento que moviliza la experticia ha llegado a jugar un papel crucial para establecer la posibilidad y legitimidad de una forma de gobierno. Los expertos conservan la esperanza de que los problemas de regulación pueden apartarse del terreno disputado de la política y alojarse en el cómodo territorio de la verdad. Por medio de la experticia, las técnicas de auto-regulación se instalan en el cuerpo de ciudadano y modela sus elecciones personales conforme a los objetivos y fines del gobierno" (Miller y Rose, 2008: 69. La traducción es mía).

el mundo inteligible y planificable. Sin un régimen de verdad no hay acción *posible* de gobierno:

> Los programas presuponen que lo real es programable, que puede ser sometido al dominio de ciertas reglas, normas y procesos. Ellos hacen "pensables" los objetos de gobierno, de tal manera que sus "males" pueden ser diagnosticados, recetados y curados mediante intervenciones calculadas. (*Ibid*.: 63)[20]

En el texto programático de Miller y Rose se delinea entonces un programa de investigación que muestra cómo el neoliberalismo es algo más que un simple "repliegue del Estado", ya que conlleva el despliegue activo de una serie de técnicas de gobierno que se orientan a la producción de individuos responsables. Técnicas de subjetivación que reemplazan las técnicas del Estado social en el combate de problemas estructurales como el desempleo, la criminalidad, el alcoholismo, la violencia intrafamiliar, etc. Desde esta perspectiva, valores como la autoestima, la responsabilidad y la autonomía empiezan a jugar como *variables económicas*, pues son ellos la fuente de "recursos" o "activos inmateriales" que permiten a un individuo cualquiera ser "empresario de sí mismo", sin depender para ello de los subsidios del Estado. El modo en que aparecen y funcionan estas tecnologías de subjetivación será, precisamente, el eje alrededor del cual girarán las investigaciones de Nikolas Rose.

El discurso terapéutico

El programa de investigación delineado por Miller y Rose a finales de los años ochenta quiere analizar el funcionamiento de las técnicas de gobierno en las "sociedades liberales avanzadas", mostrando cómo este gobierno implica la puesta en marcha de unas *técnicas de conducción de la conducta*, técnicas que, como ya se dijo, no remiten a una instancia central que las administra y

---

[20] La traducción es mía.

controla, sino que están diseminadas por el tejido social y actúan reticularmente. El trabajo de Nikolas Rose se concentra en examinar aquellas técnicas de gobierno que producen sujetos cuyo comportamiento es perfectamente funcional al "empresariado de sí" de la economía neoliberal, sujetos que aplican sobre sí mismos una serie de técnicas que los capacitan para incrementar permanentemente su "capital humano". La pregunta de Rose es la siguiente: ¿mediante qué tipo de técnicas de subjetivación se hace posible construir un "yo" capaz de tomar decisiones, de elegir entre diferentes opciones y de asumir con responsabilidad la gestión de su propia vida, sin tener que recurrir a la asistencia del Estado?

La tesis de Rose es que las prácticas psicoterapéuticas han contribuido a producir este tipo de sujeto, de forma análoga al modo en que lo hacían los ejercicios espirituales de la antigüedad grecorromana estudiados por Michel Foucault y Pierre Hadot. De hecho, Rose afirma explícitamente que "la terapia es nuestra respuesta al viejo imperativo ético 'conócete a ti mismo'" (Rose, 2007a: 111). Rose busca mostrar que las prácticas psicoterapéuticas entroncan perfectamente con aquellas técnicas cristianas que servían para guiar a las personas en sus elecciones respecto a cómo transformarse en sujetos virtuosos. Las terapias cumplen el mismo papel de los "ejercicios espirituales" antiguos: sirven para que las personas se asuman a sí mismas como objeto de su propia reflexión y transformación, pero siempre bajo la guía de una autoridad. En este sentido, las terapias se inscriben en un *phylum técnico* que las empata directamente con el pastorado cristiano. Rose, en efecto, compara el lenguaje y las practicas psicoterapéuticas con el poder pastoral del que habla Foucault. Desde el punto de vista del lenguaje, la confesión es una práctica de subjetivación, pues en el proceso de utilizar ciertos lenguajes para describirse a sí mismo, uno se va identificando con el "yo" que quisiera ser (*ibid.*: 113). Es decir, el "yo" empírico que habla, que aplica un lenguaje pastoral para autodescribirse, termina identificándose con el "yo" que *debe ser* construido por medio de ese lenguaje. Además la confesión vincula el "yo" que habla con una autoridad que ha creado el lenguaje en el que nos confesamos: el psicoterapeuta:

> El nacimiento de los lenguajes psicológicos para describir a las personas y a su conducta hace surgir determinados tipos de yo localizados en determinadas zonas o campos de nuestro interior que son significativos y que nos obligan a hablar acerca de nosotros mismos en términos particulares con el fin de evaluarnos en relación con determinadas normas, y narrar nuestra experiencia a otros y a nosotros mismos mediante un lenguaje psicológico: "traumas", "carencias emocionales", "depresiones", "represiones", "proyecciones", "motivaciones", "deseos", "extroversiones" e "introversiones". Disponemos en la actualidad de todo un amplio vocabulario psicológico —o mejor, de una familia de vocabularios divergentes para describirnos a nosotros mismos— y cualquiera que sea el origen de estos lenguajes del yo, son indispensables dadas las vías a través de las cuales nosotros podemos hacernos a nosotros mismos objetos de nuestra propia reflexión. Son lenguajes indispensables porque son las vías mediante las cuales nos conocemos a nosotros mismos. (Rose, 2007a: 112)

¿Pero cómo y bajo qué condiciones fue posible que una serie de lenguajes expertos de orden psicológico se popularizaran hasta el punto de que hoy funcionan como prácticas habituales de autodescripción? Rose retoma la tesis de Foucault según la cual los ejercicios espirituales del mundo antiguo sobrevivieron en la practica cristiana del "cuidado de las almas". Para el siglo XVII, y gracias a la Reforma protestante, la tradición del gobierno de las almas se había extendido por toda Europa, y ya para finales del siglo XIX, en los albores del psicoanálisis, la tradición del cuidado de las almas había sido "capturada" por el discurso científico. Aquí empieza realmente la genealogía del discurso terapéutico trazada por Nikolas Rose en su libro *Governing the Soul*. Según esta genealogía, las técnicas psicoterapéuticas lograron emanciparse de la medicina y del psicoanálisis una vez finalizada la Segunda Guerra Mundial. De hecho, la guerra obligó a que toda una serie de problemas de comportamiento (*behavior*) de la población fueran abordados por psicólogos y ya no por doctores, pues se requería una gestión inmediata de asuntos tales como adicciones, temores, represiones, falta de motivación y depresiones. Asuntos que ya no son vistos como "enfermedades" (con raíces somáticas), sino como "disfunciones" que podían ser removidas aplicando un conjunto de técnicas que venían siendo estudiadas por los behavioristas desde antes de la guerra (Rose, 1999: 41-52).

Rose les concede un papel preponderante a las investigaciones del médico alemán Hans Eysenck (emigrado a Inglaterra en 1934), quien desarrolló una teoría de la personalidad desligada tanto de la medicina (psiquiatría) como del psicoanálisis. La personalidad humana es vista por Eysenck como algo calculable y programable. Problemas como el alcoholismo, la hiperactividad, el sobrepeso, la obsesión y la ansiedad no son tratados como disfunciones orgánicas, sino como variables medioambientales que pueden ser "gestionadas" gracias a técnicas de condicionamiento (Rose, 1999: 235). Muy pronto, estas nuevas técnicas encontraron demanda en fábricas, hospitales, escuelas y hogares de toda Europa. La modificación de la conducta podía ser lograda mediante técnicas baratas y fáciles de implementar. Y lo más importante, eran técnicas que podían ser utilizadas por los propios pacientes. El terapista podía instruir al cliente para usar la técnica con el fin de convertirla en un instrumento de autoanálisis y autoayuda (*ibid.*: 241). Estas técnicas podían ser aplicadas por cualquiera: quien tuviera dificultades en su comportamiento sexual, falta de humor, depresiones y ansiedades, problemas en el matrimonio, etc. La labor del terapista no es curar una enfermedad sino ofrecer al cliente los recursos (*skills*) —un lenguaje y unas técnicas— que le permitan a él mismo ser objeto y sujeto de su propia transformación. Rose habla en este sentido de una "psicologización de la vida cotidiana" que afecta casi todo lo que hacemos: la sexualidad, el amor, el empleo del dinero, la apariencia física, el consumo, la espiritualidad (Rose, 2007a: 116). No se trata sólo de un lenguaje que permite a la gente entender sus propios "malestares", sino de una serie de técnicas que los faculta para "curarse" de ellos y rehacerse a sí mismos.

Pero Rose no es el único teórico que se interesa por el discurso terapéutico. Desde una perspectiva más cercana a la sociología de Max Weber que a la analítica de Michel Foucault, la feminista marroquí Eva Illouz también se interesa por el tema, pero a diferencia de Rose, traza una genealogía que no es europea sino estadounidense, dada la inmensa popularidad que el discurso terapéutico ha gozado en los Estados Unidos, donde hace su presencia masiva a través de revistas, grupos de apoyo, consejerías, *talk-shows*, asesoramiento espiritual, etc. Vale la pena recordar aquí la opinión de Foucault según la cual el liberalismo en los Estados Unidos es una *ontología*, "toda una manera de ser y pensar" (Foucault, 2007: 253), lo cual explicaría en parte la popularización de los lenguajes psicológicos en este país. Pues nada más acendrado en la cultura popular estadounidense que la idea de que cada uno debe labrar su propio destino. La gigantesca industria de la autoayuda sólo podía germinar en un suelo como éste.

Illouz inicia su genealogía en los años sesenta, época en que la idea de "autorrealización" fue acogida por jóvenes de clase media de la sociedad americana, atraídos por asuntos como la revolución sexual y la libre expresión de la identidad. En ese momento la psicología hace su entrada triunfal en los medios de comunicación, abandonando los "laboratorios" universitarios. Psicólogos como Carl Rogers y Abraham Maslow, fundadores de la "terapia centrada en el cliente" durante la década de los cincuenta, sostenían que la autorrealización es una "tendencia natural" y que la "salud mental" consiste en desarrollar ese impulso (Illouz, 2007: 98-100). Es el "temor al éxito" lo que hace que una persona deje de creer en sí misma y ponga barreras a su propia autorrealización.

> Esas ideas sobre el desarrollo humano pudieron ingresar a las concepciones culturales del yo y transformarlas, porque en las mismas resonaba el concepto liberal de que el autodesarrollo era un derecho. Eso, a su vez, representó una extraordinaria extensión del campo de acción de los psicólogos: no sólo pasaron de los trastornos

psicológicos graves al ámbito mucho más amplio del sufrimiento neurótico, sino que ahora pasaban a la idea de que la salud y la autorrealización eran lo mismo. Las personas que tenían una vida no realizada ahora necesitaban atención y terapia. Sin duda, en la idea de autorrealización resonaba la crítica política al capitalismo de la década de 1960 y la exigencia de nuevas formas de expresión personal y bienestar definidos en términos no materiales. Pero la corriente terapéutica fue más allá, en el sentido de que planteó la cuestión del bienestar con metáforas médicas y patologizó la vida común. (Illouz, 2007: 103-104)

Illouz muestra cómo gracias a la popularización de los libros de bolsillo, el "*ethos* terapéutico" se filtró poco a poco en el ámbito de la vida cotidiana. Su investigación sobre las autobiografías de mujeres exitosas durante las últimas dos décadas revela que la narrativa terapéutica utiliza el mismo modelo de la narrativa religiosa: escenifica una progresiva "redención espiritual", pero eliminando la idea de una "falla moral". Es decir que tener una vida "no realizada" e "insatisfactoria" no se debe al pecado sino a experiencias traumáticas del pasado, en especial experiencias de la infancia que serán eliminadas paulatinamente mediante el sufrimiento y el drama emocional. Un caso paradigmático citado por Illouz es la autobiografía de Jane Fonda, pues allí se manifiesta una historia de las "caídas emocionales" del sujeto y su posterior "liberación psíquica" (Illouz, 2007: 119-122). De este modo, la investigación de Illouz vincula directamente la narrativa psicoterapéutica con el poder pastoral de Foucault, en el que los individuos son autoproducidos como víctimas de sus propios errores. Al *confesar* los propios sufrimientos, la persona es capaz de verse a sí misma en el espejo del lenguaje y "liberarse" de ellos. Es a través de la confesión de los propios fracasos financieros y emocionales que se da la búsqueda del "verdadero yo interior". La paradoja del discurso terapéutico es que su narración genera el mismo "sufrimiento" que pretende curar (*ibid.*: 135). Esto, desde luego, con la complacencia de las compañías farmacéuticas y aseguradoras, así como de la creciente industria del *New Age*, que se alimentan del "capital emocional" de las personas.

Tenemos, entonces, dos genealogías del discurso terapéutico que, aunque utilizan metodologías diferentes de análisis, llegan a una conclusión muy similar: el discurso terapéutico echa sus raíces en una técnica de gobierno muy antigua, la confesión, que opera como una narrativa del "yo". Sólo que el lenguaje experto de esa narración, es decir las palabras y rituales de confesión, ya no son suministrados por la teología cristiana, sino por un discurso científico: la psicología. Los individuos se interpretan a sí mismos con un vocabulario psicológico. El nacimiento del "yo" no está ligado entonces al desarrollo de ciertas ideas filosóficas, como propone Charles Taylor en su conocido libro *Sources of the Self*, sino a la implementación práctica de un conjunto de técnicas y lenguajes que poco o nada tienen que ver con la filosofía. Han sido, más bien, los lenguajes y técnicas de las psicociencias los que han jugado un papel fundamental en la producción del "yo" en las sociedades liberales avanzadas. Es posible aprender a gestionar el propio comportamiento y ser "empresarios de sí mismos" a partir de técnicas que ya no obedecen al modelo disciplinario, sino al modelo de la autorregulación. Las psicociencias no operan, entonces, como la extensión de la biopolítica estatal, sino que obedecen a nuevos dispositivos de modulación en las "sociedades de control".

Pero aquí tal vez sea pertinente una "precaución de método" para diferenciar la propuesta de Rose de la de aquellos teóricos a los que Illouz remite su propio trabajo. En su famosa conferencia de 1918 "La ciencia como vocación", Weber decía que el resultado último de los procesos de racionalización que ha experimentado la cultura occidental durante los últimos siglos es la "pérdida de sentido". La racionalidad científico-técnica, que se ha vuelto dominante en todas las esferas de la vida social, no puede responder la pregunta por el sentido de la vida. La ciencia nos dice qué medios utilizar para lograr ciertos objetivos técnicamente realizables, pero nada puede decirnos con respecto a la moral y la felicidad. La ciencia, dice Weber citando a Tolstoi, carece de sentido ético, puesto que no tiene respuesta para las únicas cuestiones que nos importan: qué debemos hacer y cómo debemos vivir (Weber, 1992: 207).[21] Pues bien, frente a este diagnóstico de Weber, Nikolas Rose dice que la psicología y las técnicas psicoterapéuticas *sí* han intentado responder a la pregunta "¿cómo debo vivir?". Es decir que esa tajante división entre lo ético y lo científico anunciada por Max Weber, y retomada por los teóricos de Frankfurt, no es tan clara como se creía (Rose, 2007a: 108). De hecho, y ésta es la "tesis dura" de Rose, las psicociencias han sido capaces no sólo de responder a la pregunta "cómo debo vivir", sino de producir un nuevo tipo de valores. La psicología postula que los sujetos pueden llegar a tener control sobre su propia vida emocional mediante el "trabajo consigo mismos", activando su voluntad de aplicar ciertos procedimientos y técnicas. La realización emocional se sitúa como meta de una *ciencia del comportamiento humano* que, como se ha indicado, resuena con (pero no se reduce a) los objetivos de las tecnologías neoliberales de gobierno.

Riesgo y capital genético

Es tiempo de vincular el trabajo de los viejos y nuevos discípulos de Foucault, para lo cual retomaremos el concepto de *riesgo* abordado ya en la primera sección de este anexo. Pero lo haremos estableciendo un paralelo con el trabajo de aquellos teóricos europeos que se han venido ocupando últimamente del tema del riesgo en las sociedades postindustriales. Me refiero a los sociólogos de la "modernización reflexiva": Ulrich Beck, Anthony Giddens, Zygmunt Bauman, Scott Lash y John Urry.

Lo primero sería decir que la sociología de la modernización reflexiva se presenta como una actualización de la teoría crítica de

---

[21] "Todas las ciencias de la naturaleza responden a la pregunta de qué debemos hacer *si* queremos dominar *técnicamente* la vida. La cuestiones previas de si debemos y, en el fondo, queremos conseguir este dominio, y si tal dominio tiene verdaderamente sentido, son dejadas de lado o, simplemente, son respondidas afirmativamente de antemano" (Weber, 1992: 209).

la Escuela de Frankfurt (Lash, 1997: 137-139). Este punto puede apreciarse con claridad en el diagnóstico del mundo contemporáneo realizado por Ulrich Beck en su famoso libro *Risikogesellschaft*. Para Beck, la época actual puede ser caracterizada con la imagen del "efecto búmeran": es una consecuencia, impensada e indeseada, del estallido de los dispositivos de seguridad erigidos durante la fase de la sociedad industrial (Beck, 1986: 48). Si el proyecto de la modernidad industrial había erigido una serie de controles sobre la contingencia, las ambigüedades y los imprevistos, haciendo del Estado el garante de ese repertorio de seguridades ontológicas, el *resultado* de su proyecto fue, paradójicamente, la sociedad del riesgo. Como el búmeran, la racionalización se devuelve contra sí misma y produce su contrario.[22] Éste, como se sabe, había sido el diagnóstico realizado por Horkheimer y Adorno en su libro *Dialéctica de la Ilustración*: la racionalización genera fenómenos irracionales como el fascismo, la sociedad de masas y la industria cultural. Para Beck, el tránsito de la sociedad industrial a la sociedad del riesgo puede verse como un "cambio de polaridad". La sociedad del riesgo se caracteriza por la proliferación de amenazas globales y personales, la mayoría de las cuales escapan a nuestro control. Es una sociedad de la *inseguridad permanente*. Los dispositivos de seguridad implementados por la sociedad industrial ya no sirven para contener los riesgos que la acción humana genera todo el tiempo. Riesgos globales como la guerra nuclear, el terrorismo o el calentamiento global, pero también riesgos personalizados como el cáncer, el desempleo e incluso los fracasos amorosos. En todos los lugares aparece lo

---

[22] Con todo, Beck afirma que su teoría nada tiene que ver con la tesis de las "contradicciones dialécticas" del capitalismo señaladas por Marx: "El hecho de que la dinámica de la sociedad industrial suprima sus propios fundamentos recuerda ciertamente la afirmación de Karl Marx: el capitalismo es sepulturero del capitalismo, pero también significa algo muy distinto. En primer lugar, no son las crisis sino —repito— los triunfos del capitalismo los que producen la nueva sociedad. Con esto se dice, en segundo lugar, que la desintegración de los perfiles de la sociedad moderna no obedece al efecto desencadenado por la lucha de clases, sino al proceso normal de modernización, a la continua e insistente modernización" (Beck, 1996: 241).

no-previsible, lo no-calculable: la *Unsicherheit* se convierte así en una constante de la vida contemporánea. En la medida en que se erosionan las seguridades ontológicas tradicionales y modernas, la vida se torna riesgosa. La racionalidad moderna ha erosionado sus propias pretensiones, de tal modo que ahora vivimos en una incertidumbre de la cual no pueden liberarnos ya las viejas instituciones estatales. Nuestra situación actual es caracterizada por Zygmunt Bauman del siguiente modo:

> La actual inseguridad (*Unsicherheit*) es similar a la sensación que experimentan los pasajeros de avión cuando descubren que la cabina del piloto está vacía, que la amigable voz del capitán es solamente la grabación de un mensaje viejo [...] Hombres y mujeres buscan y casi no encuentran, y nunca están seguros de que lo que han encontrado es lo que estaban buscando, aunque sí están seguros de que, hayan encontrado o no lo que buscaban, deberán volver a buscar. No se puede dar por sentado el valor duradero de cualquier cosa que se haya conseguido; el valor de cualquier cosa que uno es instado a adquirir o cuyo logro sea celebrado tampoco puede —ni debería— darse por sentado. Cuando se nos dice y se nos demuestra que podemos conseguir cualquier cosa, la inseguridad endémica es el único logro no perecedero [...] Hoy únicamente podemos albergar dos certezas: que hay pocas esperanzas de que los sufrimientos que nos produce la incertidumbre actual sean activados y que sólo nos aguarda más incertidumbre. (Bauman, 2002: 28, 31, 33)

Pero este "diagnóstico trágico" es sólo una parte de la teoría de la modernización reflexiva. La otra parte tiene que ver con el concepto propositivo de *reflexividad*. Beck advierte que no hay que confundir *reflexión* con *reflexividad* (Beck, 1997: 18). No es que los sujetos en la sociedad del riesgo se vuelvan más "autónomos" en el sentido kantiano, sino, como lo ha mostrado Giddens, que la acción de "volver sobre sí mismos" depende en buena parte del funcionamiento de "sistemas abstractos" en los que los individuos han puesto su "confianza" (*trust*). Esto significa que las prácticas sociales e individuales son examinadas constantemente y reformadas a la luz de "lenguajes expertos" (Giddens, 1999: 46). El objetivo de esta "reflexividad" no es la *restauración* de las seguridades ontológicas (tarea imposible en un mundo racionalizado, como lo viera Weber), sino reducir al máximo la ansiedad existencial que produce la vida en la sociedad del riesgo. No estamos, pues, completamente inermes ante el riesgo. Así, por ejemplo, para el manejo de los dilemas amorosos (surgidos gracias a la disolución de los códigos tradicionales) están las terapias, que son "lenguajes abstractos" capaces de generar fiabilidad y confianza. Para Giddens, la "construcción del yo" en la sociedad del riesgo se convierte en un "proyecto reflexivo". Gracias a los lenguajes de la psicología, los sujetos pueden ser ahora "diseñadores de la propia biografía" (*ibid.*: 110). Los individuos se ven abocados a generar sus propios repertorios de seguridad ontológica sabiendo que la "confianza" ya no depende de las relaciones cara-a-cara (erosionadas con los procesos de industrialización), sino de la confianza en los lenguajes expertos.

Giddens afirma que cabalgamos sobre el "carro de Juggernaut" (una máquina desbocada como la del mito hindú de Krishna, que aplastaba a todos los que se atravesaban para adorar al dios), lo cual significa que no podemos *gobernar el riesgo* pero quizá podamos ponerle riendas al carro para tratar de paliar sus "consecuencias perversas". El Juggernaut de la sociedad del riesgo puede ser dirigido, pero sólo hasta cierto punto (Giddens, 1999: 192). Y es aquí donde Beck invoca la "subpolítica" de la sociedad civil, que tematiza los problemas globales que afectan a todos con independencia del Estado. Para Beck la sociedad civil se ubica "más allá de la izquierda y la derecha" (coordenadas políticas modernas que ya nada dicen) y está generando toda una "reinvención de lo político" (Beck, 1996: 230). Se trata de nuevos actores políticos que utilizan la "reflexividad" de los sistemas abstractos, es decir, los lenguajes de la ecología, de la sociología, de la economía, etc., para plantear reivindicaciones globales a través de acciones locales. La muerte del Estado benefactor ha generado, pues, la "liberación" (*Freisetzung*) de la sociedad civil, ahora compuesta por una multiplicidad de actores reflexivos. Pequeñas revoluciones que avanzan "con pies de gato, pero con garras" (Beck), y cuya fuerza radica precisamente en el uso reflexivo del conocimiento experto. No sólo el "yo" se ha convertido en un proyecto reflexivo, sino también el "nosotros".

¿Qué decir frente a esta teoría de la sociedad del riesgo a partir del concepto de *riesgo* planteado ya por los discípulos tempranos de Foucault? Lo primero es que para éstos el riesgo no es un concepto *realista*, como el de Beck y sus colegas, sino *nominalista*, lo cual significa que no se pregunta por lo que "es" el riego, sino por el funcionamiento de las tecnologías del riesgo. François Ewald decía que el riesgo no tiene existencia real, sino que es producido, es decir, que no se trata de una "cosa-en-sí", sino de una experiencia producida mediante técnicas muy específicas. Hablamos, entonces, de *tecnologías del riesgo* (en plural) y no de una *sociedad del riesgo*. Para Beck el riesgo no solamente es real, sino que es homogéneo y totalizante. Es, de hecho, una categoría *epocal* (hemos pasado de la sociedad industrial a la sociedad del riesgo). Se trata, como bien ha señalado Mitchell Dean, de una herencia del concepto unitario de *racionalización* utilizado por Max Weber y la Escuela de Frankfurt (Dean, 2008: 181). Este tipo de totalización enmascara la multiplicidad de tecnologías del riesgo y el *modus operandi* de sus diferentes racionalidades. Por el contrario, una genealogía de las tecnologías de gobierno reconoce diferentes producciones de riesgo que no pueden reducirse a "una sola" racionalidad: riesgos empresariales, financieros, epidemiológicos, psíquicos, ecológicos, clínicos, afectivos y genéticos, cada uno con su propia especificidad.

Por otro lado, el diagnóstico trágico de la "inseguridad ontológica" a la que nos ha lanzado la sociedad del riesgo de la mano del neoliberalismo no es compartido por los más recientes discípulos de Foucault. Tal como señalaron Miller y Rose, el neoliberalismo no significa la "muerte de lo social", sino una transformación de la sociabilidad. Es cierto que tras el desmonte paulatino de las seguridades ontológicas erigidas por el Estado benefactor, lo "social" ya no queda inscrito en la centralidad de los aparatos de Estado, pero ello no significa que haya desaparecido. Por el contrario, ha sido asumido por un conjunto de mercados (proveedores de servicios, consumidores, expertos, etc.), siendo la salud, por ejemplo, uno de esos mercados. De modo que aunque el sujeto es ahora responsable de gestionar los riesgos sobre su propia salud, no puede hacerlo individualmente, sino como parte integral del "mercado de la salud", es decir, en tanto que consumidor de servicios, pero también, y al mismo tiempo, en tanto que actor político con capacidad de agencia sobre esos mismos mercados. El reciente trabajo conjunto de Paul Rabinow y Nikolas Rose ha mostrado cómo grupos de enfermos de sida, familiares y médicos se organizan no tanto para "exigir" que el Estado haga algo por ellos, sino para colaborar como sujetos activos del tratamiento médico que ellos mismos "consumen" (Rabinow y Rose, 2006). Se trata de resistencias biosociales contra la medicalización por parte de los mismos usuarios de la salud, que no actúan ya como sujetos de derecho sino como sujetos que *juegan de otro modo* con las mismas reglas de la racionalidad mercantil. También el trabajo de Maurizio Lazzarato apunta hacia la posibilidad de la acción política en el interior mismo de las sociedades de control. En este caso se trata de luchas contra la privatización de los "bienes comunes" (el agua, el aire, la salud, el conocimiento, el arte) por consumidores y productores de esos mismos bienes. Se lucha contra la privatización de estos bienes, pero no desde una exterioridad (la "sociedad civil" de la que habla Beck), porque de lo que se trata aquí no es de pensarse como "víctimas" que exigen "derechos" al Estado, sino como sujetos activos que no desean ser gobernados *de ese modo*.[23] El patético lamento por la pérdi-

---

[23] Dice Lazzarato: "Todo consumo de un bien común puede entrar inmediatamente en la creación de un nuevo conocimiento o de una nueva obra de arte. El consumo no es destructor, sino que es creador de otros conocimientos y otras obras. La circulación se convierte en el momento fundamental del proceso de producción y consumo. Las reglas de producción, de circulación y de consumo no corresponden entonces con las de la cooperación en la fábrica y en su economía. El marxismo y la economía política entran en crisis por que la creación y la realización de los bienes comunes, que conservan en el capitalismo contemporáneo el lugar que ocupaba la producción material en el capitalismo industrial, ya no son explicables a través del concepto de cooperación productiva […]

da de las seguridades ontológicas y la idealización de la sociedad civil como un ámbito que se opone al Estado son sustituidos por la invitación a una "política de seguridad colectiva" instalada en el corazón mismo de las tecnologías neoliberales. Se trata de devolver el neoliberalismo en contra de sí mismo.

¿Qué significa entonces el *gobierno del riesgo* en las sociedades contemporáneas desde la perspectiva de una historia de la gubernamentalidad? ¿Cuál es el papel de los saberes expertos en la gestión de fenómenos tales como el riesgo de enfermedad, de guerra nuclear y terrorismo, o incluso de nuevos factores como el riesgo genético? ¿Y cómo se vinculan estos saberes con las tecnologías neoliberales de gobierno estudiadas por Foucault, que buscan hacer del sujeto un empresario de sí mismo? En su libro *The Politics of Life Itself*, Nikolas Rose se ocupa de examinar el modo en que las técnicas de conducción de la conducta, propias de la gubernamentalidad neoliberal contemporánea, se transforman y refuerzan conforme a los avances de la medicina. Durante las últimas décadas se ha producido, según Rose, una "mutación" en el saber médico. En primer lugar, los doctores han perdido el monopolio de aquella "mirada médica" examinada por Foucault en su libro *Nacimiento de la clínica*, pues tanto el diagnóstico como la terapia se han hecho casi enteramente dependientes de sofisticados aparatos electrónicos. La investigación en medicina contemporánea ya no se concentra tanto en el nivel "molar" del cuerpo (órganos, sangre, hormonas, etc.), sino en lo que ocurre a nivel genético y celular, gracias a nuevas técnicas que operan por simulación digital. La medicina ha devenido *tecnomedicina* (Rose, 2007b: 11). En segundo lugar, la práctica de la medicina se ha vuelto dependiente de los sistemas privados de salud, lo cual significa que la salud y la enfermedad son un ámbito mercantil sometido a las leyes de la oferta y la demanda. Además, la investigación de punta en medicina, concentrada en el nivel molecular, es

---

Los bienes comunes son el resultado de una cooperación 'pública' no estatal. Asistimos a la emergencia de una esfera de producción y de circulación de los saberes que no depende directamente y por derecho del Estado" (Lazzarato, 2006: 130-131).

impulsada hoy en día por corporaciones multinacionales interesadas en comercializar nuevos productos en el creciente mercado de la biodiversidad. La medicina ha devenido *biomedicina* (*ibid.*).

¿Cuáles son las consecuencias de esta tecnificación y capitalización de la medicina contemporánea? Rose afirma que gracias al descubrimiento del ADN y de las nuevas tecnologías de visualización digital (escáneres) se abre la posibilidad de descomponer un cuerpo en pequeñas partes que pueden ser manipuladas, clasificadas, almacenadas y comercializadas. Ahora, por ejemplo, es posible separar y clasificar embriones, esperma, células, etc., separándolas de un cuerpo y almacenándolas en "biobancos" para ser luego reimplantadas en otros cuerpos (Rose, 2007b: 14). Las nuevas tecnologías biomédicas ya no buscan simplemente "curar" un organismo enfermo, sino modificarlo y reconfigurarlo con el fin de maximizar su funcionamiento. Optimizar las posibilidades de vida de un individuo: éste es el meollo del asunto. Cualquier tipo de capacidad humana (fuerza, atención, inteligencia) o de valor social (por ejemplo, la belleza física) se encuentra abierta a la posibilidad de una intervención biotecnológica. Los pacientes son ahora *clientes* que desean "rectificar" alguna función indeseable de su organismo, con el fin de modificar su "estilo de vida" (*ibid.*: 20). En este sentido, Rose muestra cómo la biomedicina abre la puerta para nuevos modos de subjetivación. Los humores, capacidades cognitivas y potencialidades somáticas pueden ser ahora modificados a voluntad, conforme al tipo de individuo que se quiere ser. Hablamos, pues, de una forma de gobierno que Rose llama *ethopolítica*, el gobierno sobre los modos de vida:[24]

---

[24] Nótese la similitud entre la *ethopolítica* de Rose y la *noopolítica* de Lazzarato. En ambos casos se trata de un gobierno sobre los estilos de vida, funcional a las tecnologías desplegadas por el neoliberalismo. Sólo que en Lazzarato este gobierno es agenciado por el marketing y la publicidad para gobernar la dimensión molecular del consumidor (deseos, afectos, memoria), mientras que para Rose se trata de un gobierno de sí mismos agenciado por la biomedicina (véase Lazzarato, 2006: 101-102).

> Por "ethopolítica" me refiero al intento de moldear la conducta de seres humanos mediante la intervención regulada sobre sus sentimientos, creencias y valores, es decir, mediante una intervención sobre la ética. En la política de nuestro presente [...] el *ethos* de la existencia humana —sentimientos, naturaleza moral, creencias básicas de personas, grupos o instituciones— se convierte en el "medio" a través del cual el autogobierno del individuo autónomo se conecta con los imperativos del buen gobierno. Si la disciplina individualiza y normaliza, si la biopolítica colectiviza y socializa, la ethopolítica tiene que ver con las técnicas del yo mediante las cuales los seres humanos pueden actuar sobre sí mismos para hacerse mejores de lo que son. (Rose, 2007b: 27)[25]

Nótese cómo Rose amplía hacia el campo de la medicina el mismo tipo de investigación genealógica que antes realizaba en el campo de la psicología. Continúa, pues, hablando de técnicas de intervención y modificación de un "yo" (*self*) que se ajusta perfectamente al tipo de subjetividad funcional en los regímenes neoliberales de gobierno. Sólo que ya no son los psicólogos y consejeros, sino los médicos, quienes ofrecen a los clientes un lenguaje experto a partir del cual puedan autotransformarse. El lenguaje de la "bioética" —que ahora se perfila como una nueva disciplina filosófica— ha empezado a permear la práctica médica, de modo que los médicos se limitan a informar a sus clientes sobre las posibilidades y riesgos de una intervención somática (Rose, 2007b: 34). El respeto por la autonomía del individuo, sustentado en la capacidad que tienen las personas para autodeterminarse, es uno de los principios básicos de la bioética. Por ello deben ser los clientes mismos quienes, a partir de un conjunto de valores ajenos a la propia salud física (éxito, belleza, competitividad, etc.), decidan autónomamente qué parte de su cuerpo quieren "mejorar" y *por qué* quieren hacerlo. Procesan la información recibida del médico y asumen el "riesgo" de la intervención sobre sus cuerpos. El individuo no es visto como un elemento pasivo,

---

[25] La traducción es mía.

que se limita a recibir los consejos de la autoridad médica, sino como un *consumidor activo de servicios médicos*. Si la oferta médica no satisface las expectativas del cliente, siempre será posible comprar las ofertas de otras corporaciones médicas existentes en el mercado, consultar en Internet otras opciones, etc. Cada cual es responsable de tomar las decisiones que coadyuven a "incrementar su capital humano".

El sociólogo alemán Thomas Lemke, en su libro *Gouvernementalität und Biopolitik*, amplía y complementa las reflexiones de Rose. Según Lemke, las nuevas tecnologías biomédicas, en especial las relativas al mapeo genético, pueden ser vistas como tecnologías para el gobierno del riesgo. En este caso, el conocimiento biomédico ya no depende de los "síntomas" del paciente, sino de la "disposición" de sus genes. De modo que un individuo no necesita "sentirse enfermo" (tener síntomas), sino, simplemente, tener la *información* suministrada por expertos que le indican cuáles son los "factores de riesgo" que debe gestionar. Disociada de la sintomatología, la enfermedad no significa experimentar un cambio corporal, ni siquiera sentir dolor alguno, sino que se convierte en un problema de información que el individuo es responsable de recibir y procesar (Lemke, 2007a, 136). La individualización del riesgo sustituye los "dispositivos de seguridad" erigidos por el Estado benefactor. La salud es un asunto de información que el individuo debe "calcular" con el fin de gestionar su propio "capital humano", tal como dijera Foucault. Cada cual debe conocer su propio *capital biológico*: saber si es propenso a la diabetes, a la tensión alta, al cáncer de seno o de páncreas, al sobrepeso y la depresión, etc., pues éstos son factores que en determinado momento pueden afectar la productividad y el desempeño económico de una persona. Por eso, cada cual es responsable de gestionar sus "disposiciones genéticas", aun cuando no tenga síntoma alguno. Asistimos, pues, al nacimiento de una nueva categoría de enfermos: individuos sanos que son responsables de que la enfermedad no aparezca. Enfermos sin síntomas (*ibid.*: 139).

Por otro lado, Lemke recuerda que el "discurso genético" según el cual tanto animales y plantas como humanos necesitan de ayuda y "corrección" por medio de la biología molecular, se ha vuelto indispensable para el crecimiento de la economía capitalista. La fabricación mediante ingeniería genética de transgénicos, proteínas, células, semillas e incluso animales, se halla en el corazón mismo de la actual "sociedad del conocimiento". La biotecnología es la "doncella del capital en la era posindustrial".[26] Asistimos, dice Lemke, a la paulatina consolidación de una *gubernamentalidad genética* que tomó inicialmente como objetivo los mundos animal y vegetal, pero que ya enfila sus baterías hacia el mundo social. Como en su momento anunciara Foucault,[27] la nueva medicina favorece que los individuos empiecen a ser valorizados conforme a la mayor o menor calidad de su "capital biológico". Esto no es cuestión de futurología y ciencia ficción, sino que ya ha empezado a ocurrir. En el neoliberalismo, la idoneidad de un trabajador, su utilidad, duración y envejecimiento depen-

---

[26] La expresión es de Vandana Shiva, quien también señala de forma muy precisa las consecuencias medioambientales de la biotecnología (véase Shiva, 1997: 67).

[27] Recordemos que en la clase del 14 de marzo de 1979, correspondiente a su curso *Nacimiento de la biopolítica*, Foucault se refirió a la posibilidad de que la "genética actual" pueda establecer una diferencia entre individuos de alto y bajo riesgo. El control sobre el crecimiento de individuos de alto riesgo, es decir, de aquellos propensos genéticamente a desarrollar enfermedades que afecten la productividad de la sociedad en su conjunto, podría desembocar en un *nuevo* racismo: "Quiero decir lo siguiente: si el problema de la genética suscita en nuestros días tanta inquietud, no creo que sea útil o interesante recodificar esa inquietud con respecto a ella en los términos tradicionales del racismo. Si se quiere captar lo que hay de políticamente pertinente en el desarrollo actual de la genética, habrá que procurar aprehender sus implicaciones en el nivel mismo de la actualidad, con las problemáticas reales que la situación plantea. Y cuando una sociedad se plantea el problema de la mejora de su capital humano en general, no podrá dejar de encarar o, en todo caso, de exigir la cuestión del control, el filtro, el mejoramiento del capital humano de los individuos, en función, claro, de las uniones y procreaciones que resulten. Y en consecuencia, el problema político de la utilización de la genética se formula entonces en términos de constitución, crecimiento, acumulación y mejora del capital humano. Los efectos racistas de la genética, por decirlo de algún modo, son por cierto algo que debemos temer y que distan de haberse enjugado. Me parece que ésa es la gran apuesta de la actualidad" (Foucault, 2007: 268-269).

den cada vez más de la calidad de la gestión del riesgo somático (Lemke, 2007a: 138). Nuevas tecnologías biomédicas como el escaneo prenatal hacen que el hecho natural de tener un hijo se transforme en la *obligación* social de tener un hijo *sano*. El diagnóstico prenatal *subjetiva al feto* en el momento en que lo hace visible, evaluable y transformable a voluntad del médico y de la madre. La mujer embarazada es invitada a participar activamente en la optimización de la salud del feto, evitando cualquier riesgo que pudiera perjudicar su normal desarrollo. Asumir el riesgo del embarazo significa hoy en día que, en caso de "anormalidad" corregible del feto, la madre debe asumir la responsabilidad de usar (de una u otra forma) la información técnica que le suministra el médico (*ibid.*: 145).

No sobra señalar aquí que el gobierno neoliberal de las poblaciones no sigue una "estrategia eugenésica", pues su objetivo no es promover la reproducción de aquellos sectores de la población considerados "más aptos", logrando al mismo tiempo la disminución e incluso la desaparición de aquellos otros sectores tenidos como "menos aptos". Hacer morir a unos para que otros puedan vivir. Este tipo de biopolítica utilizada por regímenes totalitarios como el nazismo y el estalinismo ya no es útil para los objetivos de la gubernamentalidad neoliberal. El caso del diagnóstico prenatal muestra, por el contrario, que se busca que sean los individuos mismos (y ya no el Estado totalitario) quienes tomen la iniciativa de gestionar los factores de riesgo genético. La medicina no se ha convertido en una especie de neoeugenesia, como algunos piensan con algo de paranoia, sino que se trata más bien de una estrategia de gobierno del riesgo. Mediante un conocimiento bioepidemiológico, y utilizando nuevas tecnologías, se identifican los "factores de riesgo" que puedan afectar la salud de la población y, por ende, que puedan disminuir el desempeño económico de la misma.

Nótese, pues, la diferencia entre las tecnologías del riesgo identificadas por Ewald, Defert, Donzelot y Procacci en el siglo XIX, y las tecnologías del riesgo identificadas por Rose y Lemke hacia comienzos del siglo XXI. Mientras que las primeras fueron un intento de "socializar" el liberalismo, las segundas dejan ya completamente de lado todos los "dispositivos de seguridad". Lemke anota que este recurso a la gestión individual de los riesgos es una estrategia de gobierno que ya no necesita ocuparse de la "cuestión social". La responsabilidad por la mejora de las condiciones de vida de la población ya no recae en el Estado (mediante la implementación de políticas de educación, salud, vivienda, trabajo, etc.), sino en actores individuales (personas, empresas, familias, asociaciones, etc.). La construcción de sujetos responsables, capaces de asumir los riesgos de sus propias acciones, es el objetivo de las tecnologías neoliberales de gobierno (Lemke, 2007a: 55; 139).

En un momento en que los Estados apelan constantemente al conocimiento científico, a la educación y la innovación tecnológica como herramientas para la superación de los riesgos que enfrentan las sociedades contemporáneas, resulta importante atender a las reflexiones de los nuevos y viejos discípulos de Foucault. Ellas y ellos nos muestran que la llamada "sociedad del conocimiento" no es otra cosa que el efecto de un conjunto de tecnologías de gobierno que se orientan a la producción de activos anclados ya no tanto en la naturaleza o en el territorio, sino en la subjetividad misma de las personas. Nos encontramos, pues, ante nuevas y más insidiosas formas de ejercer control sobre la vida humana. Por ello, tal vez sea pertinente cerrar con estas palabras de Foucault:

> Si hay innovación, es decir, si se encuentran cosas nuevas, si se descubren nuevas formas de productividad, si hay invenciones de tipo tecnológico, no es más que la renta de cierto capital, el capital humano, o sea, el conjunto de las inversiones que se han hecho en el hombre mismo. (Foucault, 2007: 272)

BIBLIOGRAFÍA

Agamben, Giorgio. 1998. *Homo Sacer. El poder soberano y la nuda vida*. Valencia: Pre-Textos.
Amin, Samir. 2006. *Los desafíos de la mundialización*. México: Siglo XXI.
Arrighi, Giovanni. 1999. *El largo siglo XX: dinero y poder en los orígenes de nuestra época*. Madrid: Akal.
Armstrong, Karen. 2007. *La gran transformación: el mundo en la época de Buda, Sócrates, Confucio y Jeremías*. Barcelona: Paidós.
Bauman, Zygmunt. 2000. *Liquid Modernity*. Oxford: Polity Press.
———. 2002. *En busca de la política*. México: Fondo de Cultura Económica.
Beck, Ulrich. 1986. *Risikogesellschaft: Auf dem Weg in eine andere Moderne*. Frankfurt: Suhrkamp.
———. 1996. "Teoría de la modernización reflexiva". En Josetxo Beriain (comp.). *Las consecuencias perversas de la modernidad*. Barcelona: Anthropos.
———. 1997. "La reinvención de la política: hacia una teoría de la modernización reflexiva". En Ulrich Beck, Anthony Giddens y Scott Lash (eds.). *Modernización reflexiva: política, tradición y estética en el orden social moderno*. Madrid: Alianza.

Bührmann, Andrea y Werner Schneider. 2008. *Vom Diskurs zum Dispositiv. Eine Einführung in die Dispositivanalyse.* Bielefeld: Transcript Verlag.

Burchell, Graham. 1996. "Liberal Goverment and the Techniques of the Self". En Andrew Barry, Thomas Osborne y Nikolas Rose (eds.). *Foucault and Political Reason: Liberalism, Neoliberalism and rationalities of Goverment.* Chicago: The University of Chicago Press.

Castro, Edgardo. 2004. *El vocabulario de Michel Foucault: un recorrido alfabético por sus temas, conceptos y autores.* Quilmes: Universidad Nacional de Quilmes.

Castro-Gómez, Santiago. 2005. "El dispositivo del Mesías: trabajo vivo y redención en la filosofía política de Hardt y Negri". En Bruno Mazzoldi (ed.). *El temblor: las sonrisas. Cátedra Jacques Derrida 2005.* Bogotá: Instituto Pensar/Tercer Mundo Editores.

———. 2006. "Le chapitre manquant d'Empire: la réorganisation postmoderne de la colonisation dans le capitalisme postfordiste". En *Multitudes*, 26, pp. 27-49.

———. 2009a. *Tejidos oníricos: movilidad, capitalismo y biopolítica en Bogotá (1910-1930).* Bogotá: Editorial Pontificia Universidad Javeriana.

———. 2009b. "Disciplinas, biopolítica y noopolítica en Maurizio Lazzarato". En Ignacio Mendiola Gonzalo (ed.). *Rastros y rostros de la biopolítica.* Barcelona: Anthropos.

Chomsky, Noam y Michel Foucault. 2006. *La naturaleza humana: justicia versus poder. Un debate.* Buenos Aires: Katz.

Colombani, María Cecilia. 2008. *Foucault y lo político.* Buenos Aires: Prometeo.

Crampton, Jeremy y Stuart Elden. 2007. *Space, Knowledge and Power: Foucault and Geography.* Aldershot: Ashgate.

Dean, Mitchell. 1994. *Critical and Effective Histories. Foucault's Methods and Historical Sociology.* New York: Routledge.

———. 2008. *Governmentality: Power and Rule in Modern Society.* London: Sage Publications.

Defert, Daniel. 1991. "Popular Life and Insurance Technology". En Graham Burschell, Collin Gordon y Peter Miller (eds.). *The Foucault Effect: Studies in Governmentality*. Chicago: The University of Chicago Press.

Deleuze, Gilles. 1987. *Foucault*. Barcelona: Paidós.

———. 2006a. "Hender las cosas, hender las palabras". En *Conversaciones*. Valencia: Pre-Textos.

———. 2006b. "Post-Scriptum sobre las sociedades de control". En *Conversaciones*. Valencia: Pre-Textos.

———. 2007a. "¿Qué es un dispositivo?". En *Dos regímenes de locos: textos y entrevistas (1975-1995)*. Valencia: Pre-Textos.

———. 2007b. "¿Qué es el acto de creación?". En *Dos regímenes de locos: textos y entrevistas (1975-1995)*. Valencia: Pre-Textos.

Donzelot, Jacques. 1979. *La policía de las familias*. Valencia: Pre-Textos.

Dreyfus, Hubert L. y Paul Rabinow. 2001. *Michel Foucault: más allá del estructuralismo y la hermenéutica*. Buenos Aires: Nueva Visión.

Dumm L. Thomas. 2002. *Michel Foucault and the Politics of Freedom*. New York: Rowman & Littlefield Publishers.

Eribon, Didier. 1992. *Michel Foucault*. Barcelona: Anagrama.

———. 1995. *Michel Foucault y sus contemporáneos*. Buenos Aires: Nueva Visión.

Espósito, Roberto. 2006. *Bios: biopolítica y filosofía*. Buenos Aires: Amorrortu.

———. 2009. *Comunidad, inmunidad y biopolítica*. Madrid: Herder.

Ewald, François. 1991. "Insurance and Risk". En Graham Burschell, Collin Gordon y Peter Miller (eds.). *The Foucault Effect: Studies in Governmentality*. Chicago: The University of Chicago Press.

———. 1993. *Der Vorsorgestaat*. Frankfurt: Suhrkamp.

———. 2006. "Advertencia". En Michel Foucault. *Seguridad, territorio, población: curso en el Collège de France (1977-1978)*. México: Fondo de Cultura Económica.

Foucault, Michel. 1981. "No al sexo rey". En *Un diálogo sobre el poder*. Madrid: Alianza.

———. 1982. "El polvo y la nube". En *La imposible prisión: debate con Michel Foucault*. Barcelona: Anagrama.

———. 1987. *Historia de la sexualidad. La voluntad de saber*. México: Siglo XXI.

———. 1991a. "Tecnologías del yo". En *Tecnologías del yo y otros textos afines*. Barcelona: Paidós.

———. 1991b. "*Omnes et singulatim*: hacia una crítica de la razón política". En *Tecnologías del yo y otros textos afines*. Barcelona: Paidós.

———. 1991c. "Verdad, individuo y poder". En *Tecnologías del yo y otros textos afines*. Barcelona: Paidós.

———. 1991d. *El sujeto y el poder*. Bogotá: Carpe Diem Ediciones.

———. 1991e. "El juego de Michel Foucault". En *Saber y verdad*. Madrid: La Piqueta.

———. 1991f. "Seguridad social: un sistema infinito frente a una demanda infinita". En *Saber y verdad*. Madrid: La Piqueta.

———. 1991g. "Nuevo orden interior y control social". En *Saber y verdad*. Madrid: La Piqueta.

———. 1991h. *La verdad y las formas jurídicas*. Barcelona: Gedisa.

———. 1996a. *Der Mensch ist ein Erfahrungstier: Gespräch mit Lucio Trombadori*. Franfurt: Suhrkamp.

———. 1996b. "¿A qué llamamos castigar?". En *La vida de los hombres infames*. Buenos Aires: Caronte.

———. 1997a. "Polemics, Politics, and Problematizations". En *The Essential Works of Foucault 1954-1984*. Volume I: *Ethics, Subjectivity and Truth*. New York: The New Press.

———. 1997b. "Sexuality and Solitude". En *The Essential Works of Foucault 1954-1984*. Volume I: *Ethics, Subjectivity and Truth*. New York: The New Press.

———. 1998. *Vigilar y castigar. Nacimiento de la prisión*. México: Siglo XXI.

———. 1999a. *El orden del discurso*. Barcelona: Tusquets.

———. 1999b. "La filosofía analítica de la política". En *Obras esenciales*. Volumen III: *Estética, ética y hermenéutica*. Barcelona: Paidós.

———. 1999c. "El retorno de la moral". En *Obras esenciales*. Volumen III: *Estética, ética y hermenéutica*. Barcelona: Paidós.

———. 1999d. "La ética del cuidado de sí como práctica de la libertad". En *Obras esenciales*. Volumen III: *Estética, ética y hermenéutica*. Barcelona: Paidós.

———. 1999e. "El cuidado de la verdad". En *Obras esenciales*. Volumen III: *Estética, ética y hermenéutica*. Barcelona: Paidós.

———. 1999f. "Las mallas del poder". En *Obras esenciales*. Volumen III: *Estética, ética y hermenéutica*. Barcelona: Paidós.

———. 1999g. "Estructuralismo y posestructuralismo". En *Obras esenciales*. Volumen III: *Estética, ética y hermenéutica*. Barcelona: Paidós.

———. 1999h. "¿Es inútil sublevarse?". En *Obras esenciales*. Volumen III: *Estética, ética y hermenéutica*. Barcelona: Paidós.

———. 1999i. "La gubernamentalidad". En *Obras esenciales*. Volumen III: *Estética, ética y hermenéutica*. Barcelona: Paidós.

———. 1999j. "Nacimiento de la medicina social". En *Obras esenciales*. Volumen II: *Estrategias de poder*. Barcelona: Paidós.

———. 1999k. "La política de la salud en el siglo XVIII". En *Obras esenciales*. Volumen II: *Estrategias de poder*. Barcelona: Paidós.

———. 1999l. *Arqueología del saber*. México: Siglo XXI.

———. 2000. *Defender la sociedad. Curso en el Collège de France (1975-1976)*. México: Fondo de Cultura Económica.

———. 2001. "El sujeto y el poder". En Hubert L. Dreyfus y Paul Rabinow. *Michel Foucault: más allá del estructuralismo y la hermenéutica*. Buenos Aires: Nueva Visión.

———. 2004. *Nietzsche, la genealogía, la historia*. Valencia: Pre-Textos.

———. 2006a. "¿Qué es la crítica?". En *Sobre la Ilustración*. Madrid: Tecnos.

———. 2006b. "¿Qué es la Ilustración?". En *Sobre la Ilustración*. Madrid: Tecnos.

———. 2006c. *Seguridad, territorio, población: curso en el Collège de France (1977-1978)*. México: Fondo de Cultura Económica.

———. 2007. *Nacimiento de la biopolítica: curso en el Collège de France (1978-1979)*. México: Fondo de Cultura Económica.

———. 2009. "El yo minimalista". En *El yo minimalista y otras conversaciones*. Buenos Aires: La Marca Editora.

Foucault, Michel y Noam Chomsky. 2006. *La naturaleza humana: justicia versus poder. Un debate*. Buenos Aires: Katz.

Gamble, Andrew. 1996. *Hayek: The Iron Cage of Liberty*. Boulder: Westview Press.

García Canal, María Inés. 2006. *Espacio y poder: el espacio en la reflexión de Michel Foucault*. México: Universidad Autónoma Metropolitana.

Gauna, Aníbal. 2001. *El proyecto político de Michel Foucault: estrategias para la cultura venezolana*. Caracas: Universidad Católica Andrés Bello.

Gertenbach, Lars. 2008. *Die Kultivierung des Marktes. Foucault und die Gouvernmentalität des Neoliberalismus*. Berlin: Parodos.

Giddens, Anthony. 1999. *Consecuencias de la modernidad*. Madrid: Alianza.

Gordon, Colin. 1991. "Governmental Rationality: An Introduction". En Graham Burschell, Collin Gordon y Peter Miller (eds.). *The Foucault Effect: Studies in Governmentality*. Chicago: The University of Chicago Press.

Habermas, Jürgen. 1973. *Erkenntnis und Interesse*. Frankfurt: Suhrkamp.

———. 1987. *Teoría de la acción comunicativa*. Volumen I: *Racionalidad de la acción y racionalización social*. Madrid: Taurus.

———. 1990. *Strukturwandel der Öffentlichkeit. Untersuchungen zu einer Kategorie der bürgerlichen Gesellschaft*. Frankfurt: Suhrkamp.

———. 1991. "Die Moderne-ein unvollendetes Projekt". En *Philosophisch-Politische Aufsätze 1977-1990*. Leipzig: Reclam.

Hardt, Michael y Antonio Negri. 2002. *Imperio*. Barcelona: Paidós.

——. 2004. *Multitud: guerra y democracia en la era del Imperio*. Barcelona: Debate.

Harvey, David. 2007. *A Brief History of Neoliberalism*. Oxford: Oxford University Press.

Hayek, Friedrich August. 2004. *Mißbrauch und Verfall der Vernunft*. Gesammelte Schriften Band 2. Tübingen: J. C. B. Mohr (Paul Siebeck).

Hesse, Jan-Ottmar. 2007. "Der Staat unter der Aufsicht des Markets: Michel Foucault Lektüren des Ordoliberalismus". En Susanne Krasmann y Michael Volkmer (eds.). *Michel Foucaults "Geschichte der Gouvernementalität" in den Sozialwissenschaften. Internationale Beiträge*. Bielefeld: Transcript Verlag.

Illouz, Eva. 2007. *Intimidades congeladas: las emociones en el capitalismo*. Buenos Aires: Katz.

Khatami, Mahmoud. 2003. "Foucault on the Islamic Revolution of Iran". En *Journal of Muslim Minority Affaire*, 23 (1).

Lash, Scott. 1997. "La reflexividad y sus dobles: estructura, estética, comunidad". En Ulrich Bech, Anthony Giddens y Scott Lash (eds.). *Modernización reflexive: política, tradición y estética en el orden social moderno*. Madrid: Alianza.

Lash, Scott y John Urry. 1994. *Economías de signos y espacio: sobre el capitalismo de la posorganización*. Buenos Aires: Amorrortu.

Lazzarato, Mauricio. 2006. *Por una política menor: acontecimiento y política en las sociedades de control*. Madrid: Traficantes de Sueños.

Leezenberg, Michiel. 1998. "Power and Political Spirituality: Michel Foucault on the Islamic Revolution in Iran". En *Arcadia. Zeitschrift für Allgemeine und Vergleichende Literaturwissenschaft*, 33, pp.72-89.

Le Goff, Jacques. 1989. *El nacimiento del purgatorio*. Madrid: Taurus.

Lemke, Thomas. 1997. *Eine Kritik der politischen Vernunft. Foucaults Analyse der modernen Gouvernementalität*. Hamburg: Argument Verlag.

———. 2007a. *Gouvernementalität und Biopolitik*. Wiesbaden: VS Verlag für Sozialwissenschaften.

———. 2007b. "Eine unverdauliche Mahlzeit? Staatlichkeit, Wissen und die Analitik der Regierung". En Susanne Krasmann y Michael Volkmer (eds.). *Michel Foucaults "Geschichte der Gouvernementalität" in den Sozialwissenschaften. Internationale Beiträge*. Bielefeld: Transcript Verlag.

McCarthy, Thomas. 1993. *Ideale und Illusionen: Dekonstruktion und Rekonstruktion in der kritischen Theorie*. Frankfurt: Suhrkamp.

Miller, Peter y Nikolas Rose. 2008. "Political Power beyond the State: Problematics of Goverment". En *Governing the Present: Administering Economic, Social and Personal Life*. Cambridge: Polity Press.

Moss, Jeremy. 1998. *The Later Foucault: Politics and Philosophy*. London: Sage.

Negri, Antonio. 1994. *El poder constituyente: ensayo sobre las alternativas a la modernidad*. Madrid: Libertarias/Prodhufi.

———. 2004a. *Guías: cinco lecciones en torno a Imperio*. Barcelona: Paidós.

———. 2004b. *Movimientos en el Imperio: pasajes y paisajes*. Barcelona: Paidós.

———. 2008. *La fábrica de porcelana: una nueva gramática de la política*. Barcelona: Paidós.

Oestreich, Gerhard. 1982. *Neostoicism and the Early Modern State*. Cambridge: Cambridge University Press.

Opitz, Sven. 2004. *Gouvernementalität im Postfordismus. Macht, Wissen und Techniken im Feld unternehmerischer Rationalität*. Hamburg: Argument Verlag.

Paras, Eric. 2006. *Foucault 2.0. Beyond Power and Knowledge*. New York: Other Press.

Perea Acevedo, Adrián José. 2009. *Estética de la existencia: las prácticas de sí como ejercicio de libertad, poder y resistencia en Michel Foucault*. Bogotá: Universidad Distrital.

Procacci, Giovanna. 1991. "Social Economy and the Government of Poverty". En Graham Burschell, Collin Gordon y Peter

Miller (eds.). *The Foucault Effect: Studies in Governmentality*. Chicago: The University of Chicago Press.

——. 1998. *Governare la povertà: la società liberale e la nascita della questione sociale*. Bologna: Società Editrice Il Mulino.

Rabinow, Paul y Nikolas Rose. 2006. "Biopower Today". En *BioSocieties: An Interdisciplinary Journal for the Social Study of the Life Sciences*, 2, pp. 195-218.

Rayner, Timothy. 2007. *Foucault's Heidegger: Philosophy and Transformative Experience*. London: Continuum International Publishing Group.

Rodríguez, Alfonso. s.f. *Cómo pensar sin dialéctica y sin moral o por qué no olvidar a Foucault*. Cali: Editores Ojo que Escucha.

Rose, Nikolas. 1996. "Governing "Advanced" Liberal Democracies". En Andrew Barry, Thomas Osborne y Nikolas Rose (eds.). *Foucault and Political Reason: Liberalism, Neo-Liberalism and Rationalities of Government*. Chicago: The University of Chicago Press.

——. 1999. *Governing the Soul: The Shaping of the Private Self*, 2ª ed. London: Free Association Books.

——. 2007a. "Terapia y poder: Techné y Ethos". En *Archipiélago*, 76, pp. 101-124.

——. 2007b. *The Politics of Life Itself: Biomedicine, Power and Subjectivity in the Twenty-First Century*. Princeton: Princeton University Press.

Sawicki, Jana. 2003. "Heidegger and Foucault: Escaping Technological Nihilism". En Alan Milchman y Alan Rosemberg (eds.). *Foucault and Heidegger: Critical Encounters*. Minneapolis: University of Minnesota Press.

Shiva, Vandana. 1997. *Biopiratería: el saqueo de la naturaleza y del conocimiento*. Barcelona: Icaria.

Simondon, Gilbert. 2008. *El modo de existencia de los objetos técnicos*. Buenos Aires: Prometeo.

Simons, Jon. 1995. *Foucault & the Political*. New York: Routledge.

Skinner, Quentin. 1998. *Liberty before Liberalism*. Cambridge: Cambridge University Press.

Sloterdijk, Peter. 2001. *Normas para el parque humano*. Madrid: Siruela.

Small, Albion. 1909. *The Cameralists*. Chicago: The University of Chicago Press.

Stolleis, Michael. 1996 (ed.). *Polizey im Europa der Frühen Neuzeit*. Frankfurt: Vittorio Klostermann.

Vásquez García, Francisco. 2009. *La invención del racismo: nacimiento de la biopolítica en España, 1600-1940*. Madrid: Akal.

Vattimo, Gianni. 1990. *El fin de la modernidad: nihilismo y hermenéutica en la cultura posmoderna*. Barcelona: Gedisa.

Veyne, Paul. 1992. *Foucault: Die Revolutionierung der Geschichte*. Frankfurt: Suhrkamp.

Virno, Paolo. 2003. *Gramática de la multitud: para un análisis de las formas de vida contemporánea*. Madrid: Traficantes de Sueños.

Walzer, Michael. 1991. "The Politics of Michel Foucault". En David Couzens Hoy (ed.). *Foucault: A Critical Reader*. Oxford: Blall.

Weber, Max. 1992. "La ciencia como vocación". En *El político y el científico*. Madrid: Alianza.

———. 1997. *Economía y sociedad*. México/Bogotá: Fondo de Cultura Económica.

www.ingramcontent.com/pod-product-compliance
Lightning Source LLC
Chambersburg PA
CBHW051119160426
43195CB00014B/2257